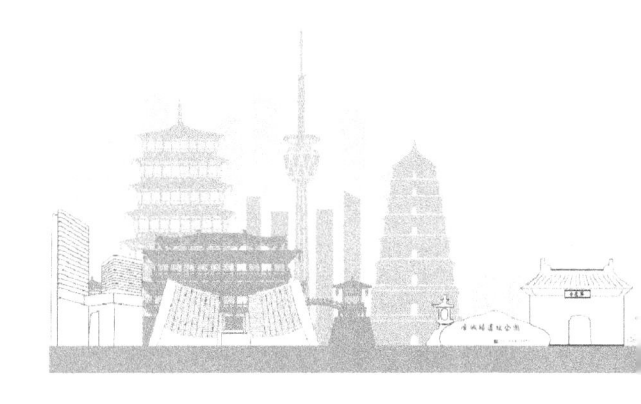

国家中心城市
旅游产业集聚区的
形成演化与动力机制研究
以西安市为例

卢璐 著

陕西新华出版 陕西人民出版社

图书在版编目(CIP)数据

国家中心城市旅游产业集聚区的形成演化与动力机制研究：以西安市为例 / 卢璐著. —西安：陕西人民出版社，2025
 ISBN 978-7-224-15354-5

Ⅰ.①国… Ⅱ.①卢… Ⅲ.①城市旅游—旅游业发展—研究—西安 Ⅳ.①F592.741.1

中国国家版本馆 CIP 数据核字(2024)第 069162 号

责任编辑：张　现　张启阳
封面设计：姚肖朋

国家中心城市旅游产业集聚区的形成演化与动力机制研究
——以西安市为例
GUOJIA ZHONGXIN CHENGSHI LÜYOU CHANYE JIJUQU DE XINGCHENG YANHUA YU DONGLI JIZHI YANJIU YI XI'ANSHI WEI LI

作　　者	卢　璐
出版发行	陕西人民出版社
	(西安市北大街 147 号　邮编:710003)
印　　刷	广东虎彩云印刷有限公司
开　　本	787 毫米×1092 毫米　1/16
印　　张	18
字　　数	251 千字
版　　次	2025 年 2 月第 1 版
印　　次	2025 年 2 月第 1 次印刷
书　　号	ISBN 978-7-224-15354-5
定　　价	78.00 元

序一
大力推进文化与旅游深度融合，加强西安国际旅游目的地建设

今年5月，卢璐博士发来已排版定稿的书稿，约我写个序言。思考良久，我欣然接受了。虽然我很少为别人的专著写序言和书评，但是作为卢璐的博士生导师，对于这本由博士论文扩充而成的专著，我真的还是有些话想说。

一

记得五六年前这个时候，也就是博士生招生的时节，学院主管招生的院长给我打电话，说有个博士生你是否愿意指导。我问了一下事情的由来就答应了，这样卢璐同学就成为我名下的博士研究生，跟随我从事旅游经济管理研究。我之所以招收卢璐博士，是基于下面几个原因：（1）专业基础良好。卢璐同学的硕士学位是在陕西师范大学攻读的，专业方向为旅游经济管理，硕士期间阅读大量专著和文献，同时也参与过很多旅游规划项目，跑过西安及周边地区多家景区，专业基础扎实。（2）实践经验丰富。卢璐同学硕士毕业以后一直在文旅局工作，作为一线工作人员，肩负着全区旅游资源调查、景区升级评价、旅游行业培训、旅游执法检验等工作。经过几年的工作实践，卢璐同学熟悉本地详情，参与众多旅游管理实践，积累了丰富的经验。（3）推动本土化研究。其实，我本人也是长安人，在大学从事旅游管理教学研究，也很想深入研究家乡的旅游问题，但因发表高层次论文导向，家乡本土化的研究未能列入计划。招收一位来自家乡的女博士，可以很好地研究一下长安旅游的发展问题。

其实，博士选题过程并不顺利。首先，对于社会科学来说，越是地方性的研究就越难保证其普适性，所以研究范围过小过具体，可能会影响对普适性规律的探索。另外，博士学位论文与硕士学位论文还是有很大差异的。硕士论文研究一个区县，只要把理论和方法很好应用到实践中去，能得到一些新的认识和结果，就是一篇不错的硕士学位论文。但对于博士学位论文而言，首先要考虑其理论的创新性，没有两三点理论的创新性很难通过外审；另外，还必须考虑研究工作量和数据资料可获得性，篇幅达不到13万—15万字，研究内容单薄的论文很难得到专家认可。因此，最后还是考虑以西安市旅游产业集聚区的形成机制为研究选题。

二

中国现代旅游业起步于1978年，得益于邓小平的改革开放及实践推动，至今已有近半个世纪的历史。20世纪八九十年代，中国旅游依靠"二老资源"（老天爷、老祖宗），开发旅游资源供游客观光游览，因此，景区建设对于旅游发展十分重要。进入21世纪，我国旅游的发展模式发生根本变化，旅游活动从观光游览转向休闲度假、沉浸式体验，旅游也从"二老资源"转向"三老资源"（老天爷、老祖宗、老百姓），步行街、商业街、综合体被开发出来，以城市为中心的文旅商聚集区，开启了中国旅游地域组织的新形式。

西安是中国的千年古都，先后有周、秦、汉、唐等13个朝代在此建都，留下大量文物古迹，如秦始皇兵马俑博物馆、华清池、西安城墙、大明宫遗址、钟鼓楼、大雁塔等。1980年改革开放伊始，西安凭借其历史文化及文物古迹，吸引着大量国内外游客前来游览，其中，接待外国旅游者人数排名为中国城市5—8位。进入20世纪90年代，国内旅游快速兴起，成为重要市场，加上西安很多遗址"有说头、没看头"，接待客流量全国城市排名有所下降。为了扭转遗址旅游这种"有说头、没看头"的被动局面，20世纪90年代中期，西安开始了秦岭北坡旅游产业带的开发，力争打造出"人文陕西、山水秦岭"的新格局。然而"事与愿违"，西安城市旅游的国内排名降至15—17名，因为在外地人心目中西安的固有形象是"千年古都、历史文化名城"，并非是个自然山水城市。外地游客来西安很少去秦岭北坡游览，多数游客对森林公园不感兴趣。

21世纪以来，西安改变旅游发展思路，"重打历史文化牌、再现大唐盛世"，加强历史文化遗产的活化，或走出遗址开发文化旅游，先后建成陕西历史博物馆、大唐芙蓉园、曲江池遗址公园、大唐不夜城步行街等，改造钟鼓楼广场、大雁塔北广场、永兴坊步行街等，形成城墙—回民街和曲江两个文旅集聚区，带动西安旅游产业的发展。进入21世纪以来，西安旅游在全国城市排名止跌回升，2009—2010年进入第10—13名。

2010年以来，西安旅游开发的重心转向北郊，与政府北迁及带动北郊发展相适应。从外部借势来看，主要由三个事件推动：第一个是2011年西安承办世界园艺博览会，从2008年开始了世博园建设；第二个是2020年大明宫遗址公园创建AAAAA级景区，加强了遗址公园内文化遗产活化及周边环境整治；第三个是2021年西安承办全国运动会，加强了城运村、大型体育场馆及周边道路建设。这三者合力推动了北郊文化—体育—休闲聚集区的形成，更进一步提升西安旅游竞争力，使西安旅游不仅"网红"而且"长红"。

三

卢璐博士这本专著，从实质上讲，就是以西安为典型案例，讲述旅游产业集聚区如何形成、其内外部动力机制如何，以及未来如何扩展和发展的问题。这对于从事城市旅游研究和旅游产业经济研究的人来说，是一个值得关注和思考的问题。综观全书，包括七个章节，这里对其中关键章节（第四章至第六章）的研究思路略做一介绍。

第四章西安市旅游产业的发展与集聚区识别。作者在大量田野调查和收集统计数据的基础上，从40多年的发展过程，将旅游业的发展划分为四个阶段，反映西安旅游从无到有、从小到大、从弱到强的过程，其发展历史及主要阶段与国家旅游相一致；然后立足西安旅游产业实体要素，主要是 A 级景区、星级宾馆饭店、规模以上旅行社、旅游商店的空间分布，分析和认识西安市旅游产业的空间分布特征，开展旅游产业集聚区的识别与研判。

第五章西安市旅游产业集聚区的形成与演化。作者在相关文献的基础上，提出了集聚区形成演化的一个新框架，将集聚区界定为旅游景区及游览活动集中的区域，以及由此引起宾馆饭店、旅行社、旅游商店跟随的功能区域。任何一个集聚区的形成，多是以一两个核心吸引物为中心，经过自组织或他组织的方式，逐渐吸引其他景区、酒店等企业聚集，呈现一个孕育—成长—成熟的生命周期。作者在此框架下，按形成时间的先后顺序，逐一分析了临潼集聚区、城墙—回民街集聚区、秦岭北麓集聚带、大雁塔—曲江集聚区、浐灞—全运村集聚区的形成演化，并详尽分析了旅游吸引物组合及接待客流量的变化。

第六章旅游产业集聚区形成的动力机制与比较。本章着眼集聚区形成的动力机制分析。从内部因素出发，从规模经济与范围经济、供给链与市场需求、分工合作与聚集创新、多元主体支撑等解答了为何聚集。从外部因素出发，从资源导向、市场导向、政策与投资导向、多因素复合导向等解答了因何聚集。在此基础上，就西安市五个产业集聚区的空间范围、王牌景区、产业要素、导向模式等进行多方面的比较；采用文本分析方法分析了聚集区的文本动力，采用计量经济方法分析了聚集区的规模效率和聚集效率。

四

这是一本由博士论文扩充而成的学术专著，阅读起来并不轻松。如果你是硕士以上专业人员，本书对你具有较高的阅读价值；如果你是市县级管理干部，本书具有一定参考和阅读价值；作为一个老西安的旅游人，也可以挑选感兴趣的章节阅读。总之，本书的研究结论如下，可供未来旅游产业集聚区参考：

（1）西安旅游产业集聚区的形成，贯穿于旅游产业的发展过程。根据千年古都的本底形象，是以历史文化资源为先导，逐渐加强文旅融合、遗产活化、主题公园及文创项目开发，由少到多、由低到高的发展过程。20世纪八九十年代，西安凭借中心城区和临潼两个集聚区，成为名列前茅的入境旅游热点城市；进入21世纪后，先后建成曲江新区、秦岭北麓、浐灞休闲三个集聚区，增强了西安旅游产业竞争力，促使其提升到一个新的台阶。

（2）旅游产业集聚区的形成，是产业要素（企业）的空间自组织过程。论文在田野调查和统计资料的基础上，以GIS为工具分析了A级景区、星级酒店、旅行社、旅游商店及民宿—农家乐等的空间分布，发现西安市旅游产业集聚具有城乡二元结构特征。产业要素集聚按到访游客＞宾馆住宿＞生活服务＞景区资源＞旅游购物呈递减趋势，各要素点具有显著的"先增强、后减弱"空间集聚特征。

（3）通过对比关键性产业要素，采用核密度和空间样方等方法，将西安市旅游产业的空间分布划分为五个集聚区，分别是临潼集聚区、城墙—回民街集聚区、大雁塔—曲江集聚区、秦岭北麓集聚带、北郊浐灞集聚区。它们聚集了全市70%～80%的生产要素，接待了70%的旅游游客和创造了80%以上旅游产值。揭示各聚集区范围与定位、要素与市场、形成演化过程、产业规模与产业效益，是旅游产业聚集区研究的核心任务。

（4）旅游产业集聚区的形成，是内聚集力和外驱动力作用的结果。产业为何聚集，涉及范围经济与规模经济、聚集经济和产品创新等，主要目的是整合资源、提高吸引力，市场共拓、客源共享，要素配合、降低成本。产业因何聚集，其外部驱动力各不相同，临潼集聚区是资源导向型、城墙—回民街是资源—市场复合型，曲江集聚区是政策—投资复合型，浐灞聚集区是事件—投资驱动型。五个集聚区在空间形态、要素表征、关键驱动力上各不相同，其客源市场、规模效率、资源转化率等方面也有显著差异。

五

2024年5月17日召开的中央旅游发展工作会议上，习近平总书记提出旅游业发展的两个重中之重就是：（1）以文塑旅，以旅彰文。加强文化与旅游的深度融合，提升旅游的文化内涵与价值，推动中国文化走出去。（2）加快旅游强国建设，建设一批世界旅游景区和旅游目的地（城市），推进入境旅游的跨越式发展，吸引更多外国朋友来中国看中国。西安是中国的千年古都，著名的世界历史文化名城，历史文化深厚，文物古迹众多，文化与旅游融合起步早，发展思路和方向正确，尤其在处理"文化、旅游、产业"三者关系、甚防跌入"有文无旅"和"有旅无文"陷阱等方面，为中国城市旅游树立了样板，从西安古城墙—永兴坊夜市，到大唐芙蓉园、大唐不夜城步行街，再到长安十二时辰，西安文旅深度融合早已出圈，从旅游网红城市成为"长红"城市。

多位外国领导人来中国访问期间，会将西安作为中国之行的首站，其根本用意是"要了解中国，首先需要了解其历史"。在文化与旅游深度融合的大潮中，在让世界认识中国、促进中国文化走出去的时代潮流下；在加强旅游强国建设中，推进入境旅游大发展的任务面前，西安要发挥其关键性带头作用，率先推动世界旅游目的地建设。

最后，我愿卢璐博士这本专著的出版，能为西安文旅产业发展提供某些参考。

教育部旅游管理类专业教学指导委员、教授（博导） 孙根年
2024 年 7 月于长安

序二

城市是一个区域的政治、经济、文化和交通中心，对于区域的社会经济发展具有十分重要的作用。城市旅游发展也已经有100多年的历史，随着社会经济的发展，旅游已经成为一种刚需。在旅游发展的过程中，随着需求的不断变化，为了满足游客的需求，旅游产业在城市中出现了聚集现象。旅游产业的集聚和制造业、金融业等具有明显的差异，因此探讨城市旅游产业集聚区的形成、演化及其驱动机制成为业界和学界共同关注的问题。

西安作为十三朝古都，文旅资源丰富，也是改革开放后国家重点发展的旅游城市。随着国家新的战略布局的实施，西安市成为我国布局在西北的国家中心城市，承担着综合服务、产业集群、物流枢纽、开放高地和人文凝聚等诸多的功能。

在西安40多年的旅游发展中，旅游产业发展从无到有，从弱到强，形成了几个非常重要的旅游产业集聚区域，如曲江、钟鼓楼等，引领着西安旅游的发展，这些区域的产业集聚各有特点，其形成的条件、功能和演化的过程不尽相同，探讨这些区域的发展过程和驱动机制对西安市旅游产业高质量发展至关重要。

卢璐博士有着十多年的政府文旅部门的工作经验，经过长时间对西安市旅游产业发展的观察、探索和实践，从学科交叉的视角探索西安市旅游产业集聚区的形成和演化发展的一般规律和动力机制，对西安市的旅游产业集聚区的发展提出了具体的策略。

本书具有以下几个三特点：一是实践和理论相结合。作者长期在政府管理部门工作，对西安市旅游产业的发展趋势、政策、项目等十分熟悉，同时从作者对现象的理解、资料的剖析中也体现出了作者深厚的理论功底。尤其是对旅游产业集聚区的识别方面，作者提出了基于空间样方的旅游产业集聚区识别方法，在理论上具有创新性。二是多源数据和分析的多样性。本书在数据上使用了统计数据、POI数据、访谈数据等多源数据，使用了空间计量分析、质性分析和统计分析等多种方法，数据翔实，分析透彻。三是具有实践的指导性，作为长期在政府工作的干部，明白任何的研究都应该能够紧扣区域的发展，对区域旅游的发展具有指导价值，因此作者在研究中，研究演化过程和动力机制，都是要明确"为什么"，这些研究都是为后续的决策提供理论支持，在明确了"为什么"之后，作者提出了西安市旅游产业集聚区发展的策略，为西安市旅游产业集聚区发展提供了决策依据。

  本书是了解和深入理解旅游产业集聚区的形成演化过程，以及其背后的机制不可或缺的理论素材，对于旅游管理部门的工作人员来说，这是一本旅游产业集聚区发展的行动指南，值得一读。

李君轶
2024年6月11日

目录

第一章　概述 ··· 001

　第一节　研究背景与意义 ·· 001
　　　一、研究背景 ·· 001
　　　二、研究意义 ·· 009
　第二节　研究目标与主要内容 ··································· 012
　　　一、研究目标 ·· 012
　　　二、研究内容 ·· 013
　第三节　技术路线 ·· 015

第二章　文献综述 ·· 017

　第一节　概念界定 ·· 017
　　　一、城市旅游 ·· 017
　　　二、产业集群与产业集聚 ································· 019
　　　三、产业集聚区与旅游产业集聚区 ···················· 022
　第二节　理论基础 ·· 031
　　　一、空间结构相关理论 ···································· 031
　　　二、区域经济相关理论 ···································· 038
　　　三、复杂适应系统理论 ···································· 044
　　　四、产业生命周期理论 ···································· 046
　第三节　相关研究进展 ·· 050
　　　一、产业集聚区研究进展 ································· 050
　　　二、旅游产业集聚区研究进展 ·························· 056
　　　三、研究述评 ·· 065

第三章 区域概况与研究设计 ································ 068

第一节 案例地概况 ·· 068
一、位置及范围 ··· 068
二、重要性和典型性分析 ··································· 069
三、城市空间结构及旅游产业发展概况 ············· 071

第二节 数据收集与预处理 ··· 078
一、数据采集 ·· 078
二、数据预处理 ··· 082

第三节 数据分析方法 ·· 092
一、定性方法 ·· 093
二、定量方法 ·· 094

第四章 西安市旅游产业发展与集聚区识别 ················ 096

第一节 西安市旅游产业阶段性演变分析 ················· 097
一、阶段划分依据 ··· 097
二、1978年至1991年初创期 ···························· 101
三、1992年至2003年形成期 ···························· 104
四、2004年至2011年加速期 ···························· 108
五、2012年至今成熟期 ···································· 111

第二节 西安市旅游产业核心要素空间格局 ············· 114
一、旅游景区空间分布格局 ······························ 114
二、旅游住宿业空间分布格局 ·························· 116
三、旅行社空间分布格局 ································· 121
四、交通客运业空间分布格局 ·························· 122
五、旅游核心要素分布规律 ······························ 127

第三节 西安市旅游产业空间聚类特征 ······················ 129
一、核心要素的区位熵分析 ······························ 129
二、空间邻近性分析 ··· 133
三、多距离空间集聚度分析 ······························ 136

第四节 西安市旅游产业集聚区的识别 ······················ 139
一、空间样方分析 ··· 140
二、旅游集聚度指标体系构建 ·························· 141

　　　　三、基于空间样方法的旅游产业集聚区识别……………………145
　　　　四、基于核密度的旅游产业集聚区识别……………………147
　第五节　小结……………………………………………………………150
第五章　西安市旅游产业集聚区的形成与演化……………………………152
　第一节　旅游产业集聚区形成演化的理论架构………………………152
　　　　一、旅游产业集聚区分析的结构框架………………………152
　　　　二、旅游产业集聚区演化过程的"三阶段假说"……………153
　　　　三、旅游产业集聚区的集聚模式………………………………159
　第二节　临潼旅游产业集聚区…………………………………………168
　　　　一、空间范围与要素分布………………………………………168
　　　　二、形成背景与功能定位………………………………………170
　　　　三、演化阶段与过程分析………………………………………171
　第三节　城墙—回民街旅游产业集聚区………………………………176
　　　　一、空间范围与要素分布………………………………………176
　　　　二、形成背景与功能定位………………………………………177
　　　　三、演化阶段与过程分析………………………………………179
　第四节　秦岭北麓旅游产业集聚带……………………………………181
　　　　一、空间范围与要素分布………………………………………181
　　　　二、形成背景与功能定位………………………………………182
　　　　三、演化阶段与过程分析………………………………………184
　第五节　大雁塔—曲江旅游产业集聚区………………………………191
　　　　一、空间范围与要素分布………………………………………191
　　　　二、形成背景与功能定位………………………………………193
　　　　三、演化阶段与过程分析………………………………………195
　第六节　浐灞旅游产业集聚区…………………………………………199
　　　　一、空间范围与要素分布………………………………………199
　　　　二、形成背景与功能定位………………………………………201
　　　　三、演化阶段与过程分析………………………………………203
　第七节　小结……………………………………………………………206
第六章　旅游产业集聚区形成的动力机制与比较…………………………207
　第一节　集聚区形成的内部动因：为何集聚…………………………207

  　　一、规模经济与范围经济的驱动 207
  　　二、产业供给链与市场需求的驱动 210
  　　三、分工合作与集聚创新的驱动 211
  　　四、多元主体的适应性行为支撑 213
  第二节　集聚区形成的外部动力：因何集聚 215
  　　一、资源导向集聚模式的动力机制 216
  　　二、市场导向集聚模式的动力机制 218
  　　三、政策投资导向集聚模式的动力机制 220
  　　四、复合导向集聚模式的动力机制 222
  第三节　西安市旅游产业集聚区的模式对比 224
  　　一、总体空间结构模式演变比较 224
  　　二、基于文本数据的动力要素分析 229
  　　三、基于规模和效率的效应对比分析 237
  　　四、未来西安旅游产业集聚区培育展望 242
  第四节　集聚区的形成对西安旅游发展的意义 246
  　　一、资源整合与旅游竞争力提升 246
  　　二、空间优化与城市发展互构 247
  　　三、文化传承与城市地位塑造 248
  第五节　小结 248

第七章　研究结论与展望 250
  第一节　主要结论与创新 250
  　　一、研究结论 250
  　　二、创新之处 252
  第二节　研究不足与展望 253
  　　一、研究不足 253
  　　二、研究展望 254

参考文献 256

第一章　概述

城市是区域发展的政治中心、经济高地及文化交流门户，也是引领区域旅游业发展的重要载体。从 1978 年我国实行改革开放政策、发展入境旅游，至 21 世纪加快国内旅游发展以来，均是以各级各类城市作为主要启动点。1978 年，我国城市化率为 17.9%，经过 40 多年的发展，2020 年我国城市化率上升到 61.43%，年均上升率为 1.05%，远高于同期世界城市化率（每年提高 0.42%）的平均水平。随着城市经济社会发展、产业结构的转型升级，以及三次产业的崛起及结构调整，旅游业在城市产业发展中的比重日益增大。旅游业在美化城市环境、提升城市知名度和美誉度、推动国家地区间文化交流、扩大产业规模、优化产业结构、吸纳人口就业等方面发挥着不可替代的作用，甚至成为评价城市现代化程度的重要指标。近年来，旅游产业的空间集聚已经成为旅游产业发展创新实践中的普遍现象，并逐渐发展成为具有固定地理边界和特色的集聚区，成为地区产业空间布局和带动区域经济发展的增长点。旅游产业集聚及集聚区的形成与演化受到政府部门的高度重视，也日益成为产业经济领域关注的一个重要问题。

第一节　研究背景与意义

一、研究背景

（一）国家中心城市是推动强国富民、参与国际竞争的重要载体

在人类社会发展历程中，城市是一国经济、政治、文化等发展水平的中心，是国家城市体系建设中的关键所在，承载着国家关键的决策权力与相关责任，是区域经济社会网络的集聚点和枢纽。根据国家发改委对城市

的定义，国家中心城市是指居于国家战略要津、肩负国家使命、引领区域发展、参与国际竞争、代表国家形象的现代化大都市。

国家中心城市是在一定区域内，国家资源配置与经济活动的中枢，体现了国家对推动生产要素均衡分布及区域经济协调发展的巨大影响力。国家中心城市的整体发展不仅影响和推动了城市本身基础地位的提高与巩固，同时对区域协调与发展也有较强的辐射带动作用。国家中心城市可以利用极化、支配，以及乘数等多方效应，对辐射范围内的多种产业要素及多领域经济活动形成巨大吸引，发挥携领、辐射和集聚等多功能效力，从而推动推进国家经济社会的稳步提升。国家中心城市是国家参与国际分工合作和竞争的代表，在巩固国家国际地位的同时，可形成强大的国际影响竞争优势。

近年来，中国的 GDP 始终以持续上涨之态势处于全球领先地位。随着全球化进程的不断加快，中国作为世界第二大经济体，与世界不同国家在政治、经济、文化、科技等领域交流日益增多，国家中心城市在其中也发挥着举足轻重的作用。党的十八大以来，我国城镇化建设进入了高质量发展阶段，持续推动国家中心城市建设是当前我国经济提速、增强国际竞争优势的首要工作。

目前，中华人民共和国住房和城乡建设部共将九座城市确立为国家中心城市，按照批复的先后顺序依次为：北京市、上海市、广州市、天津市、重庆市、成都市、武汉市、郑州市、西安市。当前，这九座城市已经成为我国承载发展要素、推动区域经济增长的主要空间载体，但它们的产业基础、资源禀赋、区域位置和发展侧重点各有不同。研究者将 2020 年九座国家中心城市的 GDP 产值、旅游收入占 GDP 比值进行对比（如图1-1 所示）。

可以看到，较之其余八座中心城市，西安的 GDP 产值和旅游收入绝对值排名并不靠前，但旅游收入占 GDP 比值为 18.8%，位居九座国家中心城市榜首。

2022 年，国家发改委公布了《国家发展改革委关于同意西安都市圈发

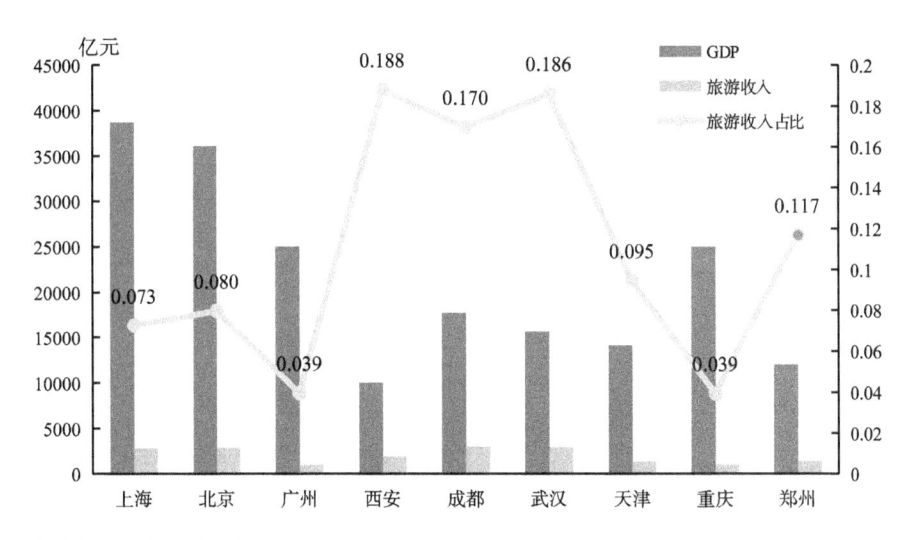

图 1-1 九个国家中心城市 2020 年 GDP 及旅游收入

资料来源：作者整理绘制

展规划的复函》，原则同意《西安都市圈发展规划》，这也是西北地区唯一一个都市圈（如图 1-2 所示），而西安作为"西安都市圈"的绝对核心城市，无论是都市圈发展引领力，抑或持续向前的发展力，都具有举足轻重的作用。伴随着新发展格局的形成和推进，在国家中心城市和国家级都市圈建设双重战略叠加下，西安已成为我国西北地区区域一体化进程中，发挥龙头示范和辐射带动作用的重要节点城市，肩负起了服务国家"一带一路"倡议，积极培育现代化都市圈，提升对关中平原城市群的支撑能力，更好地推进西部大开发形成新格局新使命。

随着都市圈和城市群的发展，城市的边界日益模糊，如何通过城市建设和产业升级，积极推动基础设施互联互通、产业分工协同协作、公共服务共建共享、生态环境共保共治，建立健全城市化协调发展机制和利益共享机制，进一步推动城市经济社会的高质量发展，是当前以西安为代表的国家中心城市建设的重要课题。

资料来源：陕西省自然资源局官网

图 1-2 西安都市圈所在区域示意图

（二）旅游产业集聚是国际旅游城市建设的切入点和突破口

城市是一个国家社会经济发展最重要的地域单元，旅游产业的集聚是城市经济发展的重要驱动力量，二者是辩证统一的关系，有着历史性的关联（如图1-3所示）。改革开放至今，随着城市化不断深化，旅游也逐步发展成为一种刚性需求。旅游城市化与城市旅游化的共同演化，是微观企业、中观产业、宏观环境之间的相互融合、跃迁升级的过程。城市为现代旅游业的发展提供了有力支撑，二者的关系越来越密切。

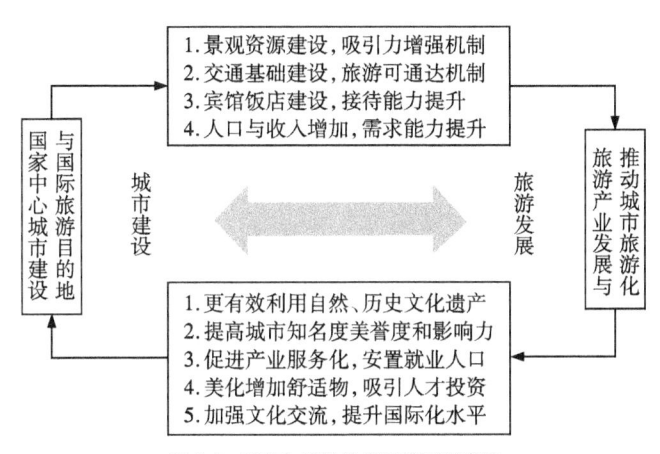

```
国                      1.景观资源建设，吸引力增强机制       推
家     与              2.交通基础建设，旅游可通达机制       动
中     国      城      3.宾馆饭店建设，接待能力提升    旅   城
心     际      市      4.人口与收入增加，需求能力提升  游   市
城     旅      建  ⟷                                  发   旅
市     游      设                                     展   游
建     目                                             与   化
设     的              1.更有效利用自然、历史文化遗产
       地              2.提高城市知名度美誉度和影响力
                       3.促进产业服务化，安置就业人口
                       4.美化增加舒适物，吸引人才投资
                       5.加强文化交流，提升国际化水平
```

图1-3 城市与旅游的相互关系影响图

一方面，城市化是旅游产业集聚的基础支撑，旅游产业集聚是城市发展，尤其是国家中心城市与国际旅游目的地建设进程中生产力与生产关系发展的必然结果。城市的发展会通过文化环境的优化和基础设施的完善，促进旅游产业快速发展。从生产力维度讲，城市的不断发展能够改变旅游生产方式，在合理配置资源、优化产业结构等方面起到至关重要的作用，且效果卓然。通过景观资源建设、交通基础设施建设、宾馆饭店建设等，不断增强其吸引力、通达性，进而不断强化城市资源配置能力，生产要素持续进入城市旅游产业，旅游产业主导性也不断增强；从生产关系维度讲，旅游成为城市居民生活不可或缺的内容，随着经济社会的发展，人们生活质量逐步提高，城市人口和收入也持续增加，对旅游的需求能力不断增加，旅游产业有了广阔的市场空间。

另一方面，旅游产业的集聚会引发要素、资源、人口的集中和转移，从而带来城市空间结构和制度形态的变迁，提高城市发展的进程和质量，推动城市旅游化与城市建设的功能属性持续完善。

旅游产业集聚区是旅游产业发展到一定阶段的必然产物，是区域旅游业和城市发展过程中的一种资源、市场配置的空间形态。旅游产业集聚效应受城市化水平影响的具体表现如下：首先，产业集聚的基础是各种要素的完备。城市化可以加快劳动力、信息等要素的流动，从而为旅游产业的集聚提供核心要素支撑以及稳定充足的客源市场。其次，城市化不断发展将会加快城市公共基础设施建设的脚步，促进生态与交通网络的发展，为旅游产业的集聚提供所需的公共产品，并进一步拓宽旅游产业发展的空间。在城市化不断发展的过程中，空间体系的建设不单纯是城市功能性的空间营造，更对旅游产业集聚区和周边区域的空间培育、产品展示有一定推动作用。城市化发展既可以不断丰富旅游吸引物的构成，逐步使城市旅游目的地与客源地形成统一体，实现从旅游城市到城市旅游的转换，也能为旅游产业集聚创造很好的创新氛围。通常情况下，城市化水平越高的地区，经济主体会有更大的竞争压力，这就导致经济主体需要不断地增加投入，不断进行创新活动以增强其核心竞争力，从而刺激并带动其他企业的模仿和赶超行为，为旅游产业集聚发展营造积极学习、开放创新的良好氛围。与此同时，城市化的发展还能为旅游产业的集聚吸引更多的专业人才。最后，城市化水平越高，区域的市场也将会进一步完善。在城市化发展的带动作用下，市场环境将会更加开放，为旅游产业的集聚提供良好的支撑和保障。

受全球经济整体下行的影响，2015年以来我国整体经济处于增速放缓阶段，但旅游投资规模却逐年逆势上升，各城市旅游产业集聚区以点带线的示范效应逐渐凸显。在此背景下，旅游产业集聚区成为国家中心城市高效发展有效的切入点和突破口，努力推进旅游产业集聚区的发展是新常态下国家中心城市高质量发展的必然选择，并以此引发带动周边城市和区域的协同共进，从而有效发挥规模效应和集聚效果。

（三）旅游产业成为拉动内需、促进经济发展、提升城市知名度的引擎

当前，我国经济新常态已开启由高速增长向高质量发展的路径转换，一方面，旅游产业已经成为中国国民经济的重要组成部分，旅游总收入占我国 GDP 的比重逐年提高（数据详见表 1-1）。2010 年中国旅游总收入为 1.57 万亿元，占 GDP 的比重为 3.801%；2019 年旅游总收入达到 6.63 万亿元，占 GDP 的比重为 11.05%，旅游产业对国民经济增长的贡献不断增长，地位不断提升。另一方面，加快旅游产业发展方式转变，构建新的发展格局已成为"十四五"旅游产业发展的题中之义，综合性和关联性极强的旅游产业在带动消费升级的同时，也逐渐成为拉动内需、稳定增长、调整产业结构和惠及民生的重要驱动力量。

表 1-1 中国旅游总收入及 GDP 占比

年份	旅游总收入（亿元）	占 GDP 比重（%）
2010	15700	3.80
2011	22500	4.59
2012	25900	4.79
2013	29500	4.96
2014	37300	5.79
2015	41300	5.99
2016	46900	6.30
2017	54000	11.01
2018	59700	11.04
2019	66300	11.05

资料来源：2010—2019 年中国旅游统计年鉴

当前，旅游业的发展已步入"大旅游"时代，产业功能日趋多样化，其发展目标也不再只局限于经济层面，更深入政治、生态、文化与社会等层

面；在新的时代，旅游已经成为大众享受美好生活的关键构成部分。在全球化政治经济背景下，资本的积累和城市的发展催生了大量旅游空间，各地的旅游资源禀赋被充分用以带动区域的发展、城市的知名度与好评度。大部分城市同时是旅游客源地和目的地，更是城市居民和外来游客享受美好生活的重要空间，因此，旅游产业成为更能表征人们追求美好生活的重要内容，也是践行美好生活的关键维度和最好现实注解。

（四）国家中心城市、省会城市旅游产业集聚区研究亟须深入

受后工业化的影响，大众逐渐将游乐休闲地点转向了城市，1991年，慕林斯（Mulins）第一次提出，要以"城市化"为基准，大力发展城市旅游建设，使城市真正担起旅游的客源地与目的地的重任。该理论为城市发展和旅游的结合奠定了基础，找到了新的契合点。对于发展中国家来说，城市旅游化现象表现较为突出，有的甚至已成为城市发展的科学方略。在慕林斯城市化理论的影响下，我国旅游产业形成了大面积的产业集聚区，影响力空前，逐渐发展为城市旅游产业的重要空间表征，也成为政府进行城市供给侧结构性改革的重要策略。在新背景下，产业集聚研究成为旅游学科深化研究的热点问题。值得注意的是，不同资源背景下的城市旅游产业集聚各异、集聚机制也各不相同。对于不同等级城市集聚特点的分类研究，特别是对国家中心城市旅游集聚问题的研究，是摆在学者面前迫切需要探究的重要课题。大城市旅游产业集聚与中小城市旅游产业集聚，无论是空间集聚特征还是影响因素均具有明显的差异，如以敦煌、张家界等旅游城市为例，往往一个城市只有1~2个集聚区，集聚驱动机制也较为单一，研究结论不具备普遍意义，而大城市往往集聚区数量较多、类型多样，驱动机制也呈现多元复合，因此，研究者认为，对大城市的旅游产业集聚区的实证研究更具现实意义和价值。

二、研究意义

虽然旅游产业集聚区广泛存在，并且呈现出纵深化发展趋势，但是较之日益成熟的城市旅游产业集聚区实践，从大城市视角切入，对旅游产业集聚区进行的直接研究尚处在探索阶段，理论与实践的脱节现象突出。因此，本研究选取西安市为案例地，梳理其旅游产业集聚区发展脉络，针对当地旅游产业集聚区发展现状展开理论性剖析，具有关键性的理论研讨价值和现实意义。

（一）理论意义
1. 丰富城市旅游产业集聚区研究内容，完善产业集聚理论体系

从理论视角来看，研究旅游产业是经济地理学研究的重要内容，区域经济学是经济学与地理学的交叉学科，本次研究有助于该领域研究的进一步发展。区位选择与集聚是区域经济学研究的重点内容，然而，不管是农业或工业区位论，皆属于后工业社会前的研究理论，人文因素与人的能动性因素并未充分考虑进来，导致其很难充分解决主要涉及人才要素投入的旅游业的区位选择和集聚问题。由于区域经济学的微观基础缺失，使这一学科很难成为主流经济学，但区位选择到集聚的逻辑演绎，则被认为是弥补其微观基础缺失的有效选择。所以，旅游产业区位选择相关研究，不仅回应了社科领域文化转向趋势，同时也进一步完善了后工业时代下的区域旅游经济学体系框架。

产业集聚区的研究由来已久，但关于旅游产业集聚区的研究仍相对不足，尤其对大城市旅游产业集聚的研究尚比较缺乏。本研究融合产业经济学、演化经济学和经济地理学的理论知识，吸收定性和定量研究的已有成果，选取国家中心城市——西安市为案例，对旅游产业集聚基本内涵以及旅游产业集聚区形成的模式进行理论探讨，通过从地理空间的角度对旅游产业集聚区形成演化的时空规律、特征与动力机制深度剖析，有效补充现有研究成果。相较于传统产业经济学从经济指标分析产业集聚，本研究从地理空间角度切入，通过 GIS 可视化的方法更直观地反映了旅游产业集聚的时空分布特点，填补了我国城市旅游产业发展理论的研讨缺陷，拓展和丰富了旅游经济学研究内容，为进一步完善旅游产业集聚的理论体系做出努力。

2. 拓展了产业集聚与城市旅游共同演化的解释力度

城市空间结构的变化演进与产业集聚区的形成发展密切相关。城市发展需依特定地域空间展开，因城市空间特征的不同、产业集聚经济的表现不同，形成了具有差异化的产业集聚区。随着以旅游业为代表的第三产业在国民经济中占比持续提升，旅游产业集聚对城市发展的影响也不断加深。用演化经济学的范式分析旅游产业集聚与城市化共同演化的阶段特征、动力机制，有助于拓展和检验对于产业集聚与城市化共同演化的解释力度。

（二）实践意义

1. 为西安城市旅游发展和区域产业布局提供规划遵循

当前，我国经济步入了深度调整期，旅游产业也面临转型升级的严峻考验。与发达国家相比，我国的旅游产业集聚区存在一些问题，例如产业发育不够成熟、创新动能不足、亟待升级等问题。将西安旅游产业发展实践与产业集聚区理论等成熟理论相结合，分析旅游产业集聚区的一般规律、发展范式和集聚模式，不仅有利于避免"集聚陷阱"和"遍地开花"，是做大旅游经济总量、提供优质旅游供给、实现跨越发展的重要途径，也是促进西安旅游产业提质增效、建设世界一流旅游目的地和中国国际形象的现实需要。研究西安旅游产业集聚也有助于明确西安作为西部地区的特大龙头城市、关中平原城市群的核心城市的整体功能布局和规划发展，具有引领西北区域发展、践行国家使命担当的重大现实意义。

2. 为旅游产业发展和文化软实力提升提供参考

加强以西安为代表的区域旅游产业集聚区的研究，是我国从旅游资源大国向旅游强国迈进过程中的必然趋势，因为这一研究对于区域旅游产业发展思路转变，促使旅游产业从重数量向重质量的增长方式转变具有重要意义。地方政府和相关旅游企业可依据集聚结果，辨识地区集聚区发展阶段，进而对提高资源投入规模、优化资源配置及调整投入方向等进行判定。此外，对效率时空变化规律的分析，可以辨识不同时空范围内影响各地区旅游业效率变化的因素，并分析这种差异产生的原因，从而为区域旅游产业效率提升提供定量参考，对于科学引导区域内生产要素的区际流动、实现资源优化配置，提高旅游业管理和技术水平具有重要现实意义。

同时，旅游活动是城市居民不可或缺的生活方式，在城市化持续深入及大城市旅游业态持续集聚的大环境下，想要充分引导产业要素科学布局，实现城市功能结构的不断优化，就需要精准把握大城市的旅游业态在结构、数量与规模的空间特征与影响因素。这既有利于人力资源的培养流动，满足外来游客和本地居民对美好生活的诉求，又会反过来进一步促进产业发展，孕育出新的产业和发展模式，进而推动产业结构升级，增强区域产业竞争力。旅游产业被各界认为是后工业社会背景下能够主导城市发展趋势以及推动城市经济体系不断更新的重要产业，更是彰显城市经济和文化竞争力的关键所在，我国各级城市都非常热衷于对旅游产业的投入，旅游产业的发展浪潮逐步形成。虽然旅游产业在我国各大城市都得到了一定程度的发展，但其能否在任何一个城市或在国内得到大范围的发展，依旧是值得深思的问题，本研究能为该问题的解答提供有益参考。

在后工业时代，旅游产业既是产业结构升级的产物，又能进一步促进产业结构升级，二者间存在双向互动关系，对此展开深入的分析，能为解答旅游产业是否在任何一个城市或在国内得到大范围的发展的问题提供有益参考。再者，旅游产业是强化城市文化竞争优势的关键性产业，是提升我国文化软实力的重要路径，研究旅游产业发展能使我国在城市软实力提升方面更具针对性。

3. 为提升区域整体竞争力和产业结构升级提供决策依据

旅游产业与一般的服务业相比，关联性和影响力较强，因此科学把握旅游产业集聚区的演化周期和发展规律，不仅能优化旅游产业本身的产业构成，还可以全面提升区域性旅游的创新能力与竞争优势，提高政府层面对区域化旅游经济的重视程度，并促进其对城市区域化旅游经济的重新定位与思考。本研究以西安为案例地，通过理论剖析和实践验证，从发展历史性和空间布局两个维度，对1980年到2019年间西安市旅游产业集聚区演化过程、阶段特征、集聚效益进行系统性研究，梳理出各集聚区主要产业的资源与区位优势，揭示了西安旅游产业分布趋势及旅游产业的空间演化规律，为西安旅游产业空间资源合理配置及产业有效疏解转移打下基础，为该市旅游产业与其他产业充分融合及长远稳健发展提供有益参考。对西安国家中心城市建设、顺利实现西安城市圈和关中城市群的发展战略具有一定的实践意义。同时，对于西北地区其他城市旅游产业发展具有借鉴参考价值。

第二节 研究目标与主要内容

一、研究目标

结合旅游发展实践需要，对大城市旅游产业集聚区的研究仍然有待进一步提升认识深度，亟须展开更深刻的理论和实践探讨。本研究以西安为案例地，以旅游产业为研究对象，运用旅游学和演化经济学以及经济地理学等基础理论，立足较为成熟的理论与操作实践成果，深入解析城市旅游产业集聚现状，不断开阔旅游产业集聚的研讨视野与思维空间，通过理论解析和实证分析，甄选合理的测度指标对旅游产业结构做合理有效表征。通过核密度分析、空间邻近指数、区位熵等方法，精准地表征西安地区旅游业空间演化的基本特征，运用面板数据回归模型探讨改革开放以来西安旅游产业集聚区的演化特点与阶段性特征，揭示西安地区旅游业历时性与共时性空间演变规律。在此基础上，创新性地提出了从供需两侧同步综合多维数据出发，利用ArcGIS 10.3中的尺度距离分析（包括平均空间邻近指数分析和Ripley's K函数分析）、密度分析（样方分析及核密度分析）等方法数量化测度西安旅游产业集聚区的空间集聚特征、空间集聚类型和空间分布密度。将西安当地的旅游产业集聚区演化主要成因和推动机制精准提炼，利用访谈文本数据分析其主力主体和驱动机制，构建旅游产业集聚区的一般驱动机制模型。以期为形成区域化旅游产业集聚区的整体发展提供战略性理论依据，为政策拟定提供基础性理论指导意见。

二、研究内容

本研究立足实践理论发展现状及需求，遵循理论研究的规范性步骤及环节要求，拟定基础性研讨内容，确定研究边界范围，针对研究假设理论形成合理调研方案，多方整理资料和有关信息，进行梳理与分类归纳，从专业化视角对探求结果进行科学校核与检验，并以演绎的方式得出研究结论。如果站在研究的性质层面分析，本研究相当于对演绎研究结果的进一步梳理与整合，立足于对现象的描述和对构架的精准刻画，将发展历程逼真性还原并进行理论性剖析，以此形成规范性解读。具体来说，本研究以我国现阶段社会发展表现出的内外部环境特征、城市发展现状以及我国当前旅游发展的规范化实践为切入点，试图解决旅游产业集聚研究中的四个核心问题：

1. 如何正确认识城市旅游产业发展过程、核心要素空间布局，以及空间聚类特征？

2. 如何科学识别不同的旅游产业集聚区，揭示其产业要素的空间分布、集聚强度及核密度的空间差异？

3. 不同的旅游产业集聚区形成演化过程是否一致？关键性的驱动力是什么，以及其功能定位、要素分布、集聚模式等有何差异？

4. 在城市内部尤其是大城市及其周边地区旅游业发展过程中，为何以空间集聚区的形式出现？不同集聚模式下的旅游产业集聚区形成的动力机制是什么？

即按照集什么（构成）、集的过程（过程）、为什么集（原因）、集的机制（机制）的逻辑依次递进。在实证部分，以西安为案例，重点研究西安五个旅游产业集聚区的驱动模式、不同特色的集聚区的演化历程、根据实际对西安旅游产业集聚形成科学合理的规范性建议。基于以上研究思路，具体章节内容如下：

第一章是概述。通过阐述研究背景与意义、研究目的与内容，确立研究的基本逻辑、框架与技术路线。

第二章为文献综述。在界定研究问题的基本概念基础上，辨别产业集聚、产业集群的关键内涵，界定旅游产业集聚区的概念。在分析旅游产业集聚区与其他产业集聚区差异的基础上，进一步系统性回顾关于旅游产业集聚区的国内外研究现状和进展，并指出已有研究不足，对拟展开分析的理论进路进行梳理。

第三章为区域概况与研究设计。首先对案例地的位置范围、典型性与代表性、产业及旅游产业现状进行分析，并进一步对研究采用的数据收集范围、访谈样本范围、访谈对象以及访谈设计与过程几方面对研究涉及的内容进行概述，从数据来源与采集、数据整理过程和预处理两方面对案例地进行归纳总结，最后根据不同的数据采用何种分析方法进行分类论述。

第四章为西安市旅游产业发展与集聚区识别。将西安市旅游产业集聚区视作是一个开放、动态的系统，通过回顾西安城市规划布局、结合中国旅游产业的发展进程，将西安旅游业划分为四个阶段，并厘清各个阶段的旅游产业时代背景、西安旅游产业发展的阶段性特征、空间格局。进而借助 A 级旅游景区、星级饭店、等级民宿、乡村旅游示范村、旅行社、交通路网等核心要素的布局，全面解析整个西安旅游产业的发生过程和要素嵌入特征。从供需两侧分别探索西安旅游产业发展的底层逻辑。利用区位熵分析、ArcGIS 10.3 中的尺度距离分析（包括平均空间邻近指数分析和 Ripley's K 函数分析）、密度分析（样方分析及核密度分析）等数量化，测度了西安市旅游产业集聚区的空间集聚特征、空间集聚类型和空间分布密度。识别出临潼旅游产业集聚区、城墙—回民街旅游产业集聚区、大雁塔—曲江旅游产业集聚区、秦岭北麓旅游产业集聚带、浐灞旅游产业集聚区五个旅游产业集聚区。较为准确地模拟了西安市旅游供给要素、需求要素的空间分异情况，为后续深入研究旅游产业集聚区提供了参考。

第五章为西安市旅游产业集聚区的形成与演化。构建了复杂演化和主体角色关系视角下旅游产业集聚区的"三阶段"理论演化假说，为深入分析旅游产业集聚区的形成和演化提供了一个含时间、空间、多元主体、内生与外生力量的多要素、多主体的分析框架。归纳总结的集聚模式主要有四种：资源导向集聚模式、市场导向集聚模式、政策投资导向集聚模式，以及复合导向集聚模式。结合前文识别出的临潼旅游产业集聚区、城墙—回民街旅游产业集聚区、大雁塔—曲江旅游产业集聚区、秦岭北麓旅游产业集聚带、浐灞旅游产业集聚区五个旅游产业集聚区，分别就其的形成背景、演化过程、空间结构、客源市场定位展开分析，为产业集聚区之间的比较提供科学的评判标准和依据，同时为推导出各自集聚区影响发展的动力机制奠定基础。

第六章为旅游产业集聚区动力机制与比较。首先，归纳了集聚区形成的集聚力、市场力、创新力、多元主体的支撑力等四种驱动力，其次，提炼了不同集聚模式下城市旅游产业集聚区的形成演化的外部动力机制。在此基础上，运用 ArcGIS 空间点模式法对西安旅游产业集聚区的总体演化进行可视化表达和时空演变分析，运用 Rost. CM 内容分析软件对动力要素的逻辑关系进行比较分析，利用静态回归方程、散点图，计算并分析各大产业集聚区的规模效应、资源转化率效率的时空差异，为产业集聚区之间的比较提供科学的评判标准和依据，对西安市旅游产业集聚区未来的优化发展布局进行研究，最后归纳城市旅游与产业集聚区的一般发展时空规律。

第七章为研究结论与展望。在该部分总结了本文的主要结论、研究创新、研究不足与研究展望，并根据研究结果给出实践启示，以期充分发挥研究的实践价值。

第三节　技术路线

本研究基于旅游学、经济地理学、演化经济学等相关理论，遵循"特征识别—过程分析—机制解释"的路径，以促进以西安为代表的国家中心城市旅游高质量发展为目的，构建以旅游产业集聚特征、产业集聚识别和产业集聚驱动机制为主的研究框架。具体技术路线见图1-4。

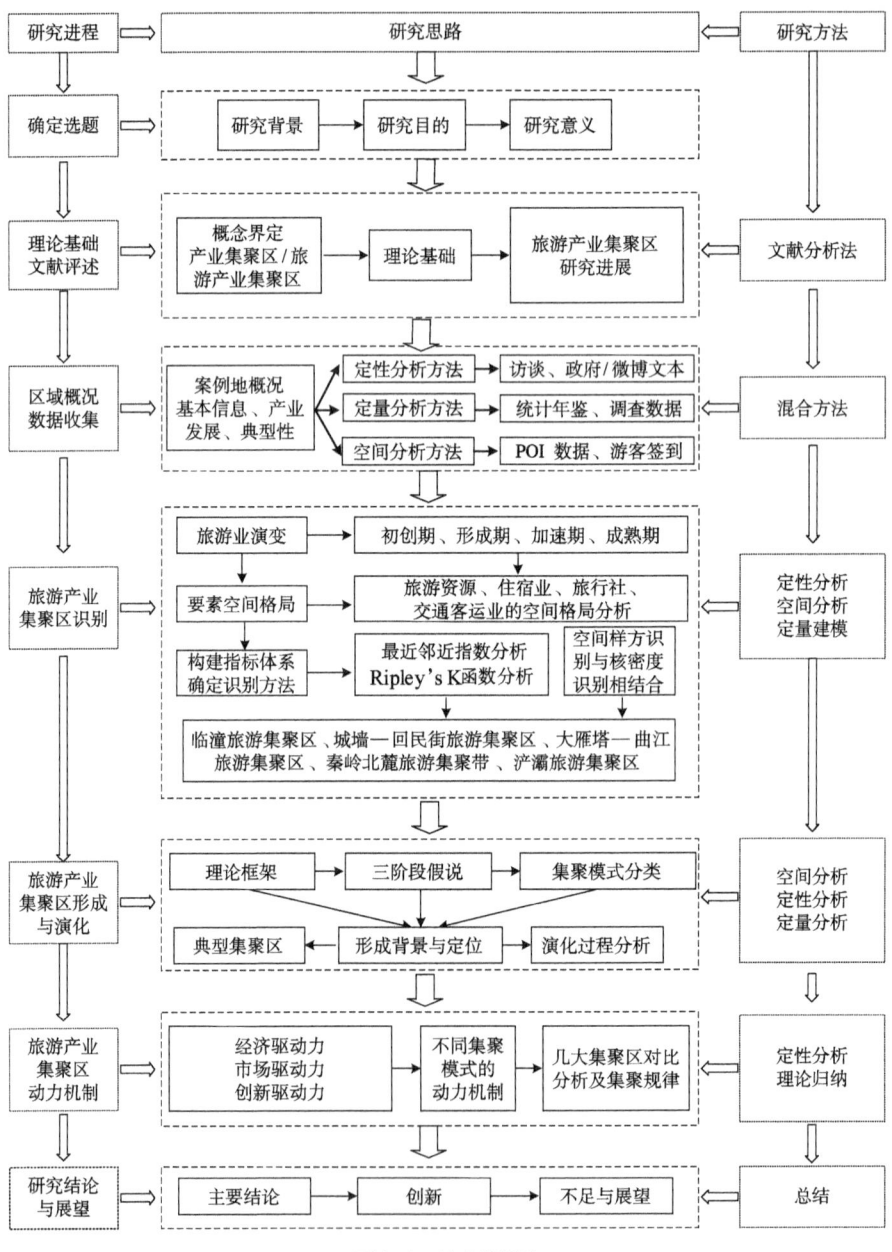

图1-4 技术路线图

第二章 文献综述

城市旅游产业集聚区的形成，是城市旅游、集聚经济、规模经济、城市空间结构和功能分区等相关理论的综合运用，其目的在于将分散的旅游产业要素（或企业）集聚起来，形成几个相对集中的旅游功能区，并且在各功能区内实现旅游业的资源共享、提高其旅游吸引力，共拓市场、提高其旅游接待量和竞争力，降低旅游成本、提高游客的旅游效益等。大城市旅游产业集聚区的形成，有助于提高城市的知名度、美誉度和国际竞争力，是我国"十四五"规划建设国际旅游强国和国际旅游目的地的重要举措。本章将界定相关概念，介绍本研究的有关理论，然后评述国内外相关文献，为后续研究提供文献背景。

第一节 概念界定

一、城市旅游

城市是相对于乡村而言的大型聚落，是一定区域范围内的政治、经济、社会及文化中心。按照综合实力划分，可以分为一线城市、二线城市、三线城市等；按照常住人口规模划分，可以分为超大城市、特大城市、大城市、小城市等；按照区域影响力划分，又可以分为世界城市、国际化城市、区域中心城市、地方中心城市等。作为一个大型的人口聚居地，城市具有人口密度大、工业化水平高、商品贸易发达等特点，具备旅游业发展的优良条件。城市在发展过程中形成了丰富的旅游吸引要素，许多游客拥入城市体验其独特的城市文化、现代化的都市景观、便捷的交通、发达的科技、先进的服务和娱乐等，当今社会，随着旅游体验纵深化、旅游活动散客化的发展，城市不但成为旅游发展的结构性支撑，更逐渐发展成为最具有吸引力的旅游目的地之一。

城市是一个复杂庞大的系统，旅游只是其中的一环。同时，城市和旅游具有相辅相成的关系，城市的发展为旅游业提供支撑，旅游业也逐渐成为城市社会经济发展的重要组成部分。城市化进程在很大程度上促进了旅游业的发展；而旅游业发展又能反过来促进城市综合实力的提升，有力地推动了城市现代化建设进程，因此，城市化与旅游业呈现出互助发展的态势。与城市相对的则是乡村，乡村主要从事农业活动，人口密度小、经济发展水平低。相较于城市，乡村的自然资源优势更大，拥有独特的旅游吸引力，大量游客选择进入乡村去欣赏湖光山色、体验风土人情。乡村旅游是一个多维度的旅游活动，包括自然旅游、生态旅游、探险旅游等多种形式，以及一些区域的民俗旅游活动。

20世纪六七十年代世界城市化进程逐步加快，旅游业也在全球范围内持续发展，关于城市旅游的研究也开始兴起。对城市旅游的研究，最早见于美国学者斯坦斯菲尔德（Stansfield）于1964年发表的著作《美国城市旅游中的城乡不平等》，之后，伴随着城市化的不断发展，城市旅游作为旅游研究领域的重要内容也得到了广泛的关注和研究。由于城市旅游具有复杂性、独特性和综合性等特点，这就使得很难对城市旅游给出准确的界定。因此，关于城市旅游的概念，目前学术界尚未形成统一的认识，国内外不同学者尝试从多个角度对其进行了界定。

国外学者如慕林斯在1991年发表的文章认为城市旅游化是一种基于享乐型消费的城市化发展方式，与工业城市等类型存在差异；佩奇（Page）则认为城市提供的专业化功能与一系列的服务设施对旅游者产生了吸引力，因此才有了城市旅游。此外，国内诸多学者也对城市旅游进行了界定，如朱剑锋等依托旅游者的感知视角，将城市旅游界定为游憩者对城市这一旅游目的地的感知活动；保继刚等从旅游的概念出发，提出城市旅游就是确定旅游目的地为城市的旅游活动；彭华从产业的角度对城市旅游的概念进行了界定，就是指发生于城市空间内的各类游憩活动的总称，然而，从旅游产业方面来说，城市旅游就是旅游人员在城市内部发生的全部物质与精神消费的活动。此外，还有学者从动态发展的角度对城市旅游进行界定，提出了城市旅游化的概念，亦可为城市旅游的概念界定提供参考，如成英文认为城市旅游化是城市作为旅游目的地的功能不断强化和提升的过程。

城市旅游的主体被称为城市旅游者，按照旅游相关概念，城市旅游者又可以再细分为外来游客和本地游憩者两大类。城市旅游者的旅游动机包括历史文化学习、购物消费、风土人情体验、特色风味品尝、社会交往、放松休闲等多个方面，包含吃、住、行、娱、游、购等旅游要素。其发展是以现代基础设施为依托，因此，等级更高、规模更大、区域影响力更强的城市更有利于城市旅游的发展。同时，城市旅游发展较好的地区大都有一些独具特色的城市旅游宣传口号（IP），其目的是提升城市的知名度，吸引更多的旅游者前来，如巴黎（浪漫之都）、埃及（历史的金库）、西安（千年古都，常来长安）等。

综合上述概念和城市旅游相关特点以及本研究需要，研究将城市旅游界定为"在城市这一旅游目的地发生的各种游憩活动的总称"。旅游作为城市的一种发展方式，使得城市的旅游功能不断强化，旅游业成为城市产业的一个关键构成部分，有力推动了城市的发展。

二、产业集群与产业集聚

集聚（Agglomeration）源自马歇尔的《经济学原理》，不仅仅指企业的地理集聚，还要发生"化学反应"，产生经济联系。集聚分为马歇尔效应和雅各布斯效应，前者指同一产业的企业集聚，如汽车厂商周边有很多零部件工厂的配套，被称为本地化经济，后者指的是不同产业的集聚，如在一个大企业周边，餐饮娱乐等产业往往也较为发达，又称为城市化经济。

集群这个专有名词源于英文中的"cluster"，美国著名经济学教授迈克尔·波特（M. E. Porter）1990年在《国家竞争优势》中提出了"钻石模型"并正式提出了集群理论。集群理论指一组互相联系的、在地理位置上具有相关生产联系的某一行业的企业和公司具有相同性或者互补性而自发地进行联系。该理论将集群看作一种密切联系的集合，密切联系体现在地域上的内在联系，集合体现在区域密度较强的一系列公司和机构的集聚。集群强调的是集聚经济外部性和非市场化的联系，如海淀区的高校对中关村集群的重大影响，并非直接的市场化的力量，但隐形因素对集聚经济有着至关重要的影响。此外，集群专业性较强，其所包含的成员并非零散无关，而是紧密联系，彼此相通。一般来说，其成员包括处在上游的原材料、机械设备、零部件和生产服务，下游的销售企业及其网络、客户，侧面还能衍生出互补产品的制造商，技能与技术培训和产业中介等关联企业、基础设施供应商等。总之，集群是一个相对系统、全面，且庞大的产业体系。在我国长期实践中，产业集群表现通常是以由政府主导规划的产业园区的形式存在，而不是企业自由组织形成。

产业集聚（Industrial Agglomeration）是某些产业在某区域内呈现出集聚的现象，表现为关联企业地理距离的相近。产业集聚的过程并非一蹴而就，而是企业在地理上的集聚、企业间建立联系、形成一个稳定系统的过程。一般认为，产业集聚是工业化发展到一定阶段后的必然产物，是企业为了最大限度整合生产要素（资源、技术、人力等）的重要手段。通过产业集聚，能够有效降低生产成本，进而提高产业及区域竞争力。产业空间集聚是经济活动中最为突出的地理特征，也是一个世界性的经济现象。在全球化背景的推动下，产业集聚越发明显，对区域经济造成的影响已不容忽视。因此，产业集聚也是经济地理学研究的经典议题。

产业集聚的概念来源于阿尔弗雷德·韦伯（Alfred Weber）1929年的工业区位理论，在他看来，产业集聚是区域发展的一种重要"优势"，或是生产被引到某一地域的市场化。据此，他将工业生产活动的集聚归结为两个发展阶段：在第一个阶段里，集聚孕育于单个企业的生产和经营规模的扩张之中（规模报酬递增效应）；在第二个阶段里，各企业通过建立分工、协作联系以及共享基础设施，进一步强化集聚所带来的收益与好处（正外部经济效应）。他认为，产业集聚是由于企业规模经济或者企业间协作、分工和基础设施的共同利用引起不同企业在既定空间的集中。韦伯把产业集聚归结为四方面的因素:一是技术因素,随着先进技术的不断引入,企业间技术的依存度逐渐增强,无形中促使了企业在空间上的集聚;二是劳动力组织的发展,在韦伯看来,劳动力组织相当于是一个新颖的、综合的"设备",由于其具有较强的专业化,因此促进了企业的地方化;三是市场化,这被认为是最重要的因素,产业集聚的存在可以最大限度地增加产品和服务购买规模,减少中间环节;四是节约经常性开支成本,产业集聚带动了地方化的基础设施、交通运输方式的建设,从而减少经常性开支。

联合国工业发展组织对产业集聚有统一的定义,其认为产业集聚多发生在中小型企业,在同时遇到发展机遇和挑战时,生产相关产品的企业为获得发展机会而进行的某一经济部门或者经济区域上的联合集聚。产业集聚的影响因素不仅包括空间要素,也包括制度、文化和关系等要素。按照不同的分类标准,产业集聚既可以分为专业化集聚与多样化集聚(强调不同产业之间的相互作用),也可以分为同产业集聚和上下游产业集聚。产业集聚会降低企业融资成本,促进地区内部企业之间的要素流动,产生正的外部经济;产业集聚还可产生规模经济,带来技术溢出,进而促进企业创新。

本研究认为,产业集聚是指同一类型或不同类型的相关产业向一定区域的集中和聚合现象,产业集聚的目的是实现一种高度密集的产业群聚以实现集聚效益的美好远景,这种配套协同上下游企业的产业空间布局模式打破了大规模区域范围内产业零星发展的现状,是一种通过合作共谋发展的经济现象。

产业集群(Industrial Cluster)指具有前后向关联的企业在地域空间上的集中,其本身是一个类似于生物有机群落的企业自组织综合体。产业集群并不要求产业地理空间上接近,既可以是地理接近型的,也可以是地理分散型的,更多的是指为了促成企业合作竞争的战略联盟或者虚拟组织。

对比来看,产业集群与产业集聚概念具有相似性,在国内也有诸多学者对其不做细致区分。产业集群强调的是关联性较强的企业集聚于某个区域的现象,就好比一个生物群落,某个产业在某一特殊区域的集中是相对于整体区域而言的集群，更加适合理论研究。产业集聚强调"过程"，产业集群强调"现象"，本研究侧重于探究旅游产业的地缘集聚过程，即在空间上的分布格局与形态，因此采用研究采用"产业集聚"的概念。

三、产业集聚区与旅游产业集聚区

（一）产业集聚区

英国著名经济学家阿尔弗雷德·马歇尔（A. Marshall）最早以工业集群理论为基础，派生发展出了产业集聚区（industrial clusters）这一概念。1920年，他在《经济学原理》中提出：产业集聚区与外部经济密切相关，是企业为寻求外部经济而向某一个特定地区集聚的现象。同时，他提出了劳动力市场共享、中间产品投入以及技术外溢为厂商进行区位选择并导致集聚的三个经典影响要素。该定义揭示了产业集聚区的构成内容以及显著特点，与此同时，该理论在发展过程中为集聚区提供了具体、明确的理论基础。雅可布（Jacobs）在经济集聚的形成原因与马歇尔所持观点大不相同，其主张经济集聚取决于产品"多样性"，这与马歇尔的分工"专业化差异"观点发生了激烈的碰撞，二者在此问题上也一直争论不休，这也为经济集聚研究提供了更丰富的研究意义和背景。此外，产业集聚区还具有如下的特点，如营商环境良好、公共设施完善、交通基础设施便捷、可进入性高等。

根据集聚产业的性质不同，常见的集聚产业区有制造业集聚区、工业集聚区、旅游产业集聚区等不同集聚区。米勒和桑纳（Mueller 和 Sunner，2006）在研究农业产业集聚区时发现，农业产业的集聚不仅要依靠自然因素的供给，还要持续依赖外部因素的作用，如农产品的市场供需程度、劳动力的供求程度、政策的支持与否以及社会经济资金的投入、农产品科研机构的参与等；工业产业集聚区在选址及范围划定时则需要格外考虑环境条件的约束，相关研究也多致力于测定工业产业集聚区对地区空气质量、土壤造成的损害；高新技术产业集聚区的建立则更多依靠科研力量的集聚，在要素投入上主要依靠人才与技术的引进，同时以政策、共享、创新环境为主体，是创新的生产者。

国内学术界，相关代表性的概念并不多见。王缉慈教授认为：产业集聚区（industrial cluster）的涵盖范围不仅仅只有企业上的空间集聚，还包括金融、保险等相关机构的空间集聚，其将产业集聚区定义为某一区域上的企业空间集聚的经济现象。同时，王缉慈教授将产业集聚区进行了分类，主要包括以广东、浙江、北京为代表的"嵌入型""内生型""衍生型"三种类型。差异性导致地域性十分突出，由于我国国土面积较大，各地的经济、文化、制度存在较大的差异，故我国的产业集聚区受社会资本的影响呈现明显的地域性。

国内学者杨永忠等以创意产业集聚区为例，提出了创意产业集聚区形成的三阶段，本研究认为，这项研究对于解释广泛的产业集聚区动态形成过程有重要意义。根据该研究，产业集聚区的形成大体经历了三个阶段，具体而言：一是单元集聚，是指单个企业通过搜索信息、分析信息等过程，寻找到了合适的区域，这是产业集聚区的最小雏形。二是界面构建，是指随着越来越多的企业单元加入这个区域，企业之间的交流与合作更加频繁，通过各种正式机制或者非正式机制，单元界面逐渐构建，产业集聚区也从简单的地理集聚走向了企业分工与协作。三是网络发展，随着微观单元的交流与合作不断深化，信息的传播范围扩大、传播速度加快、企业在信息获得和共享也十分地便利，所以也会进一步吸引更多外来企业纷纷加入其中，这使得企业之间的关系不再仅仅局限于两两之间，而是在更加广阔的空间，形成了一个相对稳定的交易关系网络。

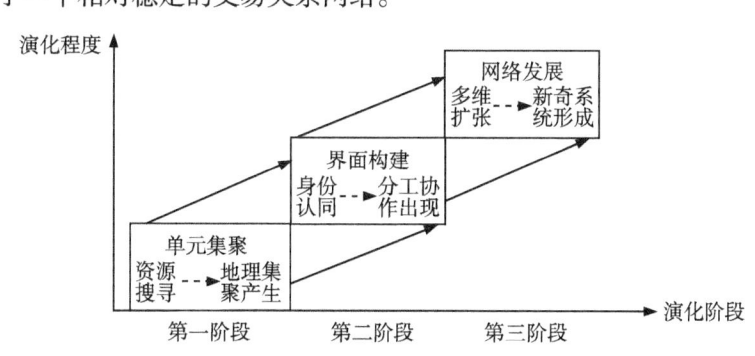

资料来源：杨永忠等，2011

图 2-1 创意产业集聚区形成的三阶段假说

基于上述分析，本研究所界定的产业集聚区以产业特性和地理集聚为界定标准。其中，"产业特性"是指成员企业只从事某一产业或者相关产业的生产与服务，成员间联系紧密。"地理集聚"是指成员企业和相关要素在地域上邻近且共同锁定于一个空间区域。产业集聚区的本质是产业间存在密切的经济和地理联系，集中优势发展要素于某一地区，不同企业在该区域内实现良性互动，在空间上紧密联系，构建一种新的空间经济联系发展模式。产业集聚区的识别方法包括定性方法和定量方法，定性方法如案例分析法、经验法，定量方法包括区位熵识别法、主成分法、集聚程度识别法、聚类分析法、图谱及网络分析法等。

（二）旅游产业集聚区

1. 旅游产业集聚区的概念和组成要素

产业集聚区的概念和理论本身具有复杂性，虽然产业集聚区理论已经应用于旅游研究，国内外学者也分别从不同的角度对旅游产业集聚区进行了界定，但是目前关于旅游产业集聚区的概念认识尚未形成统一。1999年，国际集群协会（Cluster Consortium）提出：可以将旅游产业集聚区定义为旅游企业在某一地理范围内为实现共同目标，获取较强的竞争优势而进行的整体整合和联系。对旅游产业集聚区特博戈·莫莱费（Tebogo Molefe）有自己的观点，他认为，旅游产业集聚区本质就是价值链条的不断延长与加深，旅游企业基于旅游景区等的集群，形成整体的旅游地理范围，在此范围内，旅游企业通过集群而进行竞争和合作，以此加速旅游企业效益的提高和整体经济的发展。

迈克尔·波特（Michael E. Porter）认为：旅游产业集聚区是由多个相互联系的机构组成的，它们在地理位置上是相互接近的，并在同一个领域中共存，这些机构既存在共性，又存在互补性，也就创造了相互联系的条件。基于此，判断是否作为产业集聚区时，主要是依据两个方面标准进行判断：一是从地理位置上，较多的企业和组织等在某个特定区域内集聚；二是从联系上分析，包括物质层面的和非物质层面等。对这两个要素进行分析，物质层面可概括为"空间集聚"，而非物质层面（知识和信息等），可以概括为"产业联系"。在对旅游产业集聚区识别时，往往遵循这两个核心标准，同时可作为区分产业集聚和集聚区的标准——集聚区需要以集聚为基础性条件。唐纳德（Donald）深入研究波特的产业集聚理论，对相关概念进行总结升华后，提出了"旅游竞争集聚"的概念。杨迅周指出旅游产业集聚区是旅游产业集聚概念的进一步延伸，是在政府部门关注到旅游产业集聚能产生巨大的规模经济效益以后，提出的持续提升区域旅游产业发展需要采用的新型地域形式。同时，他也对旅游产业集聚区和旅游产业集群进行概念的区分和界定，认为二者的区别在于是否由政府部门的引导，旅游产业集群则更多的是市场的自发行为。尹贻梅和鲁明勇认为，旅游产业集聚区应当摒弃单纯的地理含义界定观点，其在本质上更体现为一种市场性的经济联系。

王丽铭在归纳前人研究的基础上，认为旅游产业集聚区是形成了空间规模与经济效益的特定地理区域，该区域内的主体是旅游产业要素的集聚，包括核心旅游吸引物资源、围绕旅游资源提供服务的各类旅游企业，旅游产业集聚区内的供应商、服务商协同合作，协调搭配，共同提升区域旅游竞争力，同时，该学者认为，旅游产业集聚区的产生需要三个必备条件，首先是在地理空间范围上存在特定的边界，其次是区域内要有丰富的旅游资源及旅游相关服务企业，最后是政府部门参与其中，能够提供强有力的政策支持与引导。王学峰将旅游产业集聚区定义为有一定规模的区域，该区域的建立要依靠旅游资源，并以旅游设施的集聚为核心。

旅游产业集聚区与产业集群虽存在派生关系，但还有明显的差异。旅游产业集聚区的形成目的在于提高旅游服务的质量，增加旅游者的旅游体验感的满意度、舒适度，为达到此目的，旅游企业就要以区域的旅游吸引物为中心，辐射地理区域内的企业和其他周边产业进行集聚合作，不同企业、机构既分工又合作，形成了一种新的组织模式。庄军认为，先有旅游产业集聚，在旅游产业集聚到一定程度，便会自发形成旅游产业集聚区，故旅游产业集聚区是在与旅游相关的产业或企业和旅游企业的空间集聚过程中形成的，旅游产业集聚区的形成是为旅游业提供一种核心竞争力和可持续的竞争优势。张建春从四维角度对旅游产业集聚区进行解读，其认为，旅游产业集聚区是由一系列与旅游发展相关的要素连接起来，推动地理空间集聚的经济现象。张俐俐将研究视角转入更为具体的酒店业集群。并对此进行了广义和狭义两维度的研究。旅游集群所依赖的是旅游产业价值链的形成而不是地理区域，其甚至可以突破地理和行政界限的束缚，形成集群旅游产品，以产业链为依托形成高质量的旅游服务、高效率的旅游经历，能够为旅游地的发展注入内生动力与活力，从而提高其旅游竞争力和综合实力。

旅游产业集聚区由地理集聚、产业分工合作、企业集聚等要素构成，目前已经在学术界达成了共识。基于对已有学者的研究和相关概念的解读和界定，本研究认为，旅游产业集聚区的本质仍然是旅游产业的空间集聚，这种集聚是一种良性的集聚，能够促进旅游业的可持续发展。更为具体而言，旅游产业集聚区就是依托某一地域独特的旅游资源来吸引全国各地的旅游者，这里的旅游资源不仅包括旅游景区、旅游环境等自然旅游资源，还包括当地的独特风俗、历史等人文资源，使不同旅游企业以及相关服务机构自发集聚进行分工合作，从而延长产业链，增加旅游资源的附加价值，提升旅游区域的整体竞争力，促进旅游业与相关产业协同发展，最终实现经济效益的提升，是一种有效提高旅游业发展的新的空间组织模式。

具体来说，从组成要素的重要性来看，旅游产业集聚区应由三部分组成，分别是旅游核心层、旅游要素供给层和旅游相关辅助层（如图 2-2 所示）。其中，核心层指旅游核心吸引物，包括能吸引游客前来以及为当地居民提供游憩的自然风光、历史文化资源、各类娱乐设施等有形的资源以及各类旅游活动、事件、节庆等无形的旅游资源。

从产业链上下游关系来看，旅游产业集聚区的供应层是为旅游者提供食、住、行、游、购、娱等多个方面的服务，旅游区域内的旅游企业如果能够提供专业且优质的产品或服务，就能成功地构建本地价值链，从而吸引更多国内外旅游经营者。但供应价值链的建立除了消费这些产品或服务外，仍需要多个关键性辅助条件，如土地、基础设施、科学的经营和管理等。此外，还包括了相关组织机构等，如建筑行业与房地产行业、媒体广告、景区园林与绿化、银行以及治安、医疗等，这些辅助条件在旅游集群发展和建构过程中也起到了积极作用。

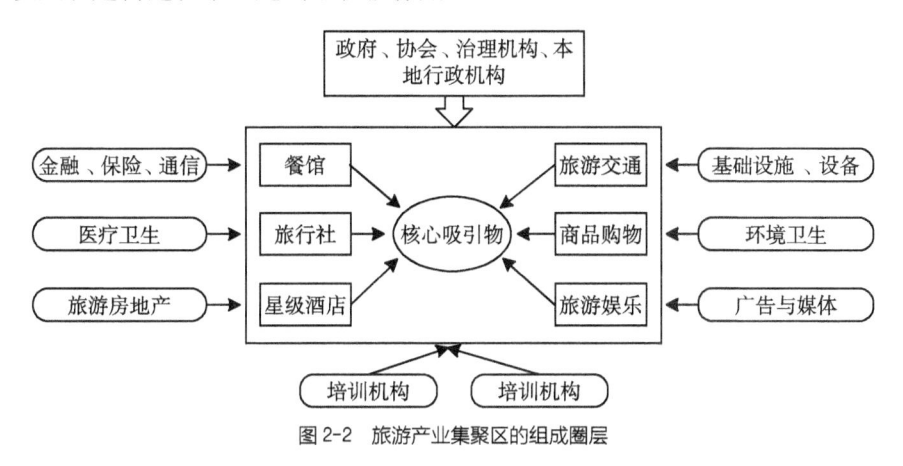

图2-2 旅游产业集聚区的组成圈层

2. 旅游产业集聚区的边界

旅游产业集聚区的边界包括地理边界和组织边界。地理边界是指旅游产业集聚区所在的具体位置，即从地理层面划分其具体范围。组织边界主要是针对产业集聚区的成员进行划分范围，而这些成员组合往往由专业化程度和产业关联度发挥决定性作用。这种边界是动态的，其形态、大小受到集群内部交易成本、分工效率、集群能力、集群集聚效应以及社会资本效率影响。旅游产业在发展过程中呈现出诸多特征，如主要体现在空间上的综合性，同时旅游者在游玩过程中产生的一系列消费具有一定的连续性。

研究旅游产业集聚区的定义、特征以及具体发展过程中，这些边界的确定发挥着重要作用。组织边界主要从集群产业链的产业拓展范围进行研究，包括纵向的和横向的，同时包括其中的集群成员，主要是从数量和规模上进行考虑，其中前者的确定主要是通过产业专业化和关联度这两项因素，后者由内部成本、效率和效益等因素决定。

针对旅游产业集聚区，组织边界对于地理边界的界定发挥了决定性作用，两个边界的关系可以通过空间映射的方式进行描述。在旅游产业集聚区实际发展过程中，其地理边界又受到了行政边界的影响。这主要是因为地方政府在产业集聚区的发展过程中扮演了很重要的角色，旅游活动也不可避免地受到政策制度的影响和制约。

另外，由于旅游产业集聚区的核心为旅游核心吸引物，因此其边界还受到环境承载力的制约。一方面，环境容量即环境承载力决定了游客接待量，游客接待量一定程度上对产业规模有着重要影响，也就对产业边界产生了限制作用，避免其继续扩张；另一方面，自然环境和当地的历史人文环境也会受到旅游产业的影响，而这种影响更多的是负面的，产业边界也就受到这些因素的制约，即对当地自然资源和环境的保护，需要考虑自然环境的承载力。

3. 旅游产业集聚区形成的生命周期

对比其他产业的生命周期，旅游产业生命周期的演进具备自己的特点：首先，生命周期曲线的走势趋向于平缓和漫长，旅游产业的存在是为了满足人们一定的精神需求，可以说是一种综合性的产业，所以会不断衍生出很多其他的行业和产品，而这些行业和产品的生命周期叠加起来形成的生命周期曲线尺度会不断扩大；其次，旅游产业生命周期的演进存在跳跃性，因为某些原因很有可能突然跳跃到下一个发展周期，比如某地区的旅游产业已经出现衰退现象，但是因为新的发展战略或市场需求突然加大而又起死回生了，在这样的情况下就会形成新的生命周期循环。

从演进角度出发，旅游产业集聚区的演进过程正常情况下和其他产业发展过程相似，首先是形成期，其次是发展成长期，再次是成熟稳定期，最后是衰落或转型期；从产业的视角分析，旅游产业集聚区的演进过程归根结底可以看作是旅游核心企业（点）的发展延伸到产业链（线）的发展、再延伸到网络（面）的发展。旅游产业自身的发展需要相关产业的扶持和政府相关部门的辅助。反之，这些扶持产业和机构部门的发展也会在旅游产业快速发展的情况下被带动，形成多赢的局面，这种方式也是旅游产业提高整体竞争力的关键方法之一。加之旅游产业本身与其他产业存在密切关联，因此同样能够促进其他产业的长期向好发展，比如餐饮、娱乐等行业，从而让该地区更具竞争优势。

4. 旅游产业集聚规模与收益

在特定不变的环境条件下,区域旅游业集聚规模是有限的(详见图 2-3)。超出最高水平,集聚企业边际成本则会大幅增加,相应地,边际收益就会明显降低,从而对集聚旅游区的稳定性造成影响。所以,在外界因素限制下,区域旅游业集聚规模在某个时间段内会表现出有限的区间,而非无上限的扩大化。旅游区承载能力会随着投资、技术与市场等条件的变化而变化,区域集聚有效规模区间也会因此出现变化。如图 2-3 所示,假如集聚规模扩大到 E 点,集聚企业的边际收益则会表现出下行态势。这时,因为本地的资源与公共品供给呈现出拥挤态势,集聚企业间的要素争夺将愈演愈烈。这时,假如需求市场未扩大,同时也缺少新项目开发进入市场,而政府服务与公共产品供给能力也未增强,那么集聚企业的边际收益则会明显降低。这就会出现这样的现象:虽然集聚规模依旧沿着 DA 曲线发展,但已经为其规模发展筑牢了基础。如果集聚规模发展至 F 点,达到目前水平下的最大集聚规模,则集聚企业随着集聚规模的持续扩大,整体边际收益会到临界点,也就是边际收益为零。此后的发展规模受限,要素与公共品的供给都呈现出拥挤状态,进而形成拥挤效应,集聚规模则将下行。在图 2-3 中表现为从 A 点移向 C 点,集聚规模最后会回至 E 点。从长远来看,随着需求市场扩大和新项目开发带来的容量增加,又会进一步促使集聚向新一轮规模扩大发展。

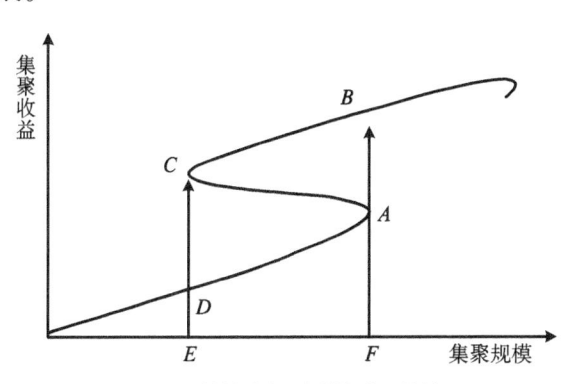

图 2-3 区域旅游集聚规模与集聚收益

（三）旅游产业集聚区与其他产业集聚区的差异辨析

相较于工业产业、高新技术、制造业产业等其他产业的集聚来说，旅游产业集聚具有鲜明的特点。准确地把握旅游产业与其他产业的差异有助于深化对旅游产业集聚的理论研究。

第一，生产与消费的环节关联性差异。生产与消费的同一性和强产业链关联性是旅游产业集聚区与高新技术产业、工业、制造业最大的不同。旅游产业的服务供给者直接面向消费者，生产过程和消费过程在时间上和空间上是统一的，产业链长、关联性强。关联效应上，旅游产业因为包含食、住、行、游、购、娱等企业，与辅助的其他行业和非政府机构的集聚之间有很大的连接性，而其他产业的产业链都相对较短、生产消费往往具有异地性，因此所带来的关联性和溢出效应与旅游产业相比也通常较弱。另外，与其他产业以技术密集、资源密集不同，旅游产业属于劳动密集型产业，人力资本的投入以及由此引发的社会关联效应更显著。

第二，集聚区形成的空间导向差异。集聚区的空间导向一般可分为以下三种类型，其一是资源导向，其二是市场的导向，其三是生产要素的导向。旅游产业往往依附于周围的资源环境，其集聚的空间导向往往以资源导向型为主，本地根植性较强，即不能够根据自主意愿选择位置突出、交通网线构建密集的区域进行发展。资源环境的固定性造成了旅游产业发展的局限性，即需要依靠核心旅游资源周边环境在固定的范围内进行发展，在此基础上形成旅游产品、关联相关核心旅游企业和要素服务配套，形成典型的旅游产业集聚区。而其他产业的集聚往往可综合根据生产要素、市场和资源的比较优势来决定空间，具有一定的偶发随机性。另外，与工业制造业的产品可量产不同，旅游产品往往具有不可再生性，且一旦开发管理不当，造成损坏将难以恢复。

第三，集聚区内部产业联系的紧密度、要素投入不同。首先，旅游产业内各行业的联系紧密程度要高于制造业、工业等其他产业内部之间的联系。制造业集聚区内的企业可与区内与区外企业合作，换言之，集聚区内的企业对合作伙伴有充分选择权；但对于旅游产业集聚区而言，旅游业产业本身的特性决定了他们需要各自彼此依赖，一定要通过合作，尽可能地为旅游者提供本区域内最优质的旅游产品才能实现集体的良好发展，其中每个环节的产品质量都会对整个旅游产品的质量产生影响。其次，除其他产业集聚所需的人才、资本、设备等要素外，旅游产业的集聚还需要如特殊的气候条件、生态地理环境旅游吸引物等特殊的要素投入予以支撑。

新常态背景下，社会分工持续深化、商业价值链也在持续变化，旅游产业集聚区的优势越来越明显，其表现如下：一是在业态核心方面优势显著。旅游产业集聚区对比其他产业集聚区，打破了传统工业或商业集聚区的单一企业核心，其业态构成更加多元化，需求更为集中。二是资源集约化层面的优势。旅游产业集聚区可使资源共享与利用更加充分，在很大程度上提升了资源集约化程度。三是在功能配置层面更具优势。旅游产业集聚区的服务功能十分齐全，涵盖六要素体系各环节，有多个类型的消费终端选择，可使旅游业与支撑产业的功能得到充分整合。旅游产业的集聚离不开以下四个方面：其一是旅游资源的集聚，即自然或者人文旅游资源的集聚，这是旅游产业集聚产生的基础；其二是区位优越、交通通达、可进入性好，这是旅游产业集聚形成的重要条件；其三是住宿、餐饮等服务设施集聚，产业集聚的主要内容即旅游产业价值链上的企业展开分工合作与创新；其四是政府政策倾斜和支持，是旅游产业集聚的外在动力因素和支撑。

第二节　理论基础

一、空间结构相关理论

（一）城市空间结构理论

城市是"空间中物的生产"与"空间本身的生产"两者共生的聚合体。城市空间结构是从空间层面来描述城市结构，主要描述城市活动的空间分布模式，由各类集聚经济与城市成本间的权衡来决定。城市空间结构理论是城市地理学的基础理论，广泛应用于城市产业升级、城市功能提升与优化等方面。

关于城市空间结构理论的研究，国外研究相对起步早且较完善。工业革命引发了城市空间结构变革，也促使城市空间结构研究向系统化与理论化方向发展。20世纪至今，城市空间结构研究经历了从传统形态布局向城市功能空间的转变，也呈现出渐趋区域化与网络信息化的态势。我国应用比较广泛的城市空间结构理论是经济地理学家陆玉麟首先提出的双核型空间结构理论，又称为双核结构理论。双核结构理论极富中国特色，对中国区域研究具有较强的指导意义，同时它也是中国学者对区域空间结构理论创新发展的重要贡献之一。陆玉麟认为，从形成类型可以将双核型空间结构分为内源型双核结构和外生型双核结构。双核结构理论在区域旅游开发的应用，主要体现在对区域旅游资源的整合开发战略研究方面，如秦瑞鸿对山东半岛旅游圈城市旅游空间的研究。

城市内部空间结构主要是建立在地租理论上的城市土地利用结构，除此之外，在现代城市的发展过程中，互联网信息技术、资本等对城市空间结构的形成与重塑具有重要作用。在城市发展实践中，除了双核空间结构，其他常见的城市空间结构包括同心圆结构、扇形结构、多核心结构等，如图2-4所示。其中，同心圆结构依据生态学"入侵"及"承继"的概念构建，围绕单核心解释城市内部空间的演替过程，较为抽象且适用范围窄；扇形说保留同心圆理论的圈层结构，认为城市内社会经济特征类似的家庭集聚在同一扇形空间，强调放射状交通线路的作用，阐释城市空间形态更替的不规则性；多核心模式突破传统单中心观点，关注城市空间组织的多元性，贴近城市地域发展实际，相较于"单核"理论更具普适性特征。

旅游地理学在承袭上述城市空间结构的基础上延伸拓展，聚焦城乡过渡地带及游憩空间，形成环城游憩带理论。1972年，美国旅游学者冈恩提出"都市旅游圈环带模式"，即以核心都市区为旅游中心，在外围利用四个环带状空间区分旅游功能与特点。我国学者吴承忠结合大都会郊区旅游与休闲发展实际，对冈恩的结论做一适当调整，划分城市旅游带、近郊休闲与旅游带、乡村旅游带与偏远旅游带，如图2-5所示。

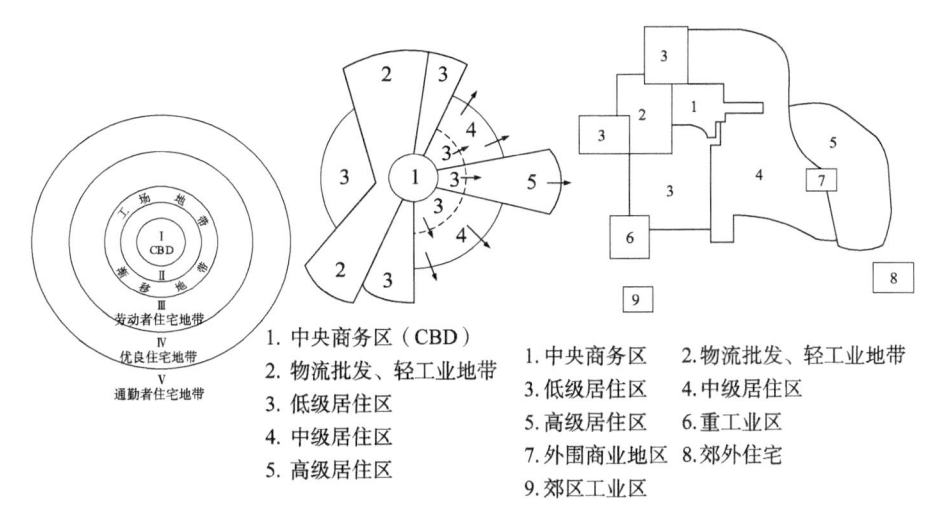

1. 中央商务区（CBD）
2. 物流批发、轻工业地带
3. 低级居住区
4. 中级居住区
5. 高级居住区

1. 中央商务区　　2. 物流批发、轻工业地带
3. 低级居住区　　4. 中级居住区
5. 高级居住区　　6. 重工业区
7. 外围商业地区　8. 郊外住宅
9. 郊区工业区

资料来源：单刚，2007

图 2-4　城市空间结构模型

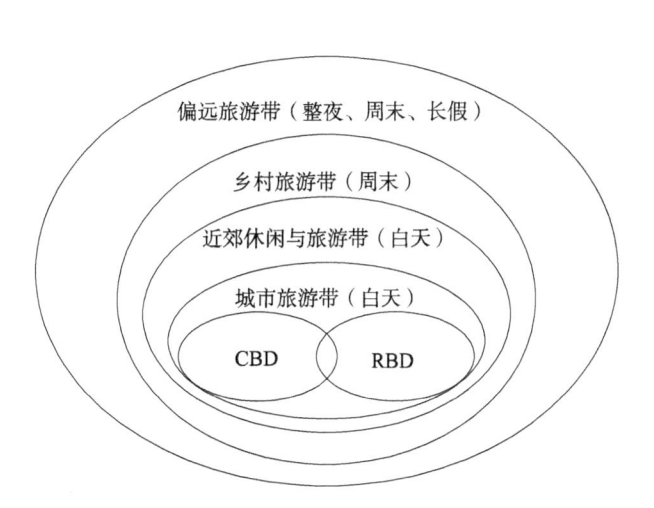

资料来源：吴承忠，2003

图 2-5　大都会旅游圈的一般空间模式

（二）核心-外围理论

核心-外围理论来源于新经济地理学建立的"核心-外围"模型（Core-Periphery Model），这个模型是在垄断竞争的分析框架下提出的，是区域空间结构认知和分析的重要理论之一。1949年普雷维什描述当时国际贸易体系中发展中国家与西方资本主义国家对峙的局势，核心指资本主义国家，外围是指通过初级产品生产加工与出口而与核心关联的发展中国家。1966年美国规划学家弗里德曼提出"核心-边缘"理论模式，并将其应用于区域经济学领域，在其观点中，核心区和边缘区共同组成了一个国家或者地区。作为核心区，包括极具代表性的城市以及城市集群，同时还有其周围地区，核心区域范围是相对的，其界限由核心区与外围的关系确定。弗里德曼认为，核心区与外围区之间存在相互作用，核心区从外围获取生产要素产生创新，而这些创新又源源不断向四周扩散，导致外围区域经济、社会结构的转变，从而引起区域经济空间结构发生阶段性演化，这为要素资源在区域规划范围内统一整合提供理论支持。迪克西特和斯蒂格利茨将张伯伦垄断竞争形式化后，提出了新贸易理论和厂商区位选择论，并建立了一个消费与规模经济之间的两难冲突模型（D-S模型）。

以非完全竞争市场结构为主的区位研究在20世纪90年代兴起，在这一时期最具代表性的理论即为新经济地理学，而其代表人物是美国经济学家克鲁格曼（Krugman）。针对影响产业集聚的相关因素，克鲁格曼做了相应的研究，主要是利用数据模型来分析产业集聚和空间差异来实现对各类因素的探索，认为集聚现象的产生源于"推力"（集聚力量）和"拉力"（分散力量）的共同作用，推力使得产业要素在空间的分布就是产业集聚。克鲁格曼的模型中构造了两个区域，其中有两类产品：一类是农产品，由农业部门生产；另一类是制造品，由分布在两个区域内的工业部门生产。最终形成以工业化区域为核心，农业化为外围的结构，而核心-外围的产生取决于规模经济、运输成本以及工业在国民收入中的比重，即当运输成本较低时，制造商会集中在一个核心的区域，而外围区域则限于农产品的供应方面。在经济学家看来，核心-外围结构的形成是由于市场的不完善或结构方面的瓶颈造成的，这阻碍了区域内要素和资源的高效流动，使得资源未得到有效配置。他们认为当区域经济"起飞"时，要素资源市场出现统一，区位的核心区与外围区的界限不再存在，核心和外围之间通过要素的移动而均衡，从而达到区域均衡。

（三）区位理论

区位理论是关于人类活动空间及空间组织优化的理论，其发展历程经历了三个阶段。第一阶段是侧重于研究产业布局和选址规律的古典区位理论阶段。1826年，区位理论先驱是德国的约翰·海因里希·冯·杜能（Johann Heinrich von Thunen）。他出版了《孤立国同农业和国民经济的关系》，创立了完整的农业区位理论，阐述了农业生产的空间配置原理。该理论认为，各种外部因素的干扰状况为0，以距中心城市的距离为变量，讨论农业生产的配置方式，并以城市（农产品消费市场）为中心划分了不同的六类同心圆圈层，各圈层的土地地租水平与其离中心城市的地理距离呈反向变动关系。19世纪中后期，随着德国工业革命的发展，区位理论将研究重心转移到工业生产部门的区位选择问题，至此工业区位理论应运而生。工业区位理论的代表人物是阿尔弗雷德·韦伯（Alfred Weber），其代表作是《工业区位论》，核心思想是各类"区位因素"（Locational Factors）是决定工业空间分布于特定的地点的原因，区位因素包括特殊区位因素（如原材料的化学性质）和一般区位因素（如运输成本、劳动力成本和集聚效应）。此时对于区位理论的研究重点为静态的局部均衡对于企业选择区位的影响，属于微观研究阶段。

第二阶段是引入市场竞争分析的近代区位理论。进入20世纪以后，随着资本主义从自由竞争阶段逐渐向垄断阶段发展，企业间的竞争也日趋激烈，这就需要从市场竞争的角度出发进一步拓展和修正原有的区位理论。1933年德国经济地理学家克里斯·泰勒提出了中心地理论，该理论将生产活动的空间结构简化抽象为正六边形的网络结构，由此可知，中心地的规模与空间存在联系，最终可得到不同的条件下空间结构模式各不相同（见图 2-6），中心地是集聚各类生产活动并提供各类商品和服务的场所，每一等级的"中心地"的六边形市场区域的各顶点又坐落着一个次一级的"中心地"，中心地等级越高，提供的市场服务范围和种类就越大越多。

之后，廖什在其《区位经济学》中对中心地理论进行了补充，其核心观点是处于同一等级的"中心地"彼此之间可以存在较大的行业结构和产品结构差异，而非克里斯塔勒认为的不同等级的"中心地"之间的连接比同一等级的更重要。中心地理论将区位理论的研究视野从农业、工业提升至城市，已经触及并描述分析了集群的概念，但对于集群所产生的正外部性以及对区域经济的效应分析，囿于时代背景而鲜有着墨。

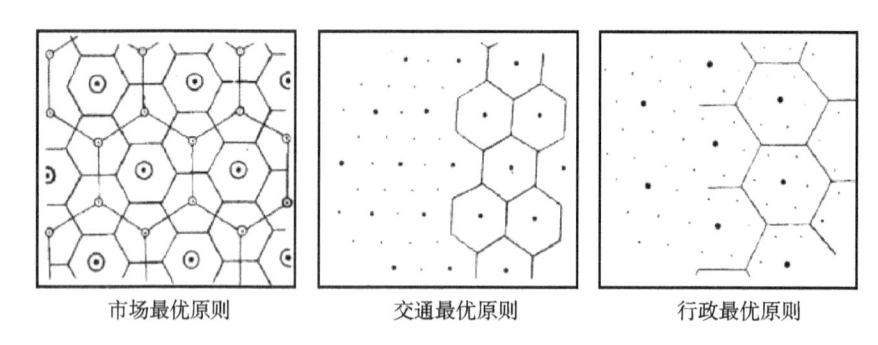

市场最优原则　　　　交通最优原则　　　　行政最优原则

资料来源：威利姆斯等，1988

图 2-6　中心地理论在不同条件最优下的六边形空间结构示意图

第三阶段是现代区位理论。随着古典经济学研究范式的突飞猛进，区位理论受到更多学者的关注，也取得了丰硕的研究成果。20 世纪 50 年代，这一时期的代表性人物是美国经济学家艾萨德（Isard，1956）和阿隆索（Alons，1954），他们在《区位和空间经济》一书中，对于传统的空间区位理论进行了创新，解释了城市内部的生产因素和资源的集聚与中心商务区的欧氏距离，即城市人口密度与地租均和距离中心商务区的远近程度呈现反向变动关系。

1960 年，学者在研究区位理论时，重点关注的是行为经济学。学者戈林赫特的观点认为，由于个体行为不同，所以选择区位时会有差异存在。除此之外，个人行为也会受到多种因素的影响，如生产成本、市场供需、企业收益等。到了1970年，区位理论研究中延伸出了结构主义，结构学派最典型的代表就是英国研究人员麻斯，该学者认为，空间作用与社会作用之间存在着密切关联，两者之间相互促进、相互依靠。纯粹的空间动因、规律等是不存在的。到了1980年左右，人们开始研究生产方式。随着理论研究的不断成熟，越来越多的内容应用到区位研究中，斯科特就运用到了交易成本理论，经过不断的发展，最终形成了产业空间理论，区位选择要将成本因素考虑进来。不同企业间的交易成本也会影响产业的空间集聚程度。成本较低则较为集聚，成本较高则较为分散。

区域发展主要经历了互不关联并孤立发展、彼此联系和不平衡发展，并到最后实现相互关联以及平衡发展的状态，这一过程可以通过核心-边缘理论进行较为全面科学的解释，通过这一理论，区域之间与区域内部发展动态关系可以得到比较合理的诠释。也就是说，在区位理论的一般均衡研究过程中很大程度上离不开这一理论的支持。不仅如此，随着该理论的不断完善，在旅游研究中也在一定程度上会借助到该理论的作用，但该理论仅仅强调了企业外部市场与技术间的相关性，而对企业内部人际关系、知识溢出等内容关注不够。

随着我国旅游业的发展，区位理论开始应用到旅游产业中。1980年左右，我国的学者牛亚菲开始研究我国的旅游区位。经过不断地发展，学者王瑛等在阐述旅游区位的时候，开始运用到模型，最常使用的是边际效用模型，这时我国的旅游区位理论尚处于发展阶段。吴必虎是首个将中心地理论用于分析旅游中的人的要素，进而首次提出了环城游憩带概念。自此越来越多的学者开始关注旅游区位的研究，人们开始从不同角度研究区位旅游。学者贾铁丽则研究了旅游区位的非优区位。王铮等人对旅游区位的模型进行了修正，对贵州省的旅游区位进行验证。马继刚等人采用空间分析法对昆明旅游集散地的区位合理性进行了分析。郭建科等人则研究了我国的国家级风景名胜区，认为我国的旅游业离不开区位理论，需以区位理论为指导才能实现不断地发展，旅游空间的组织以及规划层次的结合都需要运用区位理论。

综上所示，城市空间结构相关理论已经逐渐发展成为一个相对成熟的理论结构，形成了多元的研究成果，为阐述城市发展与旅游产业集聚的关系做出了重要指导，也为梳理西安城市发展空间结构演变和产业格局的空间分布提供了借鉴。

二、区域经济相关理论

（一）政府干预理论

政府干预理论主要关注的是政府与市场之间的关系，指在市场经济的快速发展下，政府应该充当什么样的角色，在面对市场的实际问题时，政府应不应该参与进来，以及应该用什么样的手段参与其中。因此，本书通过梳理已有成果，认为可以把干预理论分成以下几个方面：

首先，重商主义时期。该时期始于15世纪末，在这个时期中政府的干预理论就显现出来，与此同时，这也是西方经济发展的起点，也是在这个时期中，西方部分的资本主义快速地发展，但是由于之前一直在封建社会中，导致了发展并不是很迅猛，所以，一些新兴的资产阶级把商品作为武器，驱逐封建制度对经济发展的影响，从而建立中央集权的国家体系。采取市场借助政府干预的方式，大力发展市场经济，在面对国内外的市场经济时，国家积极地采取有关政策，可以保护市场经济的正常运行以及稳定发展。国家政府的有关政策和市场经济结合起来，通过有效的手段来保护市场的稳定，从而让国家的市场经济持续向好，这种想法在封建制度末期逐渐显现出来，采取的干预手段，可以满足当时的资本主义发展。从而更直接地促使了西方国家的经济市场快速发展，使西方国家的经济在国际经济中也占据了一定的优势。

第二，自由主义时期。在这个时期中，西方国家的市场经济已经比较稳定，在此前提下，西方的资本主义就已经准备开拓新的经济发展方向。从而提出了自由竞争的经济发展理论。由于在之前国家政府的干预理论下出现了市场经济发展停滞不前的现象，所以一些学者提出了对立性的观点，市场上也出现了反对国家对市场进行垄断的现象。相应地，在理论界出现了一系列自由主义的经济学说，主要的代表人物有穆勒及马歇尔等。古典经济学派中最重要的人物是亚当·斯密，他在所著的《国富论》中，主张经济市场是需要自由发展和相互竞争的，只有这样才能使市场经济不断地发展。正因如此，他对政府干预理论一直持反对态度，并且认为政府只会扰乱市场，导致市场经济受阻，所以政府应该退出对市场的干预。但是政府也不能完全地放任自流，当经济市场出现问题时，政府应该及时出面解决。具体表现为，第一，保护社会是政府义不容辞的责任，经济市场的正常运行，政府应该保证不受到其他因素的侵犯。第二，政府部门需要设置有关的管理部门进行管理。设置有关的法律法规，在具体的规章制度下保护社会。第三，政府部门有权利有义务建立社会保障体系和公共设施来保证社会的正常运行。萨伊在亚当·斯密的基础之上，更加细致地对自由经济发展的必要性做了进一步的阐述，并且认为政府只是为经济活动和经济发展提供保证的，从而提出了"萨伊定律"。

第三，凯恩斯主义时期。1929年，资本主义社会爆发了经济危机。资本主义经济市场出现的不可逆的严重现象，即生产（供给）和销售（需求）的矛盾。这种情况是世界经济市场的一大难题，自由放任的政府根本找不到解决问题的方法，自由竞争理论的缺陷暴露无遗。所以各个国家的政府不得不又重新干预目前的市场经济，从而使市场经济开始好转。基于这样的社会经济现实，经济学者们开始重新审视国家的干预对于经济发展的重要性。

第四，新自由主义时期。19世纪70年代，英国经济危机严重，在这样的历史背景下，为适应新的政治要求，英国政府把新自由主义作为经济发展的核心理念，想通过该理论来缓解当时的经济危机。新自由主义是一种经济和政治学思潮，它反对国家和政府对经济的不必要干预，强调自由市场的重要性。但不同于经典自由主义，它提倡社会市场经济，即政府只对经济起调节以及规定市场活动框架条件的作用。该理论对"市场失灵"现象表示认同。但并不认为凯恩斯主义理论就是经济市场发展中的自身缺陷；而是认为"市场失灵"现象是政府方面的过度干预所导致的。认为政府的信息和知识是有限的，所以就可能出现在做重大的决策时，考虑得并不是那么全面，缺乏客观性和科学性，并且如果政府工作人员只是一味地追求自身的利益，就会出现政府干预只有使经济付出更多的代价。如果政府不够公平公正，出现滥用职权的现象，就可能出现一些不好的后果，所以干预职权用得不恰当会出现比较严重的后果。这个理论还认为，政府的干预可以通过市场机制进行代替。这个理论主要还是反对政府对经济市场的干预，更强调了市场机制对经济发展的重要性。这个理论主要内容有：减少对企业经济的垄断现象。在国有企业中应该把市场机制引入进来，并且在公共服务中也运用市场机制，从而获取更多的经济利益。把各个国家的资源充分结合让经济贸易自由地发展。对政府利用政策来平衡市场经济的做法表示不赞同。政府应该为经济发展提供有关的保障。尽量减少对市场经济的干预。尽管在这个理论中突出强调了市场机制的重要性，但是和之前的自由主义并不完全一样。在这个理论中只是把市场机制放在了重要的位置上，并不是要完全杜绝政府的干预，只是希望政府干预应该在经济市场中起到辅助的作用，从而使国内外的市场经济快速地发展。

第五，新凯恩斯主义时期。20世纪80年代末期，新自由主义政策在高失业率下受到了大量质疑，而收入分配不均衡更是让政府重新审视经济的作用，新凯恩斯主义在这种时代背景下应运而生。新凯恩斯主义在原有理论基础上对经济发展过程中的特点进行了分析，并在分析中加入理性预期的假设、在进行均衡分析过程中充分考虑厂商利润的影响，新凯恩斯理论从两方面看待政府对经济的干预，既肯定了其有效性，又表明了政府干预存在的局限性，该理论学派提出如下观点：在经济发展过程中政府干预可能存在失灵的现象，市场在政府干预下也存在失灵的可能，因此经济发展需要政府和市场积极配合，通过沟通协作互相补充。

新凯恩斯主义的建立重点考察了信息和市场两个影响因素。一方面，市场竞争中存在明显的信息不对称问题，很难通过市场自身条件实现帕累托最优，因此需要政府积极参与，结合市场发展特点纠正发展方向，保证市场在经济发展过程中的公平性，并有效提高市场效率。从另一个方面看，在市场不断发展的过程中，政府也需要加强自身能力，保证具有经济干预的能力，在此过程中存在以下规律，即经济发展的需求会催生出具有时效性的理论，而当经济发展需求与市场自身机制不匹配时就需要政府参与理论干预，而在政府干预出现一定局限性时需要充分发挥市场机制的调节作用，在经济发展过程中政府与市场起着完全不同的作用，且在不同背景下发挥的作用存在一定差异，政府干预在自由主义时期也有其存在的必要性，在狭窄范围内政府既可以保证市场机制稳定发挥，又可以通过指定合适的政策管制市场机制进行。

（二）要素禀赋理论

要素禀赋是生产所需要素的富裕程度。在经济学中的概念为：国家拥有的各种生产要素的构成丰度，不同的生产要素组成结构也会为国家带来不同的比较优势。产品具有多种生产要求，具有劳动能力的人口组成了最主要的生产要素，称为劳动力。资本是人类创造财富的经济资源总称。资源一般理解为人类生存发展和享受所需要的一切物质和非物质的要素。

要素禀赋理论又被称为"要素比例论"，是由赫克歇尔（Heckscher）和俄林（Ohlin）在《地区间贸易与国际贸易》中曾提出如下观点，不同国家的生产资源和生产要素构成存在明显差异，而资源之间的要素禀赋是构成良好国际贸易分工关系的出发点，并在此基础上对国际贸易中不同生产要素发挥的作用进行分析。该理论在充分考虑在国际分工中不同生产要素禀赋起到的影响，并在此基础上提出"H-O模型"，根据图2-7，具有不同要素禀赋的国家生产要求会呈现出不同的相对价格，对国家劳动生产水平产生不同程度的影响。国家的某种生产要素禀赋相对价格低廉，其在国际贸易中就更容易发挥出比较优势，国家可以根据生产禀赋特点参与国际贸易分工，充分发挥自身的比较优势。

要素禀赋理论没有把重点放在经济的动态变化上，无法正确反映经济

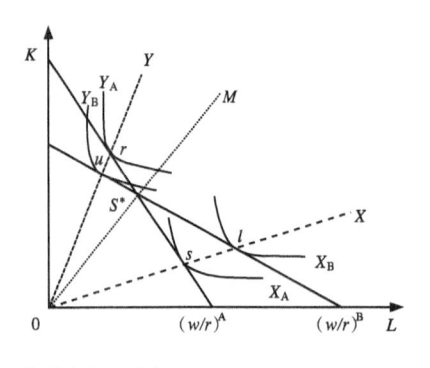

- X 和 Y 两个产品的生产扩张线的斜率反映了不同的资本—劳动投入比例（要素密集度）
- 产品 X 的扩张线斜率值较小，表示投入品中劳动所占比例较高，具有劳动密集特点；Y 产品则具有资本密集特点
- A、B 两国的等成本线分别为 rs 和 ut，其斜率反映了两国的要素相对价格（w/r）A 和（w/r）B，表明 A 国为资本比较丰裕的发达国家，B 国为劳动力比较丰裕的发展中国家

资料来源：张纪，2013

图 2-7　要素禀赋理论的"H-O 模型"示意图

发展和科技进步产生新要素带来的影响。后续研究对"H-O 模型"的假设前提条件逐渐放宽，形成了一些新的理论来增加对不断变化的现实世界的解释力，较为流行的有 H-O-S 理论、HOV 理论等。H-O-S 理论，也称为要素价格均等化理论，是 Samuelson 在俄林的思路下进行发展和研究产生的新理论。该理论放松了其中一个假设前提条件，从而可以使生产要素在国家经济之间流动，从而发现随着要素的流动最终使得生产要素价格逐渐趋向于并且最终形成均等化，即一个国家为了利益最大化，会根据自身生产要素特点生产产品，而对于本国生产要素难以满足生产要求的产品则选择从别国进口。供求的变化会导致价格的变化，使得要素禀赋的价格上升，稀缺要素的价格下降，最终使得经济体之间的各类生产要素价格形成均等化。

HOV 理论反而加强了 H-O 理论的假设前提。该理论认为，要素禀赋结构是经济体贸易结构的决定因素，一个国家不同的要素禀赋会产生不同贸易结构，劳动力要素密集就会产生较低的劳动力价格，从而形成劳动密集型产品出口为主的贸易结构。该理论基于 H-O 理论中国家的要素禀赋决定了该国的贸易结构及国际分工，揭示了经济体之间贸易的本质是禀赋的要素在各个经济体之间进行流动，要素禀赋的产品生产与交换是其表达形式。

雷布钦斯基定理放松了 H-O 理论中的要素禀赋保持不变的假设前提，

随后得出国家要素禀赋变化对国际贸易产生的影响。在雷布钦斯基《要素禀赋与相对商品价格》的文章中可以分析得出该定理的基本逻辑：保持产品相对价格不变化，如果一种要素发生变化会导致该要素的产品发生相应的变化，由于生产力是一定的，继而导致其他产品的生产发生相反的变化。

（三）产业的集聚区理论

产业的集聚区理论最早是由著名英国经济学家阿尔弗雷德·马歇尔（Alfred Marshall）提出。该学者认为，集聚经济具有外部性效益，主要包含三个部分：共享中间要素、劳动力蓄水池以及知识溢出。只要出现产业空间集聚，则会相应地带来外部性条件，最后各类中小企业则会集聚于产业园区内，从性质方面来说，这些企业可能是同类的，也可能是互补性的。1970年左右，世界范围内开始出现产业园区，主体是中小企业，企业的性质多是高新技术。不同的学者在马歇尔理论基础上衍生出不同的视角、内容来研究产业集聚区，如加利福尼亚学派主要关注产业空间对集群的影响，意大利学派则更注重组织架构和专业分工的问题等，但均未形成统一的理论。直到1990年，美国学者波特在《国家竞争优势》这本书中正式并系统地提出了产业集聚区理论，在特定的领域内，具有密切联系的企业开始集聚，在该集聚区内，有一个产业是核心，起到主导作用，以此为基础，吸引更多的优势企业开始集聚，最终产生经济效益。产业的空间集聚是导致产业集聚区出现的诱导因素，但这并不意味着只要出现产业集聚，最终就会形成产业集聚区。波特学者在研究产业集聚区的时候，还将高度上升到了国家层面，为确保研究结果的准确性，采用钻石模型和集群方法对工业化国家的某些产业的优势进行了分析。

经济地理学和城市规划学领域已有大量研究引入了政府干预、要素禀赋理论、产业的集聚区理论，用于探究城市经济特征、市场发展规律和产业绩效等多个方面的内容，这些研究都将作为分析西安旅游产业集聚区形成的理论支撑，也为深入理解旅游产业集聚区形成与演化的驱动力提供借鉴。

三、复杂适应系统理论

复杂适应系统理论（complex adaptive system，CAS）又被称为第三代系统理论，是指由很多依据一定规则或模式进行非线性互为作用的行为主体所构成的动态系统，适应是指个体与环境间的交互作用。复杂适应系统理论对比以一般系统论为代表的第一代系统理论和以协同论等为代表的第二代系统理论，为研究系统的发展特征与机制提供了新的视角。

复杂适应系统理论的中心思想就是：系统中的个体适应性是系统复杂演化的驱动力。根据这一核心思想，霍兰（John H. Holland）提出了关于复杂适应系统理论所具有的集聚、非线性、流、多样性、标识、内部模型及积木这七项基本特性。而集聚、非线性、流、多样性则是最基本的特性，这四个特性在适应与进化中起着至关重要的作用；标识、内部模型及积木则是个体与环境在交互中起到的作用。基于对此特性的表述，使个体特征的描述更加清晰，即个体是与外界持续交互、发展与演化的，是多层次的、鲜活的且拥有自我标识的要素，同时也呈现了系统的运作机理。

霍兰（John H. Holland）认为，系统内部提供系统演化的动力，微观主体的彼此作用能产生宏观的复杂性现象，可从两个维度进行理解。在微观层面，具有适应能力的个体是构成 CAS 理论集合的基本要素，也就是适应性主体（Adaptive Agent）。其在与环境交互时遵循"刺激—反馈"模型，适应能力反映了个体结合行为效果对作用方式进行修正，进而实现与客观环境共生的能力。

从宏观层面来说，主体构成的系统会在主体间及主体与客观环境的彼此作用中得到发展，即呈现宏观系统中复杂的演进过程。正是主体的主动性及其与环境多次的作用，构成系统演进的动因。复杂适应系统的回声模型（Echo）将个体进化与系统演化相关联起来，也就是"涌现现象"（Emergence）。主体间、主体与客观环境间都呈现非线性彼此作用的复杂关系，从而引发系统的"涌现"现象。

复杂适应系统的一般演化进程如图 2-8 所示。在复杂适应系统中，具有适应性的主体是全系统发展的基础，主体行为则使系统表现出一些独特且复杂的适应性特征。适应性主体主动集聚，生成更高级的集聚体；主体间及主体与客观环境间的非线性交互作用，主体自身出现演进；主体间的多层次、多渠道交互作用稳固后形成复杂网络，确保各类形式的流（物质流、能量流和信息流）飞速传播，进而促进整个系统的发展演进。

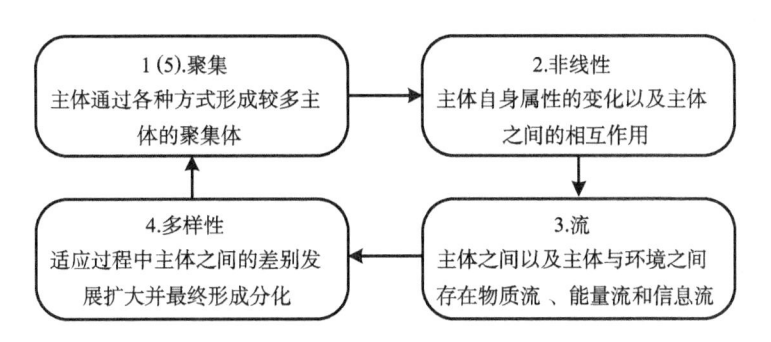

图 2-8　复杂适应系统的一般发展演化过程

复杂适应系统理论中的"主体"是高度概括的具有自适应能力的主动个体，然而，此理论并未限制主体的性质，所以，理论与方法能够用来对所有复杂系统进行解释，进而在自然与社会学科等多个领域得到了广泛应用。旅游活动涵盖了吃、穿、住、行、娱、游、购等多个领域，旅游地的发展与政府、企业、大众及游客等主体密切相关，所涉及的内容也是多元复杂的，所以，会生成一系列复杂的问题。假如，缺少一个系统化的思想来对其展开研究，旅游活动各要素间及相关利益主体间的关系机制就很难做到精准地把握。

采用复杂适应系统理论来对旅游产业集群演化过程的优势进行揭示，虽然能获得学术领域的认可，但在旅游产业集群应用与仿真模拟的研究中依旧还处在探索阶段。巴特勒（Bulter）与普洛格（Plog）率先指出旅游目的地是处于动态变化状态的，其受初始推动，在初步发展后，会受反馈控制，形成自我演进的自组织。巴乔（Baggio）基于前人研究指出，旅游目的地是一个较为复杂的适应系统，表现出自组织和自相似性、鲁棒性、韧性等特征。郭旸将跨区域旅游融合视为一个空间动态演化的复杂系统，同时，其复杂性本身具有内生化和外部性机制。张玲等采用 CAS 理论对广州会展旅游产业集群形成与发展的动力机制进行研究。结果表明，此会展产业集群演化是自组织、自适应过程，之所以会出现这种集群，主要是因为政府给予的外部推力，这是其产生的原因，而适应性机制、竞争与合作机制共同作用是广州会展旅游产业集群发展的动力。卞显红尝试采用复杂系统理论对旅游产业集群形成过程进行解释，提出旅游产业集群的形成与演化是自组织与被组织的过程，一定程度上弥补传统理论和方法的不足。

本文引入复杂适应系统理论作为基本支撑理论，其目的在于保障与提升西安旅游产业集聚区形成于各相关主体自适应演化过程中质性研究的科学性。能够对集聚体、自适应主体的内涵和结构有更为综合、明确的界定，也将为本研究提供更全面更综合的思考。

四、产业生命周期理论

生命周期理论是由卡曼（A. K. Karman）于 1966 年首先提出的，生物不管是形成阶段还是发展阶段抑或是衰退阶段，其形态或者功能并不是一成不变，而是处于不断变化的状态，且是有规律可循的。1976 年，赫塞与布兰查德（Hersey &Blanchard）发展了这一理论；此后，在 1890 年，法国社会学家塔尔德（Gabriel Tarde）用 S 曲线描述经济增长规律，并运用于行业生命周期。生物生命周期与社会和经济等相关领域之间是密切相关的，并不是孤立存在的，所以不管是哪一个专业的学者在进行相应的研究过程中都会应用到这一理论。产业要经历诞生和增长包括快速和缓慢两个过程以及衰退到最后的消失，整个过程被定义为产业生命周期（Industrial Cycle），也就是针对企业不同的阶段所具备的不同特点及其规律的相关理论。部分学者针对产业集聚区生命周期从各个方面进行了较为全面的研究，划分阶段标准从二阶段至五阶段不等。

学术界对产业集群演化生命周期的划分还未形成共识。不同研究人员采用不同的理论来划分产业集群的演化阶段。韦伯从时间层面将产业集群的演化周期分成形成阶段、成长、成熟与衰退阶段。伯格曼（Bergman）指出集群所经历的过程包括形成和成长以及衰退等不同的阶段,且具有不同的特点和规律。所谓的集聚生命周期的理论模型是由学者波特(Potter)提出的,且在一定程度上受到产品和产业生命周期理论的影响。集聚在演化过程中要经历不同的阶段,且具备不同的特征,而在此过程中,网络强度以及不同经济活动主体之间的合作包括企业家精神都会产生相应的影响,并且在不同的阶段所产生的影响也是存在差异的。报酬递增效应被强化的时期主要处于集聚形成初期,而报酬效应递减则不同,当集聚形成并不断发展至成熟阶段,报酬递减效应呈现较为明显的趋势。

提基(Ticky)在产业集聚区生命周期方面的理论,特别是对其进行的划分受到了多数学者的支持。在该理论中,产业集聚区所要经历的过程包括诞生、成长、成熟、衰退四个阶段。在诞生阶段,不管是生产过程还是产品本身都有较大的完善空间,各企业将产业集聚的优势充分利用起来,达到知识与资源共享及科学合理的分工协作,以此增强自身的经营能力,有效应对市场竞争,资源有效集中形成产业集聚,通过产业集聚的规模效应、集群效应开始初具形态;在成长阶段,产业集聚区基本形成,发展异常迅猛,产量大增,逐步实现了从规模主导向技术主导的转型,知识溢出效应占据主导地位,通过技术研发、技术共享、技术升级实现集群发展的领先,目前处于这一阶段的产业集聚区较少,传统制造业集群已遍历这一阶段,新兴产业集聚区中具备技术竞争力优势的产业直接进入下一阶段的爆发增长期,通过技术手段重塑区位联系,其余不具备技术优势的则被淘汰,除非具备较好的发展机遇或者较强的政策支持;在成熟阶段,产品的生产过程已达到较为完善的阶段,但在创新方面并不具备较高的积极性,在产业集聚区的影响下,多数企业致力于依赖其优势实现产品的高效批量生产,但忽视了产业集聚区所带来的弊端,其对于产品种类的多样化,个性化追求度不高,在一定程度上将削弱区域内企业的竞争能力。产业集聚区高度成熟、增速放缓,集群开始探寻抛弃旧有的发展框架,通过与前沿技术、理论的结合寻求突破发展;最后,在衰退抑或是创新再发展阶段,对于集聚区内的产业来讲,并不具备足够的竞争优势,面临激烈的市场竞争,无法进行有效的应对，从而出现退出或者死亡或者由革命性、个性化的因素所主导，根据不同集群的自身情况，发挥自身优势，开展前沿创新探索，形成"新的集群"。

产业生命周期由产品生命周期（Product Cycle）演化而来，而产品生命周期是由美国学者弗农（Raymond Vernon）于1966年提出的，这一理论的提出主要针对国际贸易相关的问题进行的，在该理论中，主要可以了解到，对于新产品如何选择生产地的问题。弗农是在假设生产者是在已经了解到新产品相关的市场信息的前提下提出的上述理论，也就是说，相对于外部厂商，处于市场竞争内部的厂商对于新产品相关的市场情况更加具备优势来进行相关信息研判。此外，市场需求方面以及技术创新方面也离不开市场供求双方的合作与交流，集聚区内的生产者和原材料供应商以及消费者等各个方面对新产品的诞生都产生明显的作用。产业与产品的生命周期关系是密切相关的一个整体关系，产业生命周期是指产业从产生、发展到消亡的全阶段，即对应产业的初始阶段、成长成熟与衰退阶段。在产业处在初始阶段时，对于市场具体情况并没有较为全面地掌握，并且受到企业数量以及技术方面的限制，产值规模也比较有限，因此呈现低速增长。不仅如此，在产业监管制度方面也有很大的完善空间。随着各方面的不断完善，产业所生产的产品占据一定的市场地位，并拥有一定的影响力，吸引更多的产业投入，在产值规模以及市场竞争方面有了大幅度的提高，相应的市场监管制度也得到了完善。从而产业的发展速度得到有效的提高。随着产业发展到达一定程度，不管是市场需求还是消费规模都不会有较大的变动，对于外在企业的吸引力也相应地降低，产出效率也呈现下降趋势，此时，产业发展进入成熟期。当产业进入成熟阶段后，其在技术提升方面便会受到一定程度的限制，因此，在技术与产品方面与其他产业的竞争力将出现很大程度的削弱。逐渐无法适应变换的市场环境，无法应对激烈的市场竞争，产业开始呈现衰退趋势，直至消失。也就是说，当企业所处的发展阶段不同，那么对于地域空间的依赖程度也就会存在一定的差距。

整体来说，不管是处于成长阶段的产业还是处于衰退阶段的产业，都离不开地方环境和资源的支持。作为成长阶段的产业，需要结合当地的环境特点来进行产品的生产和运营模式的制定。

因此，对于集聚地的各方面条件便提出了更高的要求。首先在技术以及劳动需求方面有相关性的企业之间要实现密切的联系与合作，再就是技术和高级劳动力方面实现强有力的支持。而作为正在衰退的企业，为维持自身的正常运营，对于成本控制方面有较为严格的要求，因此，具备丰富的廉价劳动力以及交通通信方面较为完善，并且基础设施能够实现贡献的地区具备更强的吸引力。所以，产业集聚过程中，所处的发展阶段不同，其对所处的地域环境就会有不同程度的依赖与要求。

产业新生命周期理论已经在产业经济学和旅游管理领域得到了一定关注和应用，为旅游产业集聚的研究提供了良好的理论指导，因此成为本文研究旅游产业集聚区形成的核心理论基础和研究框架借鉴。研究根据已有研究内容，将产业集聚区的生命周期分为起源和出现阶段、增长和趋同阶段、成熟阶段和调整阶段四部分，并在此基础上对其演化机制进行研究，如表 2-1 所示。

表 2-1 产业集聚区生命周期的演进

	起源和出现阶段	增长和趋同阶段	成熟阶段	调整阶段
集群竞争力				
集群规模	小	较大	大	较大
发展速度	缓慢增长	快速增长	缓慢增长	衰退
创新能力	弱	强	强	弱
集群内合作	简单集中布局	产业链逐渐形成	完善的基于价值链的集群分工网络形成	
对外部吸引力	吸引力逐渐形成	大量企业进驻，吸引力不断增强	集群趋于稳定	集群竞争加剧，吸引力进一步下降

第三节 相关研究进展

一、产业集聚区研究进展

产业集聚区是地理学、经济学领域都较为关注的论题，在此方面，各国都已经取得了较为丰富的研究成果。19世纪，西方经济学家就对人类活动和产业发展进行研究，而这也为以后的产业集聚的研究奠定了基础，集群这种空间因素也开始出现在各国经济学家的视野中。其中，以杜能、韦伯、克里斯塔勒和廖什等为代表的学者们奠定了市场经济条件下区域资源配置问题的理论基础。而后，经济学家们通过外部经济、专业化分工、交易成本等理论阐述产业集聚区的形成和发展，社会学家们则从本地社会文化环境以及非正式的集群关系网络对区域经济的影响因素角度出发进行研究，地理学家们从地理空间的切入点对集聚区的形成机理、空间演变进行研究。总体上而言，关于产业集聚区的研究主要包括四方面主题：产业集聚区演变与特征、经济效应、形成机理、影响因素。

（一）产业集聚区演变

中国的产业集聚区发展至今，经历了五个阶段，如图2-9所示。第一阶段是知识火种，就是建国三十年工业体系的零星释放，技术先锋队起到了一定作用，最早也是一种亲缘经济。第二阶段，是20世纪90年代，国营主导的制造业体系大幅度转向集体经济，国有企业工程师成为那个时期产业集聚区的主要技术人员，推动了各地区产业集聚的进程。第三阶段，2001年全球化的发展，WTO的助力，使得中国在产业集聚区实现了迈向国际市场。就全球而言，经过野蛮生产的几十年，产业集聚区的发展进入巅峰时刻，但部分传统龙头企业逐渐式微，如美国的百路驰、底特律的衰落，我国天津自行车产业的退化等。在第三个全球化发展阶段，产业集聚区生态得到了较好的规范。第四阶段，2011年以后，电子商务成为产业集聚区的一个主导性渠道，进入野蛮生长阶段，涌现并造就了诸多新兴的产业集聚区，也使得中国的产业集聚区成为流量的宠儿。与此同时，集聚制造的下限也在不断被拉低，面对电商、直播这种强大的平台经济，产业集聚区暴露出忽视制造和品质基本功的问题；重销量、重低价、同质化竞争等现象侵蚀了产业集聚区的活力。2021年以后进入第五个阶段，即所有集聚区的发展迫切需要转型第二春。

资料来源：徐康宁，2019

图 2-9 中国产业集聚区发展历程

（二）集聚效应与集聚经济

大量研究发现，集聚区的形成会影响企业的创新和绩效。阿尔弗雷德·韦伯（Alfred Weber）的工业区位理论、斯考特（Scott）的交易成本理论、克鲁格曼（Krugman）的规模收益递增理论等分别对产业集聚区的形成、收益和内在机理进行了不同程度的探索。殷杰通过对某地区的数据分析得出以下结论：将多个行业生产力和服务进行整合，则合作公司的收益都明显增加，而且合作越是密切，服务越密切，整体的生产率就会越高，企业发展就越迅速。徐盈之利用我国30个省份1978—2008年这30年间统计数据对"威廉姆森效应"进行了实证检验，表明了中国经济发展呈现出趋同和发散并存的态势。刘修岩用人口密集程度当作经济集中程度的估量标准,证实了新经济地理学和传统的比较优势理论对产业的空间分布都有着重要的解释力。武力超基于经济自由程度的视角分析了全球139个国家的城市化程度与国民生产总值上升率的影响关系。董春诗等对经济增长的因素进行研究，主要是能源产业集聚对经济影响的研究。司增绰等探究了制造业的飞速发展与服务业发展的关系。项文彪等、陈文锋等和张云飞分别研究了产业集聚对地方经济发展的影响，认为产业的适当集聚有利于经济发展，在一定程度上可以提高当地居民的人均收入。

集群内企业和产业间的劳动力流动会产生显著的知识溢出效应，然而，重要的是认识到知识不会只向一个方向溢出，知识可以流入也可以流出，这会对企业和劳动生产率产生积极和消极的影响。此外，当企业在空间上接近时，并不意味着这些企业会相互作用。企业可能会吸收知识，但也会损失知识，这可能导致余额为负，因此，知识溢出会对生产率产生负面影响，此外，个人可能不会分享知识，因为他们会认为分享知识是一种损失。因此，集聚经济中存在赢家和输家，这会影响生产率。集聚和生产率的空间溢出效应可以进一步促进区域生产率增长，这些是指在性质上受当地约束的外部性。这是因为将溢价公司设在其他公司附近意味着该公司可以利用邻近其他公司的空间溢出效应，提高效率和生产率。

长期以来，追求经济利益和生产效率最大化一直是旅游产业空间布局的主要目标，因此，生产成本和市场规模等纯经济绩效指标成为旅游产业空间布局的主要动因。许多生产、创新和资源配置活动发生在城市，尤其是大城市。研究表明，产业空间集聚可以提高企业的生产率和创新能力，改善商品和服务的获取，从而更加广泛地共享城市设施并实现知识溢出。大量研究表明，大城市企业的平均生产率高于小城市，因此量化大城市的生产率溢价一直是城市经济学的核心主题。产业集聚对地区经济的影响是通过产业资源配置、技术创新与规模经济实现。产业集聚会使产业形成规模经济，马歇尔在《经济学原理》中对规模经济的思想进行了详细阐述，规模经济可分为外部经济和内部经济两大方面。前者是由相似企业在某个区域集聚形成，而后者是由个别企业内部经营或资源配置产生的效益。

在新经济地理理论中，如果企业数量在某个地区范围内迅速集聚，其中的很多企业就能一起分担基础与公共设施成本，使生产成本大幅降低，进而有利于提升规模报酬，从而使企业生产规模不断扩大，最终就能推动区域经济的增长。同时，产业链接上各企业间的相关性进一步增强，同时也能使关联产业间的交易成本下降，进而形成累积效应；企业集聚也会使园区公共设施及政策优惠得到充分共享，从而使企业生产、运输与交易成本进一步下降，企业生产效率将会大幅提升，从而推动经济进一步发展。产业集聚会提高资源配置效率，带来人、财和物等资源要素集聚，形成生产要素"蓄水池"效应，让各类资源物尽所用。

产业集聚会带来技术溢出，能推动区域经济的进一步发展。依据产业集聚理论，企业集聚于某一地理空间，能促进企业之间的合作，有利于知识传播与学习，进而产生技术溢出效应，使集聚区的整体技术创新水平得到提升。资源型产业集聚也会出现知识积累与技术溢出，形成干中学效应；技术溢出效应更易在技术水平较低的资源型产业间传播，易被企业员工认可、接受、模仿以及推广，从而使企业创新能力得到进一步强化。并且，产业集聚也能促进人才、技术与信息等创新要素的集聚，劳动力的进一步流动与充分共享会使技术创新溢出更加深入，进而为企业的创新发展提供强大的动力，最终推动整个区域经济的发展。再者，产业集聚会使企业间的竞争加剧，企业也会通过加大研发投入、提升自身技术创新能力等手段来保持企业的市场占有率，采用先进技术、设备能使企业单位生产成本下降，进而使企业竞争力得到进一步强化，从而有效降低企业因市场竞争力不足而遭遇淘汰的风险。所以，资源型产业集聚会形成规模效应，能使资源配置效率进一步提升，加快技术创新溢出，能进一步推动区域经济的发展；资源型产业集聚与经济增长表现出明显的正相关性，但也表现出区域异质性。

生产率溢价最早由马歇尔（Marshall，1890）在《经济学原理》中提出，后被学者归纳为三类：知识技能劳动力池、知识溢出以及上下游关联产业集聚。在城市经济学中，这些被统称为集聚外部性。后来，学者们又发现了匹配效应（matching effect），这一部分是包含在集聚效应之内的。竞争效应、选择效应和分类效应共同作用制约着企业的生产时间乃至生产效率。可以认为，影响产业生产率的机制，应当是在这些效应共同作用之下形成的。大城市企业的空间集聚带来了更高的企业平均生产率，即集聚的生产率溢价。大多数研究将大城市的企业生产率溢价归因于集聚效应，具体而言，高生产率企业倾向于追求高素质要素（如高技能人才）来提高生产率，而大城市拥有优质的人力资源、更加密集的人口、活跃的经济活动和更加齐备的基础设施以及巨大的市场，因此高生产率企业往往会转移到大城市以获得集聚经济的优势。鲍尔温（Baldwin）等学者发现，由于高销售额的企业往往具有其他企业没有的更高的生产率，它们乐于向大城市转移因为交易成本可以降得更低。伊耿和尼尔德（Egan & Nield，2000）指出，经济型酒店和商务型酒店主要位于城镇边缘和城市郊区，而高端酒店则主要位于市中心，这表明城市的"择优"行为有助于企业实现生产率溢价。

据新经济地理学的理论研究，产业在空间上共聚与否实际上是竞争效应和集聚效应相互作用的结果，在模型中从共聚产业与被共聚产业两个方向加入行业竞争变量，结果显示从两个方向上竞争效应都显著抑制了产业共聚的发生。

（三）集聚水平与形成机理

苗长虹从演化经济地理学视角出发，从路径依赖、脆弱性和路径创造三个方面分析资源型城市经济演化的特点与路径分异，引入计量模型考察其对资源型城市经济增长与转型的作用，并系统阐述了区域新型产业形成的经济地理机制。王缉慈则从生产网络和本地嵌入性两个方面对比了不同产业集聚区的异同，认为商业模式创新是组织间知识整合的有效机制，是产业集聚区能力形成的持续驱动力，须培育本地企业的互补性资产，尤其是外部的互补性资产，为地方政府更好地制定实施集群政策和产业转移提供理论依据；曹休宁认为，各企业的合作创新也是影响产业集聚的重要因素，研究发现创新知识和技术的共享能加快产业的集聚，这在一定程度上节约了运行成本和研究投入；雷平认为价值链对产业集聚影响也较大，我国制造业之所以不够集聚，是人们心中的意识观念低造成的，对产业集聚所带来的价值忽视，这就需要在完善价值链的同时进行宣传，改变人们心中的传统观念，以此来改变产业分散的现状。

根据以往学者对产业集聚区的研究，可得出产业集聚区存在的核心依据有二：一是从地理空间上，诸多企业和组织集聚于特定的产业领域内；二是这些企业和组织之间存在着关联，包括物质层面和非物质层面。

（四）产业集聚的影响因素

产业集聚在发展过程会受到很多因素的影响，从产生阶段的技术以及渠道不成熟，到发展阶段竞争压力大、产品滞销，到最后展望阶段的价格战，这些因素都会对产业集聚产生重要影响，而这些影响的积极方面和消极方面共存。受区域和时间的影响，不同行业发生产业集聚的具体因素有所区别。樊秀峰、康晓琴使用面板数据（Panel-data）模型研究了山西省2006至2011年间28个产业的集聚度的影响因素，产业集聚与当地的政府政策有密切联系，当政府进行适当管理时，产业集聚度就会出现缓和的局面，而当政府过度干涉时，产业集聚就会发生排斥现象，最终使产业集聚产生反作用。而最重要的影响因素则是运输成本、劳动密集度以及当地劳动人员年龄等，这直接决定劳动效率，对产业集聚影响最为明显。同时外地区商业投资则对产业集聚影响最小，甚至无影响。王猛、王有鑫在2003年到2011年期间对我国上海、深圳等多个大城市进行考察，结果发现由于不同地区的城市文化差距较大，产业集聚也存在较大差异，相对于受我国传统文化影响较大地区，产业集聚度也相对较高。席晓宇等对生物医药产业集聚进行研究调查，数据显示空间因素和政府干预对产业集聚影响较大，而政府干预成为主要的影响因素，因此需要政府每年投入资金技术更新以及人才培养和引进，促进产业快速发展。李立经过反复研究发现，当地的劳动力成本和物流运输成本也会对产业集聚的过程产生重要影响。同时，潘文卿、刘庆对中国企业的数据进行处理分析，并通过特殊方式进行计算。结果发现理论体系对产业集聚也会发生一定的影响，由于我国理论体系的构建不够完善，所以目前的产业集聚也不理想，因此有必要对理论体系进行研究并完善。这些产业集聚因素的研究对我国今后产业集聚有重要作用。

马歇尔的集聚经济为专业化产业和企业在特定领域的本地化提供了一个经济学基础。他将这些因素分为三个要素：投入产出联系、劳动力池和知识溢出，这些要素可以提高集群中的企业绩效。同样重要的是要认识到集聚的不经济现象，即负外部性，如增长和工资的空间不平等以及高竞争和价格战，这可能会对生产率产生其他影响。然而，这些研究并不是在旅游的背景下进行的。本研究特别考察了旅游业背景下的供给侧的集聚效应。

从最初的古典经济学到新经济地理学，对产业集聚区的研究也发生了多次变化，从一开始的单方面研究到综合研究，到后来的非主动研究到主动集结专业人才研究，古典经济学仅注重产业集聚的问题，后来区域经济学改变传统研究方向，将城市作为新的因素引入到重要研究中，通过数据分析，最终达到确定研究方向的目的。为了探索不同因素对产业集群的影响，把新经济地理学和地区经济学引入到空间区域进行分析，最终通过对比得出相关结论，为解释城市发展与产业集聚区的关系提供了良好的理论基础。

二、旅游产业集聚区研究进展

一直以来，对于产业集聚区的实证研究和理论探索多聚焦于高新技术、工业、制造业等领域，旅游产业集聚区研究相对滞后。但二战后人们已经进入了大众旅游时代，旅游产业的发展速度迅猛，规模不断壮大，与工业革命后的经济发展历程比较而言相对短暂，但也产生了丰富的成果。产业集聚区作为旅游产业发展过程中存在的一种重要表征形式，并不是自旅游活动诞生就普遍存在的，而是随着产业发展到一定阶段才逐渐形成的，且历经古典区位理论、经济地理学、新经济地理学的演化，产业集聚现象逐渐系统化、理论化，催生了国内外诸多经济学科、地理学学科的重要分支和研究内容。

通过对国内外旅游产业集聚方面的研究内容进行分析，主要集中在两个层面，首先是旅游经济影响的相关因素，其次为影响作用的评估。具体为：一是对旅游经济特征的研究主要是站在宏观的角度而进行的，进而运用相关因子指标对相关特征进行描述，包括总体和时空两种；站在产出的层面对旅游经济的影响作用进行分析不难看出，其影响主要来自两个方面，分别为区域经济和就业；二是在研究旅游经济组织和发展影响的过程中，主要是站在行业和产业的层面而进行的；三是测算此种行业的增加值；四是研究与评价区域旅游经济的竞争力和相关实力。

经济学家们的研究主要围绕三个子专题展开。

一是旅游产业集聚区的界定和识别。如关于其科学含义和系统框架，探讨旅游产业集聚区的基础理论如集群特征、形成、类型、竞争优势及内部结构，集群的就业和劳动力分配及用区位熵法判定旅游产业集聚区的存在，以及用波特的钻石模型分析旅游产业集聚区的竞争优势。理论研究也离不开实践的指导，在相关案例上，美国的北达科他州旅游集群、加拿大的葡萄酒及农业旅游集群、阿尔卑斯山的健身旅游集群都是国外典型的旅游产业集聚区，学者们在研究中也充分肯定了这些地区旅游业在旅游产业集聚区的带动下，增强了世界范围内的强大旅游综合竞争力。金卫东详细分析了美国东部都市群旅游产业密集带的特征与成因，尝试为打造长三角地区的旅游产业集聚区提供借鉴与启示；杰克逊（Jackson）对澳大利亚旅游产业的集聚区进行了分析，认为区域旅游业想要发展，可以使用产业集群理论作为指导，实践与理论的探讨均充分证明了旅游产业集聚区具有天然的竞争优势。

旅游产业集聚区的识别。当前已有一些学者采用定性与定量的方法对旅游产业集聚区予以识别，但多从产业集中度进行考量，鲜有从产业关联的角度进行分析识别。传统产业集中度的计算模型有六种类型，分别为：空间关联度（空间基尼系数）、行业集中度（CRn）、旅游资源空间集聚度、最邻近点指数、区位熵指数、赫芬达尔指数（Herfindahl Index），具体公式和说明归纳，详见表2-2。赫芬达尔指数又常简称为 H 指数，是用来测量旅游产业集中度的综合指标，用某特定市场上所有旅游企业的市场份额平方和来体现，H 指数越大，表明该行业的集中度越高，反之则越低。$H=1$ 时，表明该地区旅游产业完全集中。但在实际测度时，因为需精确到微观企业层面的各项数据、采集难度较高，同时 H 指数也没考虑企业空间分布和地理单元差异，因此实际可操作性并不强。

表 2-2 旅游产业集中度识别方法

识别方法	作用	公式	公式说明
区位熵	衡量旅游业专业化程度，反映区域内旅游要素的空间分布和专业化水平的综合指数	$LQ_i = \dfrac{t_i / \sum_{i=1}^{n} t_i}{T_i / \sum_{i=1}^{n} T_i}$	t_i代表某地区旅游产业某个指标数（销售收入、企业数量、从业人数等），T_i代表省/全国旅游产业相应指标数
行业集中度指数	规模最大的几个地区（也可以是规模最大的几个企业）的销售收入、产值、就业人数等主要经济指标占行业整体的比重	$CR_n = \dfrac{\sum_{i=1}^{n} X_i}{\sum \dfrac{X_i}{N}}$	CR_n代表产业的集中度指数，X_i为旅游产业地区数值，N为地区总数
赫希曼·赫芬达尔指数（H指数）	指某特定市场上的绝对集中水平，是测量产业集中度的综合指标	$H = \sum_{i=1}^{n} S_i^2$	S_i^2为产业在i地区的比重
空间基尼系数	测定行业在空间分布的均衡程度	$G = \sum_{i}(S_i - X_i)^2$	S_i表征了i地区的就业人数占比情况，主要比较的是旅游产业和该产业的总体水平，X_i表征了i地区就业人数占比情况，主要比较的是该地区与经济体的总体水平
旅游资源空间集聚度	反映的是旅游资源的相对量，一般用于区域间旅游资源丰富程度的对比分析	$D = \dfrac{n}{A}$	n指旅游景区（资源）的个数，A指区域面积或者人口
最邻近点指数	表现旅游景区（点）的集聚和分散程度	$R = \dfrac{\overline{r_I}}{r_E} = 2\sqrt{D} \cdot \overline{r_I}$ $r_E = \dfrac{1}{2}\sqrt{n/A} = \dfrac{1}{2}\sqrt{D}$	$\overline{r_I}$表征了r_I的平均值，即最邻近点之间的距离，r_E同样表征了最邻近距离，主要是理论层面的，D则主要表征了分布密度，n表征了个数，主要是邻近点的。如果$r \geqslant 1$，说明其分布情况为均匀分布状态，如果$0 \leqslant R \leqslant 1$，说明其分布情况为集聚分布

空间基尼系数（Space Gini Coefficient），是美国经济学家克鲁格曼（Krugman，1991）首先提出并用于测度制造业集中度。G值越大，表明该产业的集中度越高，$G=0$时，表明该产业在空间上是均匀分布的，$G=1$时，表明该产业高度集中。此方法在以往的学术研究中被广泛使用，其优势是能对不同区域间的产业分布均衡性进行度量，与行业集中度具有类似的缺陷。

哈盖特（P. Haggett）率先提出了从物理学衍生而来的区位熵，同时在区位分析中得到了充分利用，是一项对旅游产业集聚加以衡量的关键性指标，既可以针对集聚区的产业部门衡量其存在的有利条件和不利条件，又能够直观地反映某一个区域处于怎样的地位以及发挥了怎样的作用，主要集中在哪些层次区域内。根据对不同数据的分析，能够计算出差异化的区位熵，主要包括产值区位熵，还包括了旅游资源的区位熵，因此这个概念被不同的学者广泛运用。但就不同区域的区位熵进行横向比较时，若用不同的类型指标进行考量，结论也可能各有分异。

如针对某一区域内存在的产业，可以通过计算出其相应的区位熵，分析是否存在产业地位优势，并与全国范围内的产业进行衡量，同时 LQ 值也能够反映其专业化程度（专门化率）。LQ 值与该行业的集聚程度存在一定的关联，LQ 值越大，集聚程度越高。当 $LQ>1$ 时，也就反映了专业化程度较高，且高出了该地区的总体水平，该行业也就界定为专业化部门；当 $LQ<1$ 时，也就反映了相较于该地区的总体水平，其专业化程度较低，该产业也就归属于非专业化部门；当 $LQ=1$ 时，也就表明相较于总体水平，该产业具有与其相当的专业化水平。对于产业集聚程度，对其衡量时常常用到区位熵，体现出的具体优势在于只需分析较少的数据，就能够测定出产业的集聚程度，同时可与不同地区的专业化水平进行对比，因此在分析比较某一行业在不同地区的情况时该指标体现出较大优势。与此同时，由于构造方法的特殊性，该指标也存在一定劣势，即无法对不同行业的地区分布进行对比。

旅游资源分布集聚度和最邻近点指数均是从旅游资源方面进行分析，并衡量产业集聚情况，因此存在一定的缺陷，即无法对其他因素进行全面的分析比较，判断其是否集聚。针对行业集中度的分析，主要采用的方法是分析企业相关数值情况，并与整个行业水平进行对比，确定其具体所占份额，主要研究对象是规模较大的企业，并从数据中选择前 n 个企业，而旅游业因其进入壁垒低，相较于制造业技术含量不高，因此存在激烈的行业竞争，旅游企业很难处于绝对优势地位，因此从行业集中度进行分析计算，并尝试以制造业的衡量标准表征旅游业显然是不科学的，难以对集聚水平进行真实反映，因此，学者们往往将其作为一个辅助指标进行分析。

二是旅游产业集聚区的经济效应。旅游发展效率的研究始于 20 世纪 80 年代，研究领域主要集中在旅游酒店、旅行社和区域旅游效率测度三个方面。

旅游酒店效率测度方面，学者们研究了酒店及餐饮业空间集聚的生产率溢价机制，利用第二次经济普查的大样本数据和非参数估计方法，实证检验了酒店餐饮业生产率溢价的根源，为此类企业提高生产率提供了参考。贝克（Baker）认为管理者对市场需求变化的预测准确程度是旅游效率高低的原因。旅游企业的经营效率研究是由美国学者最先研究的，莫雷和迪特曼（Morey & Dittman，1995）为了保证研究结果，使用的是数据包络分析法，研究对象是美国的 54 家连锁酒店，研究内容是 1993 年时企业的管理工作，研究结果表明，从整体来看，这 54 家酒店的管理效率可以达到 0.89，就个体来看，管理效率最低的企业评分也在 0.64，由此可知，美国的旅游服务市场中经营效率较高。迈克尔（Michael）学者按照服务人员的性质进行划分，最终分为五类，以此为基础评价宾馆内部的服务工作，客人感知酒店质量的时候，多数会从前台、客房、停车员工的绩效开展评价工作，这是因为服务绩效具有无形性这个特征。

采取 DEA 方法统计数据虽然优点较为明显，但也有局限性，安德森（Anderson，1999a）学者采取了随机前沿法，选择的研究对象是 1994 年时美国的 48 家酒店，研究内容是这 48 酒店的管理效率，在进行一系列的测算后发现，企业的平均管理效率为 0.89，即使是最低管理效率也达到了

0.843。为了保证研究结果的稳健性，安德森学者又利用 DEA 方法测量了酒店效率。虽然采取的测量方法不同，但研究结果差异性较小，由此可知，美国的酒店企业经营管理效率较高。

克里斯托弗（Christopher）学者选择的研究方法与上述学者并不相同，在特定时间内酒店的用餐翻台率，如果酒店想要提高工作效率，那么可以规划顾客的用餐时间，避免高峰期出现用餐拥堵现象。旅游产业的空间集聚对酒店定价的影响，差异化和非差异化集聚在酒店管理绩效中的作用、旅游在特定区域的集聚效应等。旅游产业的集聚也包括酒店以及餐饮设施的集聚，使得管理人员能降低成本、改善服务、提高生产率等，但空间的集聚能否提高产业绩效的机制尚不清晰。有学者认为，集聚能通过知识溢出和金融外部性促进企业规模经济；通过"择优"和"去劣"；通过提供资源、区位或政策优势来吸引高生产率企业进入；通过提高进入门槛限制低生产率企业进入，从而提高企业集群的整体生产率。但过于关注集聚的外部性会高估生产率溢价，比如忽视了企业城市之间的转移。

旅行社效率也是研究的重点内容。巴罗斯（Barros）学者选择了占市场份额最大的 25 家旅行社，利用随机前沿成本模型分析旅行社绩效，结果显示，多数的旅行社管理效率均高于平均水平，旅行社的效率也会受到资本、劳动等因素的影响。科贾尔（Köksal）学者则采用了 DEA 方法，为了避免与其他学者的研究角度相似，该学者以土耳其国家的旅行社为研究对象，选择 2004 年的旅行社经营效率作为研究数据。该学者在划分旅行社时，以性质为依据，最终分为独立的以及连锁的两种。研究结果表明，多数旅行社采取的管理方法并不起作用，对于不同性质的旅行社而言，关于经营效率的差异并不明显。学者田喜洲则考虑了我国的旅游企业面临的一些问题，如企业的经营效率低下，旅游供需的平衡点较低等，分析这些问题产生的原因，提高旅游市场的效率，可以有多种方法，但是政府的干预以及监控力度的提升，这是最好的选择。

无论是综合性目的地效率方面，还是生产流程方面，开展的研究并不多。李（Lee 等，2002）对代表性国家公园进行了研究与分析，共有五个，并且在属性方面相对不同，运用的方式主要为附随价值法（Contingent Valuation Method，CVM），另外还有二分选择（Dichotomous Choice，DC）问卷，在评估韩国国家公园的过程中，主要是通过发放问卷的方式进行调查，调查的内容主要有两个，首先是保护，其次为价值。通过结论能够得知：在使用价值方面，国家公园的区位和资源所产生的影响是正向的，站在游客的角度来讲，除了会对国家公园的价值进行考虑之外，还有交通和时间方面的成本问题也会进行相应的考虑；在国家公园的保护价值方面，受到的负面影响主要来自区位。在不同国家的公园中，上述两种价值所产生的价值也相对不同。将使用价值与财政支付进行对比不难发现，想要实现国家公园持续发展的目标，就必须要加大政府的财政支付力度。

在对旅游进行研究的过程中，主要针对的是目的地，通过研究发现，经营和管理效率会受到一定的影响而逐步上升，其中最突出的方法便是提升系统的效率。普拉达（Preda 等，2003）研究的对象主要有两个方面，首先是手工业组织，其次为节事活动，通过研究发现，效率低下的问题与众多的因素息息相关，包括需求和供给，另外还有自然因素等。李艳双（2001）在对旅游可持续发展能力开展评价的过程中，主要运用的是数据包络分析思想和相关模型，进而逐步开展实证研究，在分析评价结果的过程中，主要是以 DEA 有效性作为依据，与此同时，与指标集的关系也不容忽视，在城市规划开发旅游产业时，上述内容可作为重要的参考依据。针对江苏省 13 个地市 2010—2018 年的旅游业效率方面，霍宏敏开展了测算工作，主要运用的是三阶段 DEA 模型，得到江苏省旅游综合效率整体水平不高，各地市旅游效率具有明显差异。对产业协同集聚在空间上的经济绩效主要处于两个阶段，首先是现象观察，其次为定性分析，对产业集聚而造成的城市（空间）经济绩效并未进行相应的解释，另外还有空间溢出效应等，在分析产业协同集聚的问题中，完整的分析流程并未形成，例如"现象—机制—效应"，因此，还需逐步改善。未来的研究重点主要集中在两个方面，首先是产业协同集聚经济绩效方面，其次为空间效应方面，无论是对城市的发展，还是区域的发展，都具有指导的作用。

三是旅游产业集聚区的驱动力和机制研究。这也是旅游产业集聚区得以生存与发展的核心问题。从产业集聚区发展的动力机制来看，国内外学者们多认同一切有助于产业集聚区发展壮大的有利因素都可看作是产业集聚区发展的驱动力。任瀚认为，区域旅游产业发展是多因子、综合驱动的结果，主导驱动力经历了口岸区位驱动、资源要素驱动、投资驱动、创新驱动的演变。

学者麻学峰首次明确了旅游产业具有自发和人为构建两种模式，并将旅游产业结构的演进升级划分为生产者驱动、旅游消费者驱动和混合型驱动（如图2-10）。

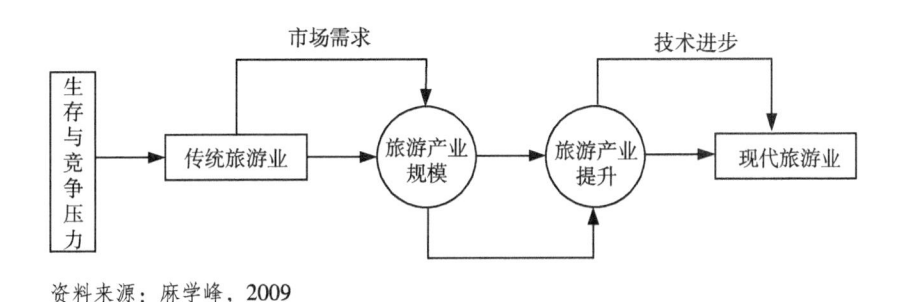

资料来源：麻学峰，2009

图2-10 旅游产业转型的自发演进

集聚是各种行业和经济活动的空间集中，可以带来知识溢出和其他正外部性（例如劳动力汇集），关于集聚的研究主要集中在制造业，而忽视了服务业独特的集聚特征。服务业的特点是投入更多的人力和知识资本来生产知识密集型产品。此外，每个行业都有自己的特点，服务业内部存在异质性。因此，以酒店及餐饮业为例进行研究，可为深入了解生产率溢价提供重要参考。旅游业的地理集中可以实现企业之间的互联，包括获得互补的技术、技能、信息和跨企业客户需求的溢出，提高企业生产率并防止成熟旅游目的地的衰落，地理集中促进了旅游目的地的可持续发展，增强了产业竞争力，促进了旅游经济的发展。Chung等学者研究了单城市酒店集群中不同类型的酒店，发现不同类型的酒店具有不同的正外部集聚效应。大城市的空间集聚、经济规模和人口直接影响了劳动生产率。换而言之，大城市更好地利用了集聚的优势。

地理学家们往往从时间演进的视角或者空间共时性视角展开研究，主要集中在如下两个子专题。

一是旅游产业集聚区的演进。1985年，理查德·巴特勒（Bulter）在《苏格兰高地旅游业演进》中探讨了从18世纪早期到19世纪初期苏格兰高地观光业的演进过程。随后，诸多学者们分别对旅游产业各种目的地和产品的演进展开研究，冯卫红、王利伟、贺小荣等从理论或者结合旅游企业的成长阶段分析了旅游产业集聚区的演进阶段和机理。

二是部分学者通过讨论集聚区内旅游发展与知识密集型服务的空间关系以及企业间的竞合关系、旅游产业集聚区的形式和内在驱动因素。新经济地理学家们集中探讨旅游企业生产率溢价及其空间溢出效应。在新经济地理框架下，价格不是固定的，而是内生决定的。近年来，新经济地理学的快速发展使得空间经济学成为贸易理论和区域科学的主流。跨空间区域的生产率溢出效应会导致区域增长效应，有许多关于整体经济增长不平衡的区域性研究。

但在旅游业方面，尽管英国及其旅游业的生产率存在明显的空间依赖性，但对各地区生产率溢出效应的研究却很少，在旅游业中，竞争效应可以显著促进邻近地区的是生产率溢出，因为它们往往会吸引相似的游客细分市场，从而推动激烈的竞争。在旅游业，为了更好地就业和更高的工资，工人可能会在本地区之间流动，这可能意味着劳动力和知识的空间溢出效应基于邻近性、产品和市场的相似性。然而，目前还鲜有研究者所知的旅游生产率研究来考察集聚经济和生产力在各地区的溢出效应，以及这种溢出效应如何可能产生区域增长。旅游业生产率取决于内在的劳动知识，旅游业的知识本质上是非常默契的，在工作场所中个人之间学习和共享的新知识和思想可以在公司层面激发创新，从而提高公司和工人的竞争力和生产率；人力资本是通过观察和模仿学习来创造的，由于更大的透明度和接近性，在地理集中的地区更容易实现。在这样的学习环境中，有经验的劳动力在集群企业间的流动积累了人力资本，知识溢出效应显著，这会影响生产率。学者袁莉等开展了与旅游产业的集聚效应相关的研究，认为随着旅游产业的不断发展，旅游业可以与当地的其他行业产生关联，如农业、文化等。除此之外，学者从多角度分析旅游集聚：交易成本的降低、互补性利益的获得等。关于旅游产业的集聚，学者刘又堂认为，地区的旅游产业集聚程度与城市化水平有着显著关系，两者成正比，共同促进城市经济的发展，两者间的互动是良性的，旅游产业的集聚程度越高，那么城市的发展速度越快。除此之外，还有一部分学者研究了旅游产业的集聚与集群间的关系，得出的结论是，只有出现旅游产业的集聚现象，才会形成集群，但是相反的话却并不成立。由此可知，旅游产业的空间集聚和集群会受到多种因素的影响，最终认为，中国的旅游业集聚具有明显的特征，空间既有集中分布，又有集中分散，两者相结合。

除此之外，也有学者研究的角度是旅游产业的集聚度以及集聚水平，为此，学者研究了中国旅游产业的集聚变动趋势。为了保证研究结果的准确性，利用定量指数从三个层面开展研究，最终得到的结论是，我国旅游产业中，资源承载力较高的地区可以集聚。近些年来，我国政府也注意了旅游产业集聚的重要性，为此颁布了一系列相关的文件，并制定了产业的规划。但是由于我国的学术界关于旅游产业的理论研究较少，所以政府没有较多的参考依据，在关注旅游产业集聚问题的时候，并没有制定具体的实施策略，只是作为新战略略微提及。就目前来看，我国没有完整的旅游产业集聚理论可以指导旅游业发展，也很少有相关的研究是关于旅游产业集聚研究。

三、研究述评

与现有的文献和资料相结合，国内外旅游产业的相关研究已经取得了良好的成果，但仍存在以下不足。

（一）研究尺度上，城市尺度研究稍显薄弱

现阶段的区域旅游产业集聚研究关于城市尺度的研究略显不足。已有

成果或以城市群为分析单元，城市往往被视为一个节点，或围绕单一业态要素（如酒店集群、景区集群）、中小旅游城市等小尺度空间分布特征展开研究，对大城市的研究相对薄弱，已有研究结论对城市的适用性有待检验。

（二）研究方法上，识别和测度方法较为单一

已有关于旅游产业集聚区的识别与分析在深度与精度上仍然有所欠缺。国外研究主要依据的是经济系统的大环境，在分析旅游经济作用的过程中，复杂性在构建的模型中也较为突出。较之西方发达国家，国内旅游产业的发展起步较晚、成熟度与产业特征与国外差异较大，但在国内的相关研究中，产业集聚运用的方式和模型仍来自国外，最常见的方法为经济计量方法。虽有学者试图引入地理空间视角，但仍存在研究数据较少、使用带位置信息的产业数据、研究对象粒度较大等问题。同时，已有分析更多研究停留在制造业、工业集聚与旅游产业集聚的共性层面，对旅游产业集聚的本质特点认知也不够深入，难以支撑精细化的城市规划与治理。旅游产业是城市空间结构优化和产业提档升级的重要动能，运用经济地理和演化经济学相关理论和研究方法展开对典型城市的分析，采用细粒度的研究单元以及包含实际位置信息的产业数据予以全面系统的总结出基于集聚位置、范围、强度的旅游产业集聚区识别方法就显得尤为重要，才能客观且真实地认知与把握旅游产业集聚区的一般发展规律，为全面开展城市旅游产业集聚区的进一步研究提供基础。

（三）研究内容上，研究影响因素的力度还需逐步加大

对于单项影响的因素进行分析是多数研究所应用的方法，然而目前的研究中缺乏对各种影响因素的深入分析。单一理论对旅游产业集聚区的多维演化历程解释表现不足，多数研究只是将集聚区作为研究对象或者结果变量，忽略了旅游业的行业特殊性，对于游客、居民、旅游产业集聚区本身等利益相关者的角色演进分析尚不多见，难以诠释深层次且复杂的旅游产业集聚区的演化。

（四）研究主题上，缺乏关于旅游产业集聚区动力机制的学理性讨论

已有研究多从分工、外部性、规模报酬递增理论对产业集聚区形成演化过程进行分析，但解释力度不够，对旅游产业集聚区形成演化的动力机制研究也不够深入，多着眼于时间视角，从空间、角色演进视角的研究还相对较为匮乏，未有一个完整的脉络。已有研究各旅游产业相关要素尚未纳入统一体系下，由此导致集聚区的研究内容较为局限，从现象、过程，到机制的系统研究相对不足。同时，现有研究缺少基于大样本数据和空间分析技术支撑的旅游要素演变及动力机制的专门性研究。

第三章 区域概况与研究设计

西安是世界著名的历史文化名城，是我国著名的国际旅游城市，也是著名的丝绸之路经济带的起点城市，以及我国西北地区国家级中心城市。西安市旅游资源丰富，交通区位独特，目前拥有世界文化遗产 5 处、国家 AAAAA 级景区 5 个，是我国西北地区和黄河中上游地区国际旅游中心城市。西安旅游产业集聚区的形成演化与动力机制研究，对于把西安建设成为我国西北国际旅游目的地城市，提升西安市旅游国际竞争力具有十分重要的意义。本章将从区域概况和研究设计上，给出本研究区域背景和总体框架，为后续各章的讨论提供框架思路。

第一节 案例地概况

一、位置及范围

本研究选择国家中心城市之一、关中平原城市群的核心——西安市作为案例地。西安市是陕西省省会、丝绸之路的起点、华夏文明的发祥地，是我国最早发展旅游业且在国内外享有较高知名度与美誉度的历史文化名城和传统旅游城市。西安市区域面积 3582 平方千米，地理区位特殊，历史文化底蕴浓厚且具有丰富的生态资源，这决定了西安在国家区域战略等方面具有鲜明的特色。西安市整体研究区域空间范围如图 3-1 所示，研究对象共包含 13 个行政单元，分别为新城区、碑林区、莲湖区、灞桥区、未央区、雁塔区、阎良区、临潼区、长安区、鄠邑区、高陵区、蓝田县、周至县。研究的时间范围则从 1978 年西安旅游业起步至 2019 年，时间跨度共 41 年，能较为系统地反映出西安旅游产业发展演变的过程和趋势。

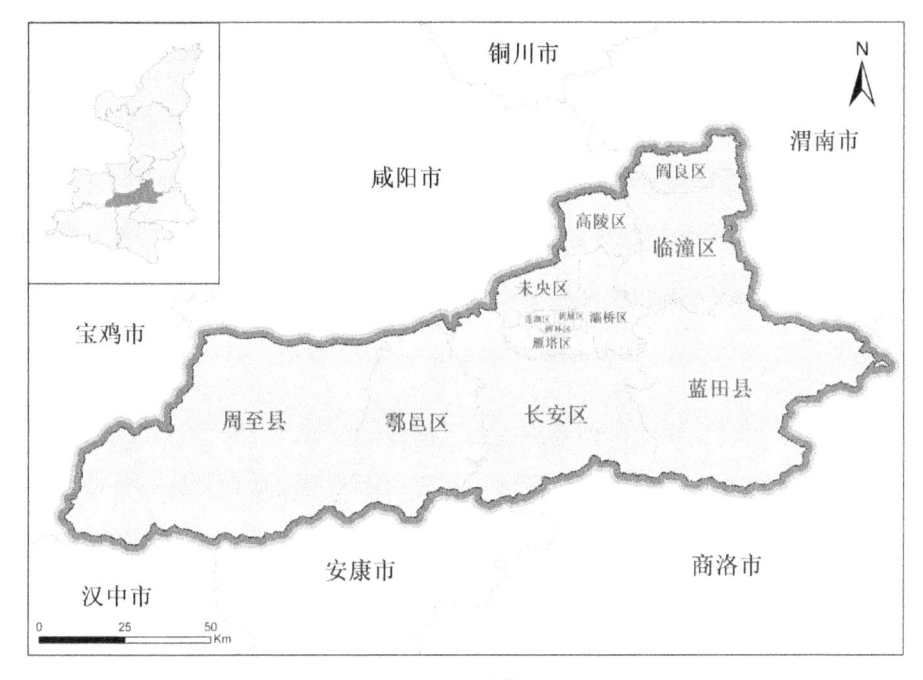

图 3-1 研究范围

需要说明的是，在定性分析研究中，将 11 区 2 县、西咸新区，均列入了研究区域进行分析，以期研究结果更有全局性。在量化分析区域产业集聚空间分布时，因旅游产业集聚区域主要集中在西安市三环以内，故在分析产业集聚空间分布时研究范围将以三环以内主城区为主进行讨论。

二、重要性和典型性分析

西安古称长安，是一个具有 7000 多年文明史的古城，周秦汉唐等 13 个朝代都在此建立了都城，是我国史上建都时间最长、朝代最多，影响力最大的古都，在我国的历史文化演进过程中始终拥有不可替代的重要地位。在地理位置上，西安处于中国地理版图的中央区位，在大西北与东南地区的交会点，在促进区域经济发展、强化国民凝聚力、生态保护、国家经济与政治发展及民生建设等方面起着关键性作用。在文化交流上，西安是古丝绸之路的起点，在中外经济文化交流和中西部民族融合、强化国民凝聚力等方面均发挥着重要作用，是中华文明的代表。这些先天优势不同程度地成为促进我国社会与经济制度成功转型的着力点。新中国成立以来，西安市的国家战略地位也日益凸显。2018年1月，西安成功获批西北区域唯一的国家中心城市，2022年年底，又获批继北京、上海、粤港澳大湾区之后第四个"双中心"城市。国家中心城市是全国城市体系的最高层级，既是国家或地区的政治中心，也是地区的产业创新、服务与组织中心，具有较大的影响力与发展潜力。

从综合产业发展的角度来看，自改革开放以来，我国经济的市场化、全球化程度不断深入，西安作为内陆中心城市的试点，肩负着完成城市综合领域制度市场化转型的任务。这项任务成为西安城市发展形成新的国家语境以及地缘性产业和经济以及政治的有效区域性的权衡要素。西安市不但在西安城市圈成为中坚力量，而且在国家中心城市梯队中，西安在高新技术产业开发、国家关键的教育与科研成果方面，均表现出不可或缺的城市力量和辐射带动效应。2022年，西安市实现地区生产总值（GDP）11486.51亿元，常住人口达1299.59万人，均超过陕西省的1/3，增速居9个国家中心城市和15个副省级城市第一位。无论从"关中平原城市群"以及"一带一路"的经济发展整体战略上，还是西安城市建设提出的中心城市规划的不断推进上，西安市已是西北区域人口、科技与产业等要素高度集中区域，亦成为西北地区经济、社会、人文、旅游等领域的领跑者。

从旅游产业发展来看，西安市拥有3100多年的建城史、1000多年的建都史，与希腊雅典、意大利罗马、埃及开罗并称世界四大文明古都。周文王在沣河建立丰京，武王伐纣、商鞅变法、贞观之治、丝绸之路，都与西安密不可分。西安是享誉海外的历史文化名城，世界遗产丰富，秦始皇陵兵马俑、大雁塔、大明宫遗址、汉长安城未央宫遗址等旅游景点数量众多，旅游开发空间潜力巨大，旅游产业资源和旅游类型丰富多样、旅游资源集聚度高、旅游路线成熟、相关行业健全，是陕西乃至大关中旅游产业的优势所在。西安的各景点不仅为市民日常休闲活动提供了重要场所，也因集中了各类的旅游产业要素而使当地成为最具吸引力的"网红城市"旅游目的地之一，被评为全球 20 个热门旅游目的地之一和国内十大旅游目的地之一。整体上看，西安旅游综合实力雄厚、首位性突出，对外已形成深入人心的国际知名度和品牌形象，具有一定的典型代表性。

三、城市空间结构及旅游产业发展概况

城市空间是企业生产活动、区域经济发展、产业集聚区形成的重要空间载体。从城市发展整体规划和产业转型方面来看，西安的城市空间发展表现为初期的城市建成区内部蔓延式，近年转变为向新区建设为主的拓展方式，是我国内陆地区大型旅游城市发展的典型。厘清西安城市空间发展的脉络和产业概况有助于把握城市旅游产业集聚区形成和演化的空间背景和产业阶段性、规律性特征。

（一）城市空间结构及产业概况

由西安城市辖区变化即可看出其城市空间范围在不断扩容，具体变化情况如表 3-1 所示。

西安的城市空间结构发展从城市演变成大城市，直至国家中心城市，城市空间呈现出持续扩张和重构态势，而且一直处在动态平衡发展状态，并呈现出明显的阶段性特点。

城市总体规划作为政府公共政策的体现，不但把握着整个城市发展的大方向，对于城市的产业布局和合理利用城市空间分布的综合部署更是起到了关键性引领作用。自 1953 年以来，西安市已有四次城市总体规划的历史，基本勾勒出了西安市城市空间的整体演化轨迹。

西安第一次城市规划覆盖年份为 1953—1972 年，此次规划保留了老城的整体格局，整体空间结构呈现棋盘式结构，旧城承担行政中心职能，南郊为科教区。第二次规划覆盖年份为 1980—2000 年，该规划阶段内，国务院首次确定西安为"中国历史文化名城和陕西省政治经济文化中心"，要求西安充分发挥纺织和机械制造的产业优势以及历史文化底蕴优势，通过推动旅游产业发展来保护城市历史特色。这一次规划最大的特点是体现了对

表 3-1 20 世纪以来西安城市辖区变化

时间	区划名称及辖区
1913	设立关中道，辖 14 县
1943	省辖市
1947	直辖市
1949	组建西安市人民政府，辖 12 区
1953	升为直辖市
1954	省辖市，所辖 12 区改为 9 区
1984	计划单列市
1997	撤临潼县改为临潼区并入西安
2002	撤长安县改为长安区并入西安
2011	西咸新区成立
2016	撤户县改为鄠邑区并入西安，市辖区
2017	西咸新区划归西安全面代管

历史文化名城的保护，确定了将保护、恢复、重新利用历史文化遗址、风景名胜和古建筑同发展现代城市的功能相结合的宗旨。同一时期，1983 年，城墙修补建设与环城公园建造活动正式启动，内容涵盖城墙环城公园建设护城河清理。城市空间形态上，城墙上先后以砖券形式修复建造了朱雀门、尚德门、建国门、文昌门、和平门、安定门、长乐门，古都风貌得以保护性修复，旅游产业也随之逐渐起步。

第三次规划覆盖年份为 1995—2010 年，以控制城市发展规模、改善中心、保护与现代化建设相结合为主要内容。1993—1996 年间，朝阳门、尚武门和玉祥门相继完工，火车站解放门工程也于 2004 年正式竣工，西安古城墙在这一规划时期建设成为完整的一体。第四次规划覆盖年份为 2004—2020 年，主要目标是将西安定位为世界古都、西部历史文化特色大都市，城市空间形态形成"九宫格"，实行老城与新城"新旧分治"的模式。

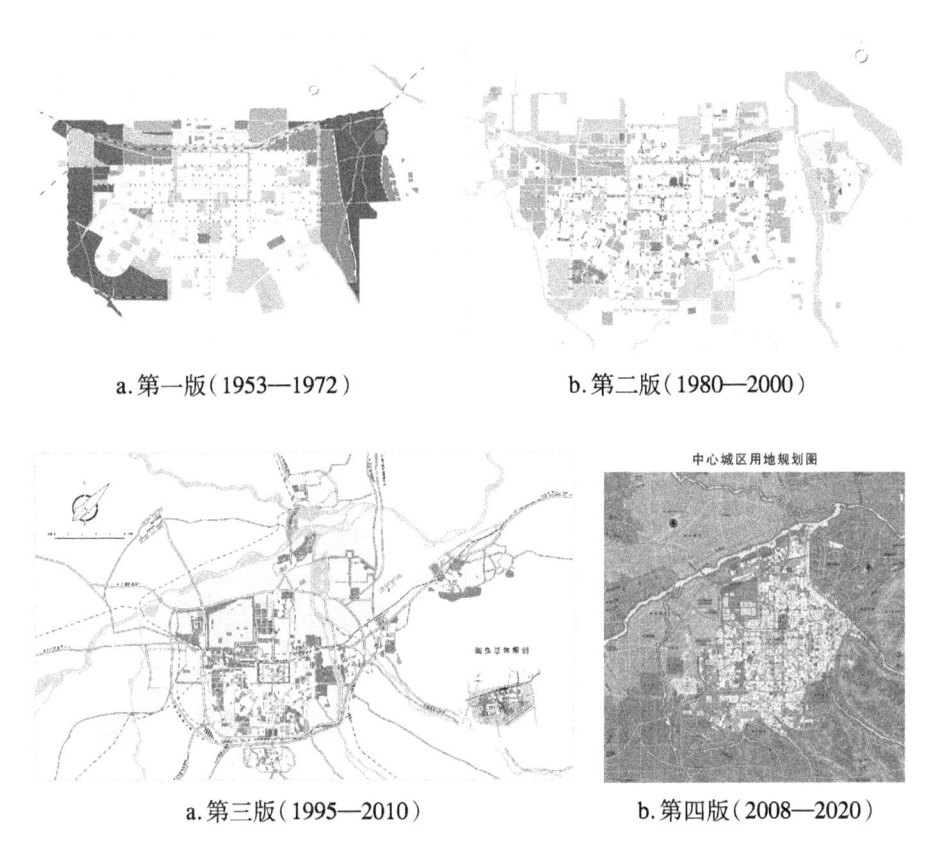

a. 第一版（1953—1972）　　　　　b. 第二版（1980—2000）

a. 第三版（1995—2010）　　　　　b. 第四版（2008—2020）

图片来源：《西安市城市总体规划（1953—1972）》《西安市城市总体规划（1980—2000）》《西安市城市总体规划（1995—2010）》《西安市城市总体规划（1953—1972）》

图 3-2　历版西安城市总体规划图

总体上，西安城市空间形态随着几次规划的调整在快速演变：一是城市外部空间形态快速扩展，建成区面积由 2160 平方千米扩容到近 2800 平方千米，但主要由开发区主导，且对开发区的依赖性持续增强，逐渐形成"一城五区"城市空间格局。二是城市空间布局的演化过程复杂，空间结构及城市公共设施配套的布局日益紧凑多元，并由粗放走向精细、由中心城区布局向九宫格式功能分开形制转化。

从内在因素方面来说，城市的产业结构对城市性质及其经济功能起着决定性的作用，产业结构调整也是"十四五"规划中最重要的目标之一。因此，考察三次产业结构的变化和整体情况对于分析区域经济职能特征尤为关键。

从某种意义上而言，城市空间层级结构演变与发展是以价值链为基础的产业结构性分工裂变的过程。本研究对1978—2019年西安市第一产业、第二产业、第三产业比重变化进行比较分析如图3-3所示。40年来，西安产业结构演化具有阶段性特征。第二、第三产业产值在整个西安都市圈内占据核心地位，第一产业比重逐年下降，由1978年的20%降至不到3%，而第三产业在西安的产业结构中所占比例则呈现不断上升的态势，由23%上升至60%。第二产业相对稳定。城市整体产业结构由"二、三、一"型产业结构逐渐转变为"三、二、一"。多年来，旅游及其相关产业所属的第三产业逐渐在西安的社会经济发展过程中扮演着举足轻重的角色，也对其城市功能、定位及发展，产生了至关重要的影响。但与北京、上海等地第三产业占比过半相比，西安市仍有很大的提升空间。

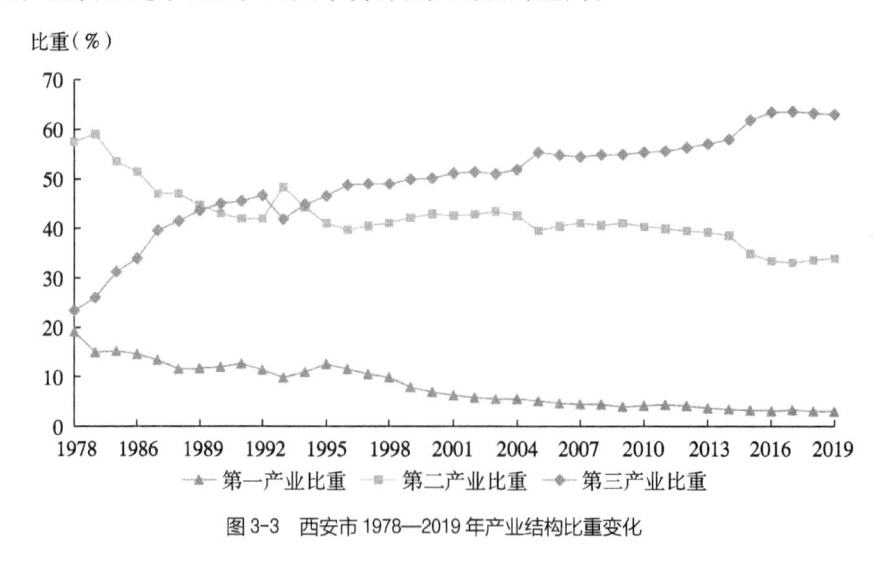

图3-3 西安市1978—2019年产业结构比重变化

如图3-4所示，目前，西安"退二进三"的产业格局基本形成，西安产业结构和产业布局不断调整和变化，整体呈现出城市空间扩张和产业协同并进、产业发展规模呈现出由低效松散向高效集约转变的总体特征。具体来说，西安产业集聚度一直不够高，现代工业基础薄弱，缺少战略性新兴产业，民营经济发展不够充分，三产未实现充分融合，还存在科技成果转化能力不足等问题。但是近年来，服务业的产值则呈现出倍速增长的趋势。西安市在价值链整合中，不断培育房地产业、其他服务业等高附加值产业，将低附加值的工业、建筑业等成熟产业转移，逐步构成彼此协同的产业分工布局，最终形成基于空间价值链驱动下的多维多层的有机体。具体表现在第二产业，尤其生产型和高能耗工业，逐步迁至城市外围；第三产业逐步升级，主城区转向发展现代金融、商贸和服务业等。在西安的辐射带动下，周边区域扩容提质速度加快、城市间的功能互补和产业分工协作逐步融合，从而带动产业全面升级，最终将惠及整个西部地区的城市发展，为整个西部地区的经济发展提供强有力的动力和支撑。

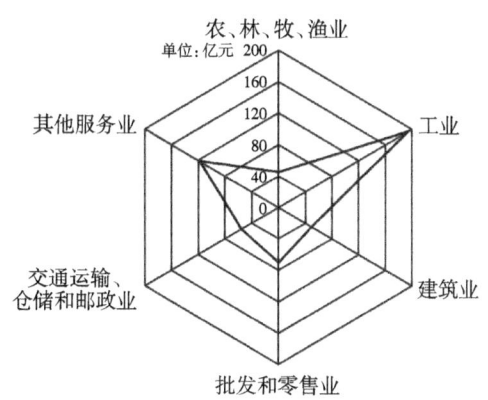

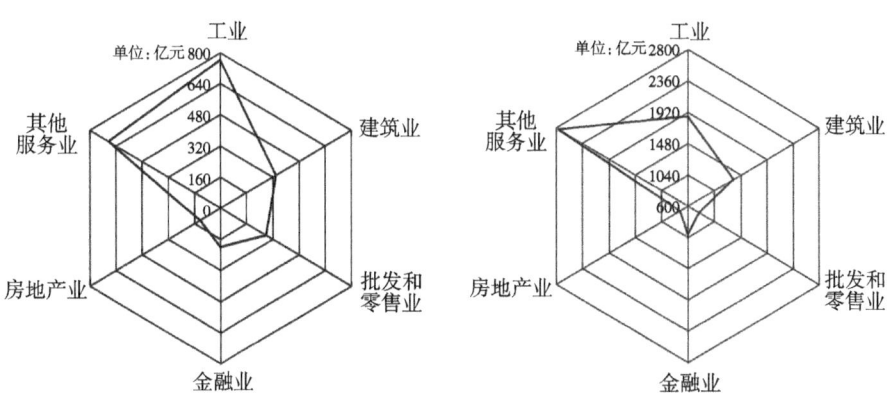

图 3-4 1999 年、2009 年、2019 年西安市行业产值 top6 雷达图

（二）旅游产业发展概况

作为中华民族的重要发祥地和华夏脉源所在地，西安市旅游产业的核心地位不言而喻。经过40余年的发展，西安市旅游产业规模和产业体系发展已较为完善，在社会经济中的地位也越来越举足轻重。旅游空间的发展与城市空间的持续扩容趋于一致。

初期，西安旅游发展的基础空间集中在建成区。整体区域面积虽然不大，但一半以上的旅游供应要素都集中分布在建成区，不仅囊括入境游客必打卡的高A级旅游景区，还覆盖了大部分星级酒店和餐饮、娱乐业态。从空间形态上看，西安旅游发展围绕核心旅游吸引物呈单核心团状形态，这也成为西安旅游产业发展的核心空间。随着城市空间不断地扩容，本地市民高频率、近距离出游需求空前膨胀，西安旅游业逐渐发展起了多个近郊和远郊多个旅游潜力游憩空间，在空间的分布上，对城市郊区诸如浐灞、秦岭、渭河等优质的自然景观资源较为依赖。这是西安城市旅游景观发展的基础条件，更是吸引本地市场和周边城市客源的关键所在。

西安市旅游产业发展过程中，始终致力于保留历史文化资源，并以此为主线大力发展旅游业，为游客呈现历史文化古城的丰富人文资源，由此也构成了西安城市主体功能区的特点。根据城市的空间结构特点，西安形成了完整的旅游产业空间格局，产业发展的基本现状如下：

1. 景强城弱，城市建设较旅游发展存在差距。西安的旅游发展表现出明显的"景强城弱"局面，相对于旅游景点建设，城市建设特别是服务业配套水平明显不足。虽然城市建设投入在不断加大，然而在城市环境、基础设施建设及管理能力等方面与"建设世界一流旅游城市"的目标还有很大差距。例如，按照旅游国际标准，西安在城市整体旅游解说标识系统建设方面明显不足，此外还存在城市旅游环线还不够多元化、服务规范程度较低、外部环境卫生不佳等问题。

2. 条块分割，旅游管理体制机制创新不够。旅游法规体系不健全，旅游管理各条例间存在分割和重叠的情况，职能部门与行业利益间的矛盾影响了旅游管理体制机制创新，限制了旅游业的发展。《2021年中国旅游业最发达城市排名》西安综合排名第八位，而同处于西部的五座省会城市中，重庆、成都排名远远超过西安。客观来讲，西安的旅游资源并未充分发挥核心竞争力，部分重点旅游景区的规划管理还存在市场需求响应滞后，规划的质量、实施和管理仍存在同质化，建设滞后，管理不够规范，运行方式粗放等系列问题。旅游业不仅是窗口产业，还能带动其他产业发展，在经济发展中起着关联各种产业的作用。但就目前来看，西安旅游业的长效发展机制还未形成，提升空间依然很大。

3. 要素失衡，产业结构仍需调整。从旅游产业要素来看，西安市旅游产业要素发展还不够充分，旅游产品结构不合理。据"携程网"显示，2021年西安市游客人均旅游消费2932元，在国内热门目的地中排名第九，而三亚、成都等旅游热点城市游客人均花费分别达到5253元和3556元。而"2021携程出境旅游人均旅游花费排行榜"显示，西安出境人均消费5563元，高于成都（5500元）、深圳（5310元），位居西北第一、全国第六。以上数据从一定程度上反映了西安旅游产业供需矛盾、产业要素结构存在的问题。在泛旅游时代背景下，西安旅游产业均衡发展依旧任重道远，亟须拓宽和延长旅游产业链，重视独具特色和有发展潜力的旅游产品研发和产业培育，不断强化各产业特别是文商旅的融合发展。

4. 外向度不足，商务游客数量偏少。近年来，西安着力打造"网红"效应和国际消费中心城市，持续塑造城市品牌，在城市形象宣传和城市营销方面做足了功夫，吸引了国内外众多游客来西安游览观光，特别是"长安十二时辰""盛唐密盒"等旅游产品，一经推出便引爆了国内旅游市场。据西安市统计局数据监测，2023年春节期间，西安市15家重点旅游景区累计接待227.79万人次，同比增长160%，恢复至2019年同期水平。其中，市外游客占比为64.5%，西安周边、陕西省内游客占比仍较大，珠三角、长三角、京津冀等国内一级客源地所占比例较小；同时，国外客源市场游客在慢慢流失，入境旅游市场表现出明显的倒"二八"结构，其中以日韩市场占较大比重，欧美、港澳台地区与东南亚旅游市场占比偏小。虽然有"一带一路"重要节点城市、双中心和国际消费中心城市、中亚峰会等一系列诸多国家战略定位加持，但西安的商业价值尚未得到有效发挥，国际文旅 IP 的市场转化力还未有显著呈现。

第二节　数据收集与预处理

一、数据采集

本研究主要对西安市旅游产业发展演化过程采用历时性和共时性演变分析，并在识别产业集聚区的基础上，对其动力机制进行探讨。其中，基础数据包括定性和定量两部分。定性数据主要由半结构化访谈、政策文本组成；定量数据主要由微博签到数据、POI 数据、统计年鉴和区县官网发布的经济指标等相关数据构成，如表 3-2 所示。本节主要围绕数据收集范围、访谈样本范围、访谈对象以及访谈设计与过程等几方面，对研究涉及的内容进行概述，从数据来源与采集、数据整理和预处理两方面对案例地进行初步归纳总结。

（一）POI 数据采集

POI（Point Of Interest，POI），属于地理空间大数据范畴，指地图上的兴趣点。具体而言就是与大众日常生活紧密关联的地理实体的点状空间数据，比如旅游景点、酒店、超市等，主要用于描述地理实体的空间与属性信息，比如实体名称、类别和实体地理坐标等信息。POI 数据具有信息精细、样本量大等优点，有助于我们深刻理解城市空间结构和功能要素设施的分布，为分析企业的集聚结构提供借鉴及参考。

POI 数据主要来自网络电子地图。本研究选用高德地图，采用编程的方式获取西安市文化和旅游产业相关类别的 POI 数据。根据高德地图公开发布的最新 POI 编码，其中大类共计 23 个，每个大类下又分为中类和小类。首先基于高德地图 POI 编码大类类别，参考《文化及相关产业分类（2018）》

表 3-2 数据来源和指标选取

数据类型	数据选取	数据含义	数据来源
POI 数据	按类别提取截至 2021 年 12 月底的西安市区旅游休闲业态的机构兴趣点（point of interest, POI）数据	城市休闲产业的整体空间结构和分布特征	高德地图
API 数据	爬取 2013 年 7 月 1 日～2017 年 6 月 30 日的新浪微博 API 端口的游客签到数据	游客在目的地的时空行为，识别出游客的集聚空间	新浪微博的 API 端口
访谈数据	2022 年 5～8 月，选取省市政府工作人员、不同类型旅游企事业人员、旅游产业相关产业、行业协会人员进行面对面访谈，并对访谈所在单位、企业的数据保密	深入捕捉和分析旅游产业集聚区的动力机制	面对面访谈
政策文本数据	1978—2019 年地方旅游法规、地方旅游标准章程、地方旅游产业政策	地方政府政策标准构建行为	西安市文旅局内部资料、地市政府官网
旅游投入指标	1978—2019 年旅游业固定资产原值、旅游从业人数、旅行社条件、星级酒店条件、AAA 以上景区（接上排）数量	旅游产业资本投入规模、劳动力数量、接待条件、资源禀赋	《陕西省统计年鉴》《西安统计年鉴》《旅游统计年鉴》
经济产出指标	1978—2019 年旅游总收入、旅游接待总人次	经济产出和规模产出	各市《国民经济和社会发展统计公报》、政府官网
其他指标	地区人均 GDP、路网密度等	地区经济发展水平	《陕西省统计年鉴》、地市《旅游统计年鉴》
其他指标	每万人拥有公共交通车辆数量、城市人均道路面积和城市人均公园绿地面积、铁路公路密度	地区旅游基础设施水平	《交通年鉴》《环境年鉴》

《国家旅游及相关产业统计分类（2018）》等统计标准文件。为规避地理位置重复统计，根据本文研究需要和旅游休闲业态的实际状况，对于空间尺度不一样的业态点，选择规模尺度最大的业态进行研究，比如在美食城统计中不考虑其中的小吃店数。

根据实地调查与统计资料来对原始数据加以处理，在结合实地调查和相关统计资料对原始数据进行"清洗"后，选定包含国家级景点、特色商业街、博物馆、旅行社、度假村、星级酒店等的8个大类，分别为餐饮服务、风景名胜、购物服务、交通设施服务、科教文化服务、生活服务、体育休闲服务和住宿服务。通过网络编程爬取数据，按类型提取截至2021年12月底的西安主城区旅游机构兴趣点数。共获取8大类POI数据38 625条，每条数据包含名称、经度、纬度、类型（小类、中类和大类）4个属性。

（二）API 数据采集

微博游客签到是游客使用移动终端功能定位、随时随地发布图文和视频信息，并显示其所在区域位置的行为，可以清晰地反映出游客的时空运动轨迹。通过挖掘和分析大量签到数据（数字足迹），一方面可以准确了解游客在目的地的时空行为、识别出游客的时空运动轨迹和集聚空间；同时，可有效弥补POI、资源分布等体现城市旅游发展的物质属性和静态格局的基础数据在城市旅游空间利用程度，尤其是游客在城市旅游空间上活动强度和变化规律等人文属性方面的不足。

新浪微博用户群体巨大，构成了巨大的信息资源数据库。因此本文选取新浪微博的API端口，选取以西安钟鼓楼为中心，半径11132米的圆形区域，通过编写计算机程序，爬取注册地不在"陕西西安"的用户签到数据。由于2017年后微博签到数据获得受到一定的限制，经综合考量，爬取2013年7月1日—2017年6月30日的数据进行研究，共获取数据2671177条，数据主要由用户名、用户ID、微博发布的具体时间、签到地点的经纬度坐标以及微博内容组成。

（三）面板数据采集

研究从西安市文旅局、各区县政务官网、西安地方志网、《陕西省统计年鉴》、《旅游统计年鉴》、《交通年鉴》等多个途径搜集研究所用的面板数据，共选取了包括旅游投入指标、经济产出指标和其他指标在内的三种指标类型，具体数据来源及指标选取详见表3-2。

（四）文本数据采集

文本数据包括旅游政策文本和访谈文本两部分内容。政策文本分析的实质，就是以各理论视角、学科背景为基础，对各类文本形式的法律法规等应用定量（传统意义内容）与定性（官方话语内容）多种分析法的集合表现，它是各利益关联方处于多种政策阶段相妥协的客观产物，这也导致政策文本分析无法深入剖析到文本背后隐藏的权利关系与权利结构。研究主要通过政策类型、政策语义网络图分析政策对产业集聚区的外部动力影响。

旅游政策相关文本搜集主要来源于国务院官方网站、文化和旅游部官方网站及陕西省人民政府网站、陕西省文化和旅游厅网站等。最近几年，我国颁布了多项支持旅游业快速发展的政策，在很大程度上促进了旅游业的发展。本研究样本的时间跨度选取1979—2019年。在旅游政策文件搜集时应用下面几种处理方法：其一，以"中国旅游政策""陕西旅游政策"为关键词，从各大官网上检索，获得相关的政策文件。并且，为确保其全面性，以"国家""陕西"和"旅游"等作为关键词，筛选条件为"同句"，在政策数据库中进行检索，获得国家级和陕西省的旅游法规。其二，梳理所采集的政策文件，剔除无效内容，或剔除与国家、陕西旅游不相关的政策文件。其三，为避免对文件的重复计算，将各部委、地方政府转发的国家和省级旅游相关的政策文件剔除，研究共搜集到102条国家级旅游相关政策文件及86条陕西省旅游相关政策文件，再将采集的样本文件进行筛选和数据清洗，最终得到84条国家级旅游政策文件样本和66条陕西省旅游政策文件样本。研究共获得 150 个有效旅游政策文件样本，后续按照大致每四年一个阶段来进行时段划分研究。

访谈文本通过面对面实地访谈获得。首先，研究在大量搜集和分析相关资料的基础上，对访谈的重点内容进行初步的梳理和确定。访谈需要解决"形成西安各个旅游产业集聚区的关键要素和动力机制"这个核心问题，围绕这个方向，我们组织相关研究人员（共四名）设计编制访谈提纲的初稿，访谈设计者分别列出认为比较重要的问题，然后对问题进行汇总和讨论修改，直到四名研究人员的问题趋向一致，确保访谈的有效性。在对政府从业者、行业协会代表、相关文旅企业进行访谈的过程中，我们聚焦于核心问题本身，同时根据不同的访谈对象各有侧重，从被访者的描述过程中获取第一手情境性资料。

二、数据预处理

由于所获取的数据类型不一，且质量参差不齐，因此，对收集的不同类型的数据分别进行预处理。

（一）API 数据预处理

针对已获取的新浪微博数据，将其拆分导入 Excel 数据表格中，通过游客时间定义和关键词去噪进行预处理，清洗所有非游客数据和与旅游不相关的数据。

首先，利用 Excel 函数剔除第一条微博与最后一条微博发布时间间隔超过 30 天的用户，基于已有研究这些微博用户将不被列入游客群体。

其次，采用关键词进行二次去噪。基于第一步清洗的数据，选取工作、学习、商业营销及日常生活等多种主题，挑选各类主题关键词，如加班、上班、考试、代购、美容等词语。通过关键词进行人工筛选去噪，剔除学生、商户等非游客微博，最终共保留微博签到数据 1148034 条，成为本研究的游客主体基础数据。

然后，运用 ArcGIS10.2 中的"核密度"工具，计算西安市微博游客签到数据的分布密度，进而初步识别出西安市主城区基于游客主体的集聚强度。在运用核密度工具可视化过程中，为达到更清晰、更准确地可视化集聚效果，选取自然间断点分级法（Jenks）进行可视化识别。识别结果如图3-5 所示，色块深浅表示对应区域集聚程度高低。

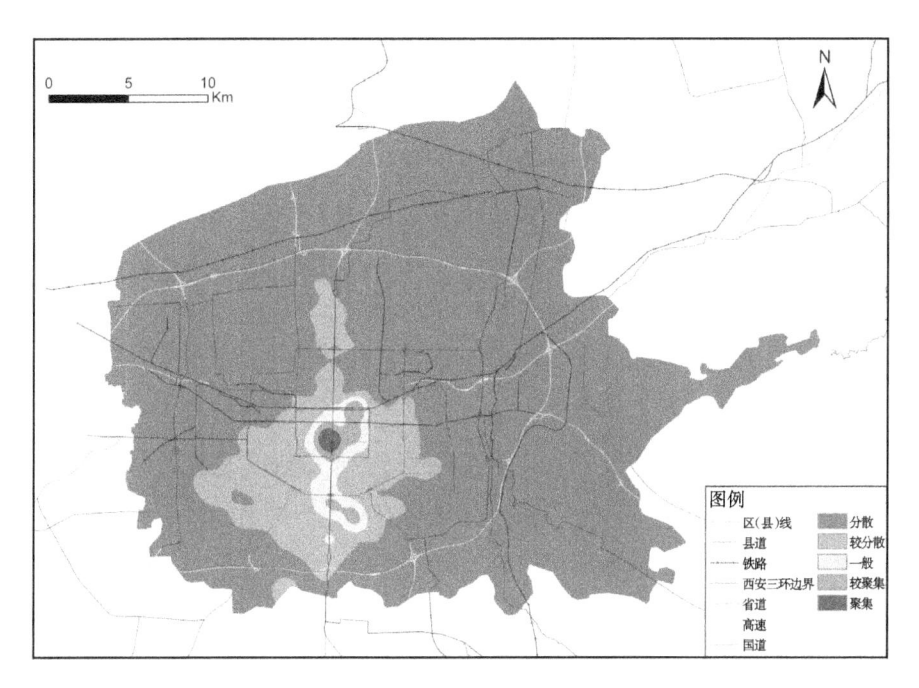

图 3-5　主城区 API 集聚区分区识别图

由图 3-5 可以看出，中心城区、碑林区、曲江是游客发布微博的主要区域，以中心城区游客微博最为集聚，碑林、曲江次之。由此可识别出三个旅游产业集聚区分别为中心城区旅游产业集聚区、碑林旅游产业集聚区、曲江旅游产业集聚区（笔者按：根据集聚强度分析，排名 2、3 的两个集聚区涉及一个行政区，故以行政区名代替。而排在首位的区域涉及多个行政区，并且位于城市规划领域的中心地带，故本书中将以集聚区命名为"中心城区集聚区"）。

（二）POI 数据预处理

随着休闲时代的到来，休闲旅游成为旅游产业发展的新型业态，投射到地理空间上则呈现为休闲旅游空间和相关企业的快速增长，以 POI 为代表的互联网大数据逐渐被应用于解析旅游时空分布规律的研究中。综合分析西安市旅游产业集聚区的识别有必要基于 POI 数据对旅游企业的空间集聚差异进行辨析。前述已基于相关标准筛选了包括餐饮服务、风景名胜、购物服务、交通设施服务、科教文化服务、生活服务、体育休闲服务、住宿服务 8 大类的 POI 数据，分类中多数小类并不属于文化和旅游相关产业，因此需要对原始数据进行清洗处理。进一步借鉴休闲产业分类、旅游休闲业态界定、文化产业类型界定等研究，对已获取数据进行小类归纳。因西安具有特色街区与美食的融合的特点，为规避重复性统计地理位置和业态点的尺度不一致问题，在原始 POI 分类归并中，将与永兴坊、回民街、德福巷等特色街区叠合的餐饮服务业态做归并处理，保留主要服务于游客的休闲餐饮场所、特色/地方风味餐厅、老字号等餐饮服务小类，并与生活服务大类归并。最终本研究共梳理归并为 7 大类 53 个小类，保留高德 POI 数据 11069 条（表 3-3）。所有预处理的数据均以 Excel 的形式存储，作为下文旅游产业集聚区识别的分析数据。

在运用核密度工具可视化过程中，为达到更清晰、更准确地可视化集聚效果，选取自然间断点分级法（Jenks）进行可视化识别，识别发现，基于 POI 数据的旅游产业集聚区识别在郊区均呈现分散或者较分散状态，集聚和较集聚区域大致均呈现在主城区。因此研究进一步就城六区的 POI 数据集聚区进行分析，得到识别结果如图 3-6。

研究将旅游产业集聚度划分为 5 个等级，即集聚、较集聚、一般、较分散、分散。由图 3-6 可以看出，除东南部曲江区域形成了一个巨大的高值集聚区外，大部分 POI 要素主要沿西安城市轴线集聚分布，北部大明宫区域形成了点状较高值区，雁塔-小寨、永兴坊、钟鼓楼等三个区域形成团状高值区。

表 3-3 原始 POI 数据分类表

序号	大类	中类	小类	POI 计数
1	风景名胜	风景名胜、公园广场	风景名胜、世界遗产、国家级景点、省级景点、纪念馆、寺庙道观、教堂、回教寺、观景点、红色景区；广场、公园、动物园、植物园、水族馆	2563
2	购物服务	特色商业街、专卖店	步行街、特色商业街、土特产专卖店	68
3	交通设施服务	火车站、交通服务相关、长途汽车站	火车站、交通服务相关、长途汽车站	49
4	科教文化服务	博物馆、科技馆、美术馆、会展中心	博物馆、纪念馆、陈列馆、科技馆、美术馆、会展中心	584
5	生活服务	旅行社、信息咨询中心、休闲餐饮场所、中餐厅	旅行社、信息咨询中心、服务中心、休闲餐饮场所、特色/地方风味餐厅老字号、清真菜馆、西北菜	2013
6	体育休闲服务	运动场馆、度假疗养场所、休闲场所、影剧院	滑雪场、度假疗养场所、度假村、疗养院、休闲场所、游乐场、垂钓园、采摘园、露营地、水上活动中心、音乐厅、剧场	579
7	住宿服务	住宿服务相关、宾馆酒店、旅馆招待所	农家乐、宾馆酒店、五星级宾馆、四星级宾馆、三星级宾馆、经济型连锁酒店、民宿、青年旅舍、普通出租公寓	5213

资料来源：基于高德官网 POI 编码表

为更加清晰地识别集聚区的形态和边界，在尝试了多个参数之后，研究将曲江、雁塔-小寨、永兴坊、钟鼓楼 4 个区域的分区集聚区图选取 15 米作为理想的分辨率导出核密度栅格图，既能较为清晰地呈现各集聚区的空间分布整体特征，同时还保留了足够的细节元素，如图 3-7 所示。

钟鼓楼集聚区（右下）的密度明显高于其他格网单元，集聚区主要范围为：北至环城北路，南至环城南路西段，东至解放路，西至环城西路北段。其中，以北院门历史文化街区（回坊）、钟鼓楼为集聚点的高值核心区，

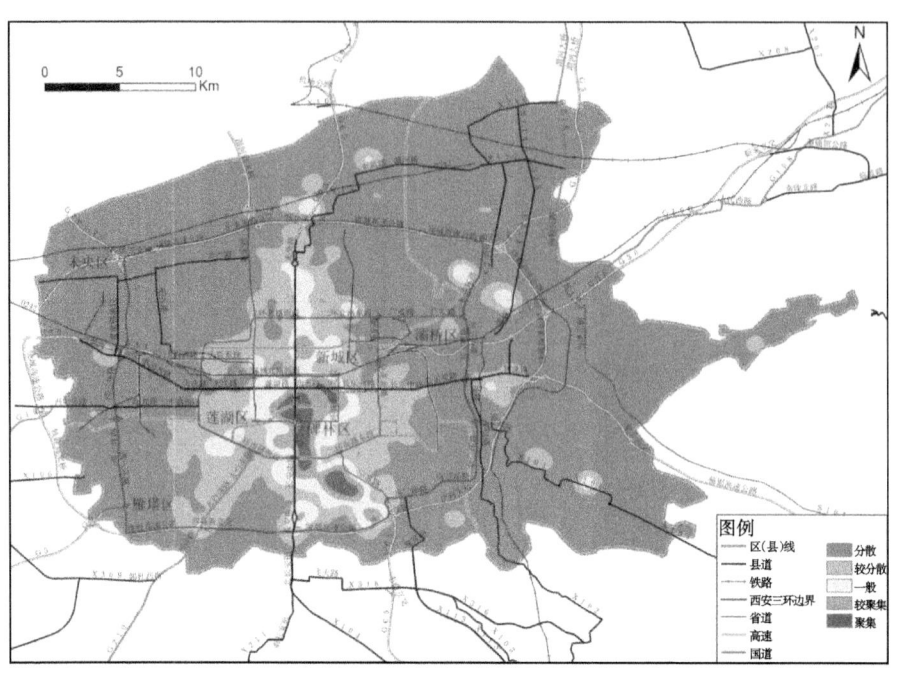

图 3-6 城六区 POI 集聚区总体识别图

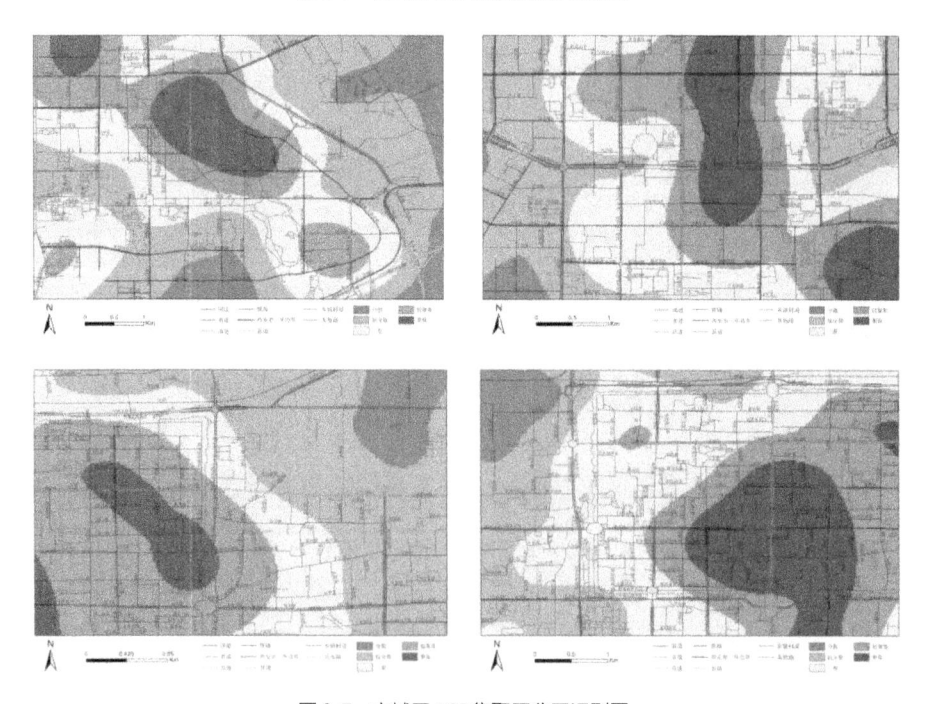

图 3-7 主城区 POI 集聚区分区识别图

呈团状向周边扩散。

曲江集聚区（左上）的密度仅次于钟鼓楼集聚区，集聚区主要范围为：北至育才路，南至曲江池南路，西至小寨东路，东至雁翔路。其中，形成了以陕西历史博物馆、曲江池遗址公园和大唐芙蓉园为集聚点的双高值核心区，并以三个核心点为中心向周边辐射。

雁塔-小寨集聚区（右上）全域较为均衡，集聚、较集聚、一般集聚面积相当，集聚区主要范围为：北至朱雀东坊，南至慈恩东路，西至太白北路，东至太乙路。形成了如大兴善寺、陕西省美术博物馆、赛格购物广场、大雁塔等多个集聚点，同时商业相对成熟，景观节点及人们休憩停留空间单元丰富。

永兴坊集聚区（左下）大部分区域为较集聚区，围绕永兴坊街区呈带状集聚形态，集聚区主要范围为：北至自强东路，南至大新巷，西至皇城东路，东至新安街。集聚区域内大部分为较为分散区，可能与永兴坊为单一非遗文化美食街区，起步较晚，文化场景体验式内容较为简单，空间传播和影响力有限有关。

（三）面板数据预处理

基于 1978 年至 2019 年西安市旅游业入境旅游人数、国内旅游人数、旅游外汇收入、旅游总收入等面板指标，识别西安市旅游产业发展的不同阶段的产业规模、绩效，基于固定资产原值、旅游从业人数、旅行社条件、星级酒店个数、AAA 以上景区数量、地区人均 GDP 等指标绘制各个年份的 A 级景区、酒店、旅行社的空间分布同时测算各核心要素的区位熵，初步了解整体产业集聚发展的脉络和集聚程度。

（四）文本数据预处理

旅游政策是一个国家或地区为了推动旅游业的快速发展而推出的方针政策、法律制度及相关的办法措施的总和，其有力彰显了国家或地方决策者对推动旅游业发展的决心与目标。研究以 1978 年至 2019 年国家级和陕西省的旅游政策为研究对象，针对所选择的 150 份有效样本依据出台年度实施编码入库。运用量化统计分析、语义内容网络分析等方法，从政策数量、政策类型、政策关键词等维度，量化分析国家级和陕西省旅游政策的主题内容以及影响力，从而找出其旅游政策的演进规律及文本特征。

从旅游政策发布的工具类型上来看，通过观察表 3-4 可知，我国旅游政策以环境型政策为主（59.52%），然后依次是供给型和需求型政策，分别占 16.66% 和 7.14%。

表 3-4 1978—2019 年国家级旅游政策工具

类型	类别	数量	比率	类型	类别	数量	比率
供给型	人才政策	3	3.57%	环境型	目标规划	10	11.90%
	科技、信息支持	3	3.57%		金融政策	1	1.19%
	基础设施建设	4	4.76%		税收政策	0	0.00%
	资金投入	4	4.76%		法规管制	34	40.48%
需求型	政府采购	0	0.00%		休假制度	2	2.38%
	服务外包	0	0.00%		签证政策	3	3.57%
	对外贸易管制	6	7.14%	其他		14	16.67%
				总计		84	100%

通过深入分析可知，我国旅游政策具有以下特点：第一，需求型政策工具比较欠缺，政府采购（0%）、服务外包（0%）、对外贸易管制（7.14%）非常少。即使相对较多的对外贸易管制政策也仅为 7.14%。此类对外贸易管制以面向国际旅游领域为主，具体有计划经济时期外汇管制、入境旅游的价格管制和收付汇管理等。这一系列的管制政策在特定的历史时期起到了关键性的作用，现如今已逐步取消。其二，环境型政策工具主要为法规管制（40.48%），其次是目标规划（11.9%），其他的如签证政策（3.57%）、金融政策（1.19%）、税收政策（0%）等工具运用很少。签证政策最易影响到国际旅游，然而从产业发展实践上来看，国内当前的签证政策整体供不

应求，国际旅游市场需求难以满足。其三，供给型政策工具分布较为均衡，但总体数量较少，人才政策（3.57%），科技、信息支持（3.57%），基础设施建设（4.76%），资金投入（4.76%）。此政策导向与国内旅游产业发展的基建设施水平低下、旅游管理与创新型人才欠缺现状相符。

表3-5 1978—2019年陕西省旅游政策类型

类型	类别	数量	比率	类型	类别	数量	比率
供给型	人才政策	2	3.03%	环境型	目标规划	10	37.88%
	科技、信息支持	1	1.51%		金融政策	1	7.58%
	基础设施建设	6	9.09%		税收政策	0	1.51%
	资金投入	0	0.00%		法规管制	34	13.64%
需求型	政府采购	0	0.00%		休假制度	2	1.51%
	服务外包	0	0.00%		签证政策	3	0.00%
	对外贸易管制	1	1.51%	其他		15	22.73%
				总计		66	100%

从表3-5的统计结果看，陕西省旅游政策相关情况与国家层面大体相当。同样以环境型政策为主（62.12%），其次为供给型政策（13.63%），再次是需求型政策（1.51%）。进一步分析发现：第一，需求型政策工具匮乏，政府采购（0%）、服务外包（0%）、对外贸易管制（1.51%）非常少。总量仅占1.51%，这与陕西省处于内陆地区，对外贸易较少有关。

第二，环境型政策工具以目标规划为主，占总数的37.88%，其次是法规管制（13.64%），其他的如签证政策（0%）、金融政策（7.58%）、税收政策（1.51%）等工具运用很少。陕西省旅游政策以目标规划为主，再配以相应的法规管制，二者结合来促进旅游业的发展。第三，供给型政策以基础设施建设为主，占总数的9.09%，其他的资金投入和科技、信息支持等政策工具几乎完全欠缺。此政策导向与陕西省旅游产业发展中过程中基建设施水平低下、旅游管理与创新型人才欠缺现状相符。

访谈文本数据方面，研究从 2022 年 5 月到 8 月，访谈累计 30 余次，获得有效信息的访谈对象包括政府工作人员 3 名，不同类型旅游企事业人员 10 名，旅游产业相关产业人员 9 名。访谈均为时长超过一个小时的深度访谈，第一轮访谈采取面对面访谈的形式、第二轮主要采取电话和邮件的方式，以便对第一轮访谈中不明确的问题进行补充，此外，经受访者同意后对访谈的过程进行录音，并予以转录，最终通过收集整理，共获取有关西安旅游产业集聚访谈文本 22 篇、15 万余字。按照访谈对象分别进行分类编号，整理得到受访者基本信息表 3-6，以及样本特征值表 3-7。

表 3-6 受访者基本信息

序号	访谈对象编号	性别	年龄	职业
1	ZF01	男	50	政府部门
2	LXS01	男	35	旅行社
3	ZK01	男	65	旅游智库
4	QY01	女	30	旅游企业
5	ZF02	男	35	政府部门
6	ZK02	男	30	旅游智库
7	QY02	男	55	旅游企业
8	ZF03	男	45	政府部门
9	XH01	男	40	行业协会
10	ZF04	男	40	政府部门
11	ZK03	女	35	旅游智库
12	ZK04	男	40	旅游智库
13	QY04	女	40	旅游企业
14	QY05	男	35	旅游企业
15	QY06	男	40	旅游企业
16	QY07	女	35	旅游企业

续表

序号	访谈对象编号	性别	年龄	职业
17	XH02	男	35	行业协会
18	XH03	女	45	行业协会
19	LXS02	男	55	旅行社
20	DC01	女	50	旅游地产
21	DC02	男	40	旅游地产
22	QY08	男	40	旅游企业

ZF01—ZF04 表示政府部门的 1 号访谈对象至政府部门 4 号访谈对象。
LXS01—LXS02 表示旅行社的 1 号访谈对象至旅行社的 2 号访谈对象。
ZK01—ZK04 表示旅游智库的 1 号访谈对象至旅游智库的 4 号访谈对象。
QY01—QY08 表示旅游企业的 1 号访谈对象至旅游企业的 8 号访谈对象。
XH01—XH03 表示行业协会的 1 号访谈对象至行业协会的 3 号访谈对象。
DC01—DC02 表示旅游地产的 1 号访谈对象至旅游地产的 2 号访谈对象。

表 3-7 受访者样本特征值

属性	特征值	样本比例%
性别	男	70.91
	女	29.09
文化程度	学士以下	4.55
	学士	63.64
	硕士及博士	31.81
年龄	≤30 岁	9.09
	30~60 岁	86.36
	大于 61 岁	4.55

续表

属性	特征值	样本比例%
职业	政府部门	18.18
	旅行社	9.09
	旅游企业	36.36
	行业协会	13.64
	旅游智库	18.18
	旅游地产	9.09
运营状况	不清楚	4.55
	运营不佳	4.55
	运营良好	90.9

由表3-7可知，样本中的性别构成方面，从业者中男多女少，比例不均衡；年龄分布方面，以30—60岁的中青年为主体；学历水平方面，大专及以上的高学历管理者占据总样本的三分之二，为城市旅游产业的科学发展提供人才保障，也为深入解读案例地的旅游产业集聚现象和规律解析发展状况提供智力支持；所属行业方面，政府部门、行业协会、企业、智库、旅行社等均有涉及，但整体以旅游企业为主，且都运营良好。根据访谈文本深度看，每个访谈持续时长至少40分钟，用时最久的访谈时长为120分钟，总体上访谈样本的质量较好，可以为清晰认识城市旅游产业集聚现象提供一定程度参考。

第三节 数据分析方法

本研究立足于理论和实践的深度融合，以个案分析数据为基准，采用定性与定量研究、实证与规范研究以及多学科结合的混合研究分析方法。在综述部分，采用文献分析方法，对相关文献进行对比梳理；在西安旅游业阶段性演变和核心产业要素空间格局分析部分，采用了访谈、文本分析和统计学相关分析方法；在西安市旅游产业集聚区的识别和演化历程分析部分，采用了区位熵、核密度估计、栅格计算等空间分析方法；在城市旅游产业集聚区动力机制部分，采用了语义网络分析、文本分析等方法。在系统科学理论的指导下，本研究展开的旅游产业集聚区相关探索在方法和工具上有了一定突破：将现象观察与实证分析相结合，实现了从静态到动态的转变、从定性描述到定量分析的转变。

一、定性方法

（一）文献分析法

无论是课题研究思路还是理论剖析、问题研判等相关环节，均运用文献分析法予以完成。研究在大量搜集整理有关文献资料的基础上，形成鉴别性梳理。首先查阅大量旅游集聚和产业集聚相关国内外文献，明确研究所涉及的诸多核心概念，提炼目前国内外研究现状、趋势和概况。其次，通过对已有研究成果的系统梳理和分析，确定研究对象和研究范围，寻找已有旅游集聚的不足与空缺。最后，聚焦提炼研究问题，了解相关理论内容与研究方法，深入分析案例地的旅游产业集聚区的发展现状和未来走向，为论文建立理论依据，并为类似的问题研究提供参考依据。

（二）内容分析法

内容分析法又称为文本分析法，指把文字、图像等质性不系统的符号内容转化成系统的数据资料，是将具有表征意义的词句推断为准确意义的过程，主要包括词频统计分析和社会网络分析等模块。本文运用 Rost. CM6 内容分析软件对收集到的访谈数据、政策文本等内容进行处理和分析，对西安旅游产业集聚区几个动力主体的基本逻辑关系进行梳理，探索形成西安旅游产业集聚区的关键要素以及要素之间的相互作用对区域的影响。

（三）案例分析法

案例分析法也叫作个案研究法。该分析法能将理论研究与实践研究结合，同时也能使研究更加形象具体。本文将西安市作为典型案例分析，分别从西安旅游产业基本概况、空间集聚分布等几个方面深入剖析旅游产业集聚区的形态与演化过程、动力机制等，深入探求旅游产业集聚区在城市演化中的逻辑递进架构、演化规律。

二、定量方法

（一）系统分析法

从定量的角度分析，旅游产业集聚区具有一定的经济性和动态性，其空间性表现也较为鲜明，相当于巨大而烦杂的社会经济体系，应以规范系统的手段展开专业性调研。针对旅游产业集聚区的具体规划与发展，要将其作为具有动态性和开放性的建设体系聚焦，并以此作为主导思想，遵循系统论方法针对其核心建设机理展开深度解析与诠释，推动旅游产业在社会经济中不断进步，与其他产业相融共生，协同发展。本研究对区域内部对比优势、外部要素流动、结构演进及空间结构进行深入分析，全方位地把握旅游产业集聚区演化过程和动力机制体系，强调旅游产业集聚区的整体性。

（二）统计分析法

此分析法是基于对分析对象所涉及的各种数量关系展开（如速度、规模、范围、程度、效率等）分析研究，来进一步揭示事物间的关系、发展态势与变化规律，从而达到对研究对象进行阐释与预测的目的。本论文采用 Orign、ArcGIS、Stata 等计量经济学软件来对旅游产业集聚与城市发展之间的演化规律和演化路径。具体包括三方面：（1）西安旅游业阶段性分析中，采用 Orign 软件对历年的入境、国内旅游接待人次和收入做描述性统计分析和显著性差异分析；（2）在西安旅游产业集聚特征的分析中，采用了区位熵、探索性数据分析方法，判断西安旅游产业的集聚程度、空间相关关系；（3）在旅游产业集聚效应研究中，选取五个解释变量，分别为 A 级旅游景区数量（tra）、旅行社数量（tag）、区位熵（loq）、人口数量（mar）

以及路网密度（dor），对旅游效率的三个分解效率构建回归模型。

（三）空间分析法

空间分析技术是在空间层面上展示西安旅游资源、交通等地理要素、分布特点及各要素的空间关系的一门分析技术，其中涉及各要素区位关系，资源集聚度及核密度估计等不同分析方法。核密度估计是基于数据样本来分析数据分布特点，其适应性较强。通过与空间平滑技术结合使这种分析方法被广泛应用于空间点模式的可视化与探测。本文利用 ArcGIS 里的 ArcMap 10.3 模块中的尺度距离分析（包括平均空间邻近指数分析和 Ripley's K 函数分析）、密度分析（样方分析及核密度分析）等数量化测度了西安市旅游产业集聚区的空间集聚类型、空间分布密度以及空间集聚特征。利用 average nearest neighbor 工具进行分析，计算出各类旅游要素和旅游之间的最近距离，利用多距离空间聚类分析工具对几大要素的点位置图进行 Ripley's K 函数分析及显著性检验，以便了解旅游产业的各要素在不同空间尺度下的集聚程度，利用空间样方法统计旅游资源分布特征，结合层次分析法分析各旅游资源的权重，最后构建集聚度指标对集聚区进行识别，对旅游产业集聚的空间特征进行显性表达，从而深入分析西安市旅游产业集聚各区域强度和密度时空分异规律。

第四章　西安市旅游产业发展与集聚区识别

　　城市旅游产业集聚区的形成及空7间分布，是在整个城市旅游产业发展演化及空间分布基础上逐渐形成的。

　　从时间序列的发展演化来看，各个集聚区是大城市旅游产业发展的缩影，在某种程度上体现（或再现）城市旅游产业的发展和演化；从空间分布来看，是旅游产业各要素（或企业）在某个特定区域的集聚，当众多旅游生产要素（景区、酒店、旅行社等）在该区域"集聚"并达到一定的规模后，就形成了旅游产业集聚区。

　　因此，站在宏观和全局的角度，从近40年西安市旅游产业发展演化过程，以及立足整个区域范围认识旅游生产要素的空间分布，是把握和识别西安市旅游产业集聚区、深入分析各集聚区形成演化过程的基础。

　　从时间发展过程来看，西安是我国最早对外开放发展入境旅游的国际著名旅游城市之一，40多年来，西安市旅游业从小到大、从弱到强，某种程度再现了中国旅游发展的历史。从空间结构来看，西安市旅游业的发展先后经历了"中心城区"+"临潼旅游区"双核模式，城市空间的不断扩张，形成"秦岭北麓旅游集聚带""曲江旅游集聚区"和"北郊浐灞旅游集聚区"等多中心旅游产业集聚区多个阶段。

　　因此，深入分析西安旅游业的发展过程及演变历程，准确把握核心要素的空间分布和格局变化，对后续各章逐一分析各集聚区的形成演化过程，揭示其形成的动力机制具有一定的参考价值。

第一节　西安市旅游产业阶段性演变分析

一、阶段划分依据

(一) 旅游产业政策导向原则

不同层级旅游政策的出台与实施在推动西安市旅游业高质量发展的过程中起到了关键作用。产业政策予以支持有利于推动旅游行业、重点旅游片区和旅游项目高速发展，并且还有利于建成更加理想的市场竞争秩序。因此，探究各级政策的发布规律和演进历程有助于把握和分析政策导向下西安旅游业发展的阶段性侧重方向、变迁路径。

本文参考已有学者的做法，按照政策发布主体，通过两个不同的维度对政策变量进行刻画：(1) 国家行业层面主体。根据样本选取标准，筛选采集了 1978 年至 2019 年 84 个与旅游发展密切相关的国家政策文件。(2) 地区层面的政策。根据样本选取标准，为避免文件重复计算，剔除了部委和各部门转发的相关文件，同时剔除已经失效的政策文件，筛选采集了 1978 年至 2019 年 66 个陕西省出台的与旅游发展密切相关的地区政策文件。最终，共得到 150 份政策文件样本，总体数量分布如图 4-1 所示。

从旅游政策发布的数量和类型上来看，国家和陕西省都十分重视旅游业的发展，在政策层面给予了旅游业发展强有力的保障，推动了旅游业良好有序的发展。由图 4-1 可知，1978 年至 2019 年旅游政策总体呈现波动增加的平稳态势。在 1978 年至 1981 年和 2013 年至 2017 年这两个时间段内，旅游相关政策数量较多，分别出现了峰值。不同阶段的旅游发展政策的数量和类型的变化体现了西安旅游管理从行政主导的外事接待向标准化市场服务和监督的转变过程。

1978 年至 1981 年间，改革开放伊始，可以视为我国旅游发展的起步期，这一时期国家出台了 11 项促进旅游发展的重大政策，包括《办好旅游教育、为旅游事业大力发展培养合格人才》(1980 年)、《关于加强旅游工作的决定》(1981年)等。但这些政策往往是外交事业的延伸，主要以满足政治接待为目的。

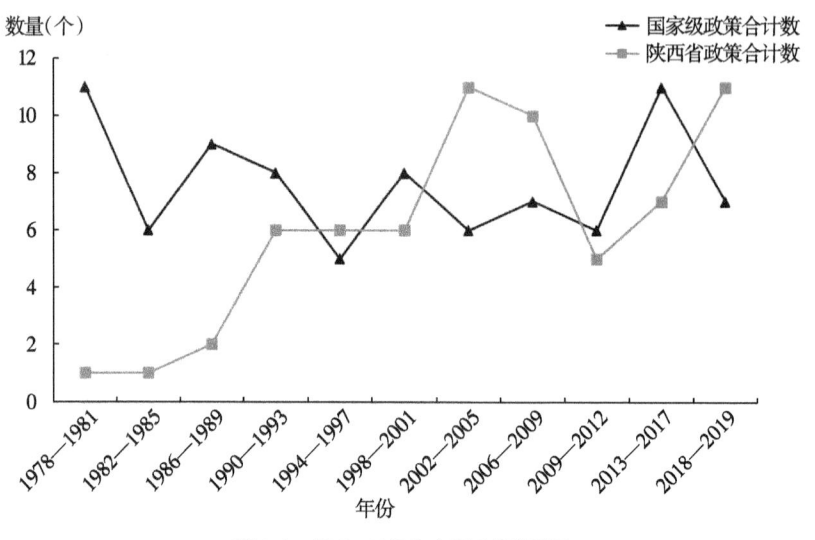

图 4-1　1978—2019 年主要政策数量图

1998 年至 2005 年间，国家层面和陕西省出台的旅游相关政策较多，达到了一个小高潮，陕西省重点出台了《陕西省旅游管理条例》(1998 年)、《关于深化旅游体制改革加快旅游产业发展的决定》(1998 年)等政策。这一时期的政策样本量占到了整体发布量的 27%，且政策逐渐向国内倾斜，明确了旅游业的第三产业经济地位，为国内旅游业的发展提供了强有力的政策支持。

2006 年以后的 6 年间出台的旅游相关政策数量有所下降，2012 年党的十八大以后，旅游业得到了蓬勃的发展，相关政策又呈现出一个加速上升的趋势，出台了《中华人民共和国旅游法》(2013 年)、《关于促进旅游业改革发展的实施意见》(2015 年)、《建立国家公园体制总体方案》(2017 年)、《关于促进全域旅游发展的实施意见》(2018 年)等关键政策，将旅游业带入了品质发展的新阶段。这一阶段的政策更加具有针对性，开始从宏观层面向微观层面转变。

结合旅游政策发展变化，我国旅游发展大致经历了由政府强制性贯彻向政府引导、市场化转变，由单一赚取外汇功能向多元化功能转变，由经济利益为主向社会效益惠及全民、提升国民福利转变，由单一强制到自愿、强制、混合相结合转变，为阶段性划分提供了鲜明的依据。

（二）旅游市场变化规律原则

中国旅游业的发展在改革开放后的 40 年里经历了产业化和市场化的演变阶段，目前已全面融入国家社会经济体系。受惠于中国特色的经济和政治制度，各地区的旅游业演化过程与中国整体旅游业的演化过程一脉相承，不但决定了整个旅游产业总体基本特点和发展态势，也成为研判各省、市、地区旅游市场变化格局的重要参考。基于旅游市场的变化规律，已有不同的学者如夏杰长、赵磊、刘德谦等对中国旅游业的整体变化进行了阶段性划分。已有研究的阶段划分，除个别年份和考虑因素有差异外，均是以入境旅游的发展→入境旅游的地位不断提高至与国内旅游地位相当→国内、出境、入境旅游三足鼎立为整体脉络展开，为西安市旅游产业阶段性划分提供重要参考。

（三）重大事件突变原则

旅游业是一个受国际或地区政治、经济、社会发展影响，尤其是各类突发事件影响较大的产业。研究表明，客源地、目的地及旅游通道的旅游重大危机事件会引发旅游市场突变并呈现周期性波动规律。因为旅游业对自然、经济、政治等外界突发事件的变化较为敏感，故外界因素对旅游业发展的影响往往是直接的因果联系，并且具有严格的时间对应关系，这为划分并把握西安旅游业阶段性特征和规律提供了依据。1978 年至 2019 年，共发生 11 次重大事件对旅游业造成重创，分别是 1987 年世界经济危机、1997 年亚洲金融危机、1998 年特大洪灾、2001 年"9·11"事件、2003 年 SARS、2008 年汶川地震、2009 年次贷危机、2013—2015 年大范围雾霾污染、2018 年韩国萨德部署事件、2020 年新冠疫情事件等。以上标志性重大事件对西安市旅游业尤其是入境旅游市场造成了不同程度的影响。然而，重大突变事件中，有的并未即刻引起重大市场波动，或者小幅波动后迅速平稳。因此，在划分阶段时要从历史观的角度客观分析各类事件对不同的旅游客源市场的结构性变化，以便针对性地培育市场环境、提供多元化的旅游要素配给，提升旅游竞争力。

（四）核心产业要素建设原则

旅游产业的集聚有别于其他产业集聚，并不是全要素和全产业链的集聚，是在旅游功能的互补性、游客旅游目的一致性基础上，核心产业要素在空间范围内的汇集，在这种汇集的基础上形成分工协作。核心产业要素主要包括：A 级旅游景区、乡村旅游示范村、住宿业（星级饭店、等级民宿）、旅行社、交通路网等，本节将通过对核心产业要素来理解西安市旅游产业集聚程度，并对各要素空间格局演化过程的追溯，以期更好地解析整个西安旅游产业的发生过程和要素嵌入特征，探索其发展的底层逻辑。

综上，根据改革开放以来，旅游政策发布数量的频率和区域发展的关联度、管理政策侧重点、客源市场的变化规律并结合重大事件发生的周期波动、核心产业要素的建设情况以及已有学者对中国和区域旅游业发展的主要特征进行综合分析研判，本研究将西安旅游发展划分为四个阶段，具体阶段因素和特征如表 4-1 所示。

表 4-1 改革开放以来西安旅游发展阶段划分判断依据

阶段因素	初创期 1978—1991 年	形成期 1992—2003 年	加速期 2004—2011 年	成熟期 2012 至今
政策因素	赚取外汇	重要产业	经济新增长点	战略支柱产业
管理因素	政府统一领导	部分权力下放	市场参与	市场主导
市场因素	人均 GDP 183—283 美元	人均 GDP 310—709 美元	人均 GDP 781—2695 美元	人均 GDP 3471—8826 美元
	只有入境旅游	国内旅游兴起	国内旅游繁荣， 出境旅游兴起	出境旅游、国内旅游发展，入境停滞

续表

阶段因素	初创期 1978—1991年	形成期 1992—2003年	加速期 2004—2011年	成熟期 2012至今
行业建设	住宿业建设为主	旅行社、景区建设起步	大量景区、酒店标准化建设	新兴的景区、个性民宿建设
主要特征	旅游业起步及旅游创汇阶段	生态开发及本地游憩发展阶段	文化复活及大众化旅游阶段	集聚区成熟及品质旅游阶段

二、1978年至1991年初创期

（一）时代背景

1978年以前，航空业、酒店和旅行社均由中央政府投资，中国旅游业的发展定位是入境旅游，对国内旅游采取的"不提倡、不宣传、不反对"的政策。自改革开放开始，中国旅游游览事业管理局作为国家旅游局的前身，由国务院直管。同时外交部参与中央中国旅游管理总局事务，要求地方政府成立地方旅游局。至此，旅游业开始真正肩负经济发展的功能，同时也是国家对外开放的主要窗口，中国的旅游发展从此迈入新的发展阶段。中国旅游业在此时期快速发展，发展速度超过预期，同时庞大的国内市场也体现出巨大潜能，国家丰富的旅游资源开始发挥作用，旅游产业总产值也随着旅游业的快速发展而不断增长，旅游业经济产业地位自此不断提升（具体见图4-2）。

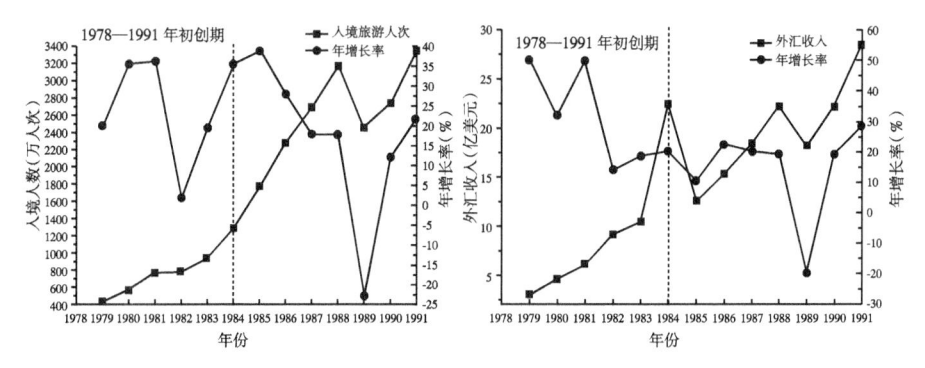

图4-2 1978年至1991年初创期我国入境旅游人次、收入及增长率

1982年，中国旅行游览事业管理局改名为中国国家旅游局，简称国家旅游局，此名一直沿用到2018年。1982年7月，国家旅游局与国旅总社开始分开独立办公，旅游局是全国旅游事业行政管理机构，不再涉足组团以及接待任务，国旅总社展开企业化管理。局、社分离，结束了从1964年后18年的局、社合一的格局，为增强行业管理营造了有利条件。自此以后，我国才出现了真正意义上的旅游企业与旅游行政管理机构，旅游管理体制改革方向、内容与意义才开始清晰明确。

1984年之前，我国的所有旅行社服务被中国国际旅行社、中国青年旅行社所垄断。1984年，中央政府决定除中央政府外，地方政府、集体和个人都可以参与旅游业的投资。中国民航总局也开始鼓励地方经营航空公司。这一时期，全国第一家由外国管理集团管理的合资饭店——建国饭店正式建成，此后掀起了全国上下学习先进的热潮。1985年，国务院正式发布《旅行社管理暂行条例》和《国务院批转国家旅游局关于当前旅游体制改革几个问题的报告的通知》，提出要将旅游事业盘活、开创新局面，走出一条与我国国情相符且飞速发展的中国式旅游道路，实现政治和经济双丰收的工作目标。

从1978年开始的十余年时间内，我国旅游产业规模增长了17倍，旅游接待人次由180万人次增长到3169万人次，同时入境旅游产值也提高到22.47亿美元，增长了8倍（由图4-2可知）。同时，以1984年为转折点，新政策的提出在很大程度上影响了我国入境旅游与国内旅游"两手抓"的发展格局。入境旅游人次和增长率都稳步上升，外汇收入出现回落，这与国内旅游市场开始长足发展有密切关系，中国的现代旅游教育也在这一时期开始兴办。但因国家统计局1993年以前的《国民经济和社会发展统计公报》中，均无国内旅游统计数据，以致国内旅游产业规模仍然难以准确测定。1985年，国内旅游人次突破2.4亿，旅游收入突破80亿元。1987年国家旅游局制定并经国务院批准发布《导游人员管理暂行规定》，中国旅游业朝着现代化、开放化和综合化的方向发展，这一阶段是中国现代旅游业的起步和奠基阶段，也是西安旅游产业发展的初创期。

（二）旅游产业格局特征判识

1978年至1991年的初创期伴随着中国的改革开放，是中国现代旅游的开端，也是西安市现代旅游产业的发端。这一阶段的阶段特征是：现代旅游业发展迅速，旅游接待以入境游客为主，旅游发展绩效显著，成为我国重要的国际旅游城市。1979年邓小平同志在黄山发表讲话，发出了"旅游事业大有文章可做，要突出地搞，加快地搞"的号召，政府统一领导旅游产业，西安市的旅游进入起步阶段。1989年，国家公布了首批国家星级饭店，实行星级制，是我国饭店业进入国际化、管理现代化的标志。从产业发展规模和绩效上看，这一阶段，西安入境旅游快速发展，整体客流量和外汇收入的增速都保持在15%以上，1989年后暂时回落、增速放缓（具体数据如图4-3所示）。

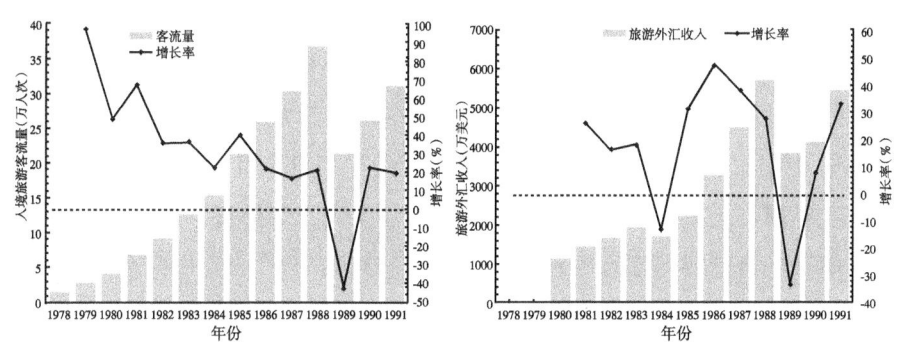

图4-3 1978年至1991年初创期西安入境旅游人次、收入及增长率

其实从改革开放刚发展旅游的时候，西安当时就是四大旅游目的地之一，当时旅游都是为了接待外宾赚外汇。一般来说路线就是北京、上海、桂林、西安，一般落地都落到北京，然后西安转桂林最后回上海一圈走了。西安就是沾了兵马俑的光。（ZF01访谈笔录）

从景区和配套设施建设上看，这一时期，西安旅游产业发展以历史文物观光为主，代表性景区仅有兵马俑、华清池、大雁塔等传统历史文化景点，并且以这一系列景点为核心，旅游产品也开始逐步向规模化发展，完

善住宿、餐饮及购物设施等设施条件。1983年，西安第一家中外合作五星级酒店——西安金花饭店批准设立并在此期间开业，是西北地区唯一一家五星级酒店。1986年省旅游局修建唐城宾馆，1990年西安火车站建成，1991年凯悦酒店、喜来登酒店建成，优先缓解了旅游产业缺乏有效供给的局面。交通方面，1991年西安咸阳国际机场建成投入使用。1990年，陕西省第一条高速公路——西安至临潼高速公路通车，旅游各要素不断完善，为后续旅游产业集聚形成奠定了基础。

1980年编制的《西安市城市总体规划（1980—2000）》中明确了西安的城市定位。政府根据西安作为历史文化名城的特质修订城市发展规划，并重视旅游事业发展，除此之外，明确提出大力发展科教、工业等产业。行政范围方面，1983年10月，国务院对西安市的行政范围进行划分，将临潼等5县划入西安，行政区划调整为7区6县，市区面积达1066平方千米。

从政策环境和知名度上看，西安于1981年经联合国教科文组织批准，获得了"世界历史名城"称号，之后又被商务部和科技部等正式授予"中国服务外包基地城市"金牌，西安迈出"引进来"步伐，首次走在对外开放的最前沿。1984年10月，西安市被批准为计划单列市，扩大经济管理权限和经济调节能力，政府角色从定指标、列项目、分投资、分物资向研究制定经济社会发展战略和中长期规划转变。1985年，西安市旅游局成立，行业管理权限由省级层面下放到市级层面。1990年，西安市成功举办了"中国丝绸之路首游式"，吸引了沿线24个国家和地区的政府官员和游客。1991年，全市旅行社由初期的2家发展到32家，至此，西安旅游接待管理主体、产业规模已经从宏观层面予以确认并开始初具影响力。

三、1992年至2003年形成期

（一）时代背景

这一阶段，中国正式加入WTO为西安旅游业发展带来了空前的益处，主要表现在西安新型产业以及外向型产业有利外部条件的增长。随着市场经济体制的改革，政府为旅游全行业服务的职能开始体现，对旅游产业的

发展起到了协调和计划的作用。形成期旅游业的经济导向开始与国内旅游紧密联系，也对旅游业进一步深入推进提出了更高的时代要求。由于该阶段仍然以入境旅游为主，国内市场开始成为旅游产业的开发重点，各城市纷纷投入政策、资金等资源，不断强化产业竞争优势与竞争实力。

在政府引领下，政策对旅游产业更加利好。1999年，国家调整了休假制度，"黄金周"制度正式推出，为国内旅游产业发展提供了有利条件，重大传统节日也成为旅游产业的旺季。我国充分利用国内庞大的市场优势带动旅游业与相关产业的发展，逐渐形成完善的旅游行业产业链，旅游业在这一阶段已经成为我国重要的产业之一，其作为国民经济增长点的特征日益突出。如图4-4所示，入境旅游人次和外汇收入呈现逐年增长的态势，2001年中国加入世贸组织后更是达到了一个小高峰。1997—1998年前后的亚洲金融危机和2003年的SARS对入境旅游市场形成了一定程度的冲击，但随后很快危机解除，开始稳定增长。

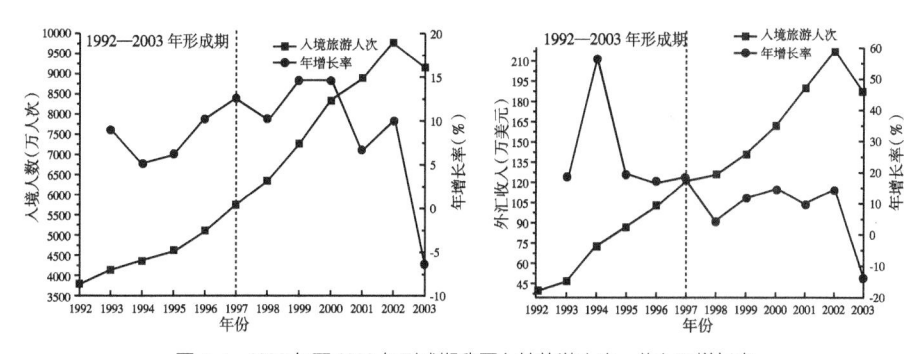

图4-4　1992年至2003年形成期我国入境旅游人次、收入及增长率

从客源市场上分析，这一阶段日本与美国在我国入境客源市场中仍占主导，德国、法国以及英国等西欧市场次之。与此同时，诸如东南亚、港台、韩国等因文化认同程度较高，很快发展为入境游稳定的新兴客源市场。

从产业定位上看，这一阶段，旅游产业开始由政治职能向经济职能转变。1992年，国务院批准建立了12个国家旅游度假区，并同期出台《关于第三产业发展的决定》。明确了第三产业的优先发展地位，并要求地方政府在制订社会发展计划时，根据不同区域的特点将旅游业划入国家经济发展计划，高度重视旅游产业对经济发展的带动作用。基于此，部分地区以旅游业作为重点产业带动区域发展，提供了大量工作岗位，提高地区就业率。国家开始注重旅游业在环境保护、文化传承、增进国民福利等方面的效应，人民的收入水平在这一时期也得了快速增长，产生了较为强劲的大众旅游需求，旅游市场主体活力得到释放。

（二）旅游产业格局特征判识

1992年至2003年是西安旅游产业发展持续增长和形成期，西安入境旅游发展步入黄金期，对本土经济的带动作用也越发凸显，形成了东线、西线等经典的观光游览线路和代表性旅游产品。这一阶段的总体特征是：旅游市场主要以入境游客为主，国内旅游开始起步但不成规模。1995年以后，西安市国内旅游、国际旅游同步发展，发展载体不断增加。旅游业在西安经济社会发展中的重要支柱产业地位基本确定。

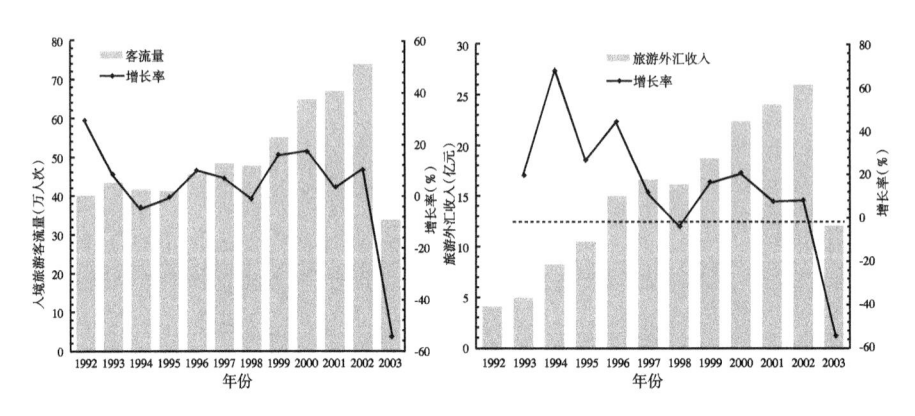

图4-5 1992年至2003年年形成期西安入境旅游人次、收入及增长率

如图4-5所示，从产业接待规模和绩效上看，西安入境旅游客流量和外汇收入均呈现稳步增长态势，由1992年的41.45万人次上升到2002年的74.13万人次，旅游外汇收入也由1980年的4.09亿美元增加到26亿美元。

从景区和相关要素建设上看，1996年，西安旅游服务中心成立，负责散客接待服务和管理，东线游、西线游等一日游的产品质量得到了提升和有效监管。传统历史文化类景区，如碑林博物馆、城墙景区等进一步发展。1998年，大唐芙蓉园开工。同时，受本地市场和秦岭北麓资源互补的双重驱动，在秦岭北坡和渭河区域，兴起了以森林公园、农家乐、度假村等自然生态类景区和主题公园的开发建设热潮。典型景区有：骊山森林公园、翠华山国家地质公园、朱雀森林公园、太平森林公园、南五台景区等。

从城市空间布局和公共设施配套布局来看，2000年11月，大雁塔南广场开始动工建设。2003年，大雁塔北广场完工并正式对市民游客开放。旅游行业的接待能力也有所提高，机场航线不断投入运行，提高了旅游供给，使综合接待能力满足旅游供给要求。同时，导游员需要持证上岗，导游人员资格考试制度的出现使旅游产业更加规范，对提高旅游服务质量、树立良好形象起到了积极的推动作用。截至2003年年底，西安市有各类景区98家，其中有20家景区每年接待游客超过10万人，但仍然以历史文物类景区为主、知名度较高，其余类目的景区普遍规模小、经济效益不显著。

西安国内游在1998年左右正式发展，以人文为主，以兵马俑东线为主，后面才有法门寺景区的西线，然后逐渐带动周边，是以人文为主的线路型的集聚。（ZF03访谈笔录）

从产业发展模式上看，该阶段市政府采取了一系列科学合理的措施，促进旅游产业发展，在其积极引领下，西安的旅游事业发展进入新时期。1998年，陕西省委、省政府做出深化旅游体制改革决定，致力于加大陕西省旅游产业发展。同年12月，为了进一步促进旅游产业发展，陕西省政府成立了陕西旅游集团公司，旅游产业开始与市场经济接轨。与此同时，西安市人民政府也于1999年6月正式批准成立了西安旅游集团。西部大开发政策在1999年正式启动，为西安的城市空间发展提供了政策依托。2002年长安县撤县划区，使得城市空间向南大幅延伸。城市空间的拓展也推动了西安市旅游产业的市场化改革步伐、促进了旅游市场主体繁荣成长的进程，标志着该区域旅游产业和消费结构升级到了新水平。

四、2004 年至 2011 年加速期

（一）时代背景

2004 年至 2011 年，中国旅游产业发展背景有两个方面：一是国内旅游需求日益旺盛，旅游黄金周井喷效应出现，旅游市场不断变化，从最初的入境旅游一家独大发展成后续三个旅游市场（入境游、国内游、出境游）鼎立的局面。二是对假日制度和旅游发展方针进行大刀阔斧的改革，明确了把旅游业培育成国民经济的战略性支柱产业和人民群众更加满意的现代服务业的总基调。

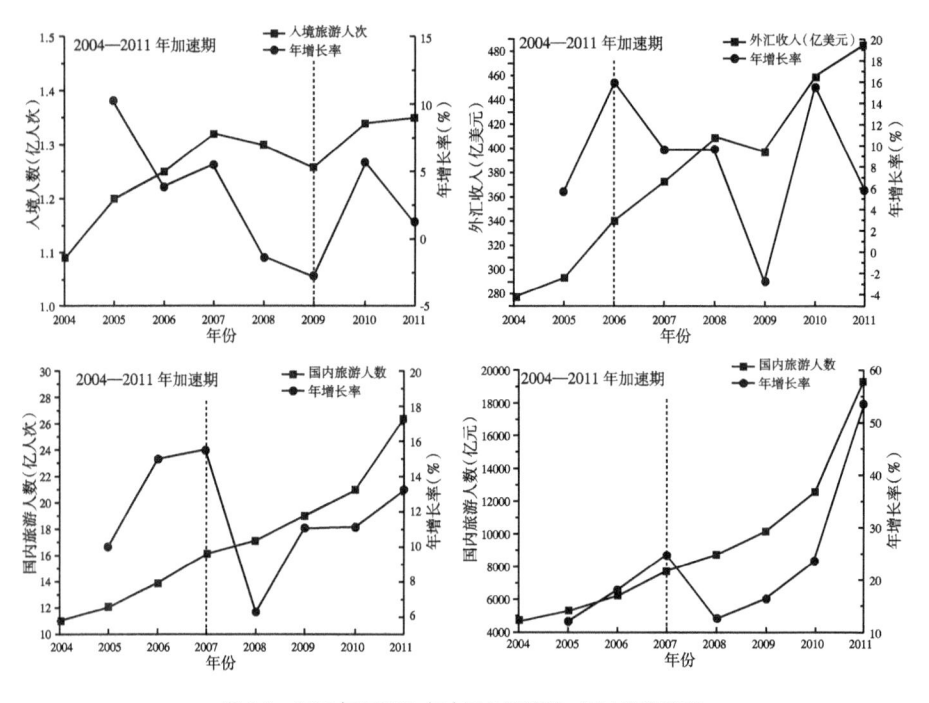

图 4-6　2004 年至 2011 年中国入境旅游、国内旅游情况

产业规模和产业环境方面，国际旅游整体发展的势头较强，环境也比较好。但国际上的一些危机事件，引起了入境旅游的周期性波动，入境旅游与国内旅游在接待人数和收入上差距悬殊，如图 4-6 所示。从特殊事件对国内旅游与入境旅游的影响来看，2004 年的禽流感在亚洲的 10 个国家和地

区肆虐，2007年美国的次贷危机以及2008年的国际金融危机导致全球经济低迷和经济市场动荡。2009年H1N1甲流遍布全球、2011年"9·11"恐怖袭击事件都对旅游产业有一些影响。同时在国内发生且影响较大的危机事情主要有：2008年南方的冰雪自然灾害、四川汶川大地震等。但与入境旅游波动程度较大不同，国内旅游波动程度较小。部分原因是国内的旅游人数的基数非常大，随着人们生活水平的提升，对于旅游的需求量也逐渐加大，发生特殊的事件的年份也存在抗周期性。

（二）旅游产业格局特征

2004年至2011年阶段是西安旅游产业的加速发展阶段，阶段特征是产业范围进一步扩展，经济的飞速发展也促进大众旅游消费需求的日渐旺盛，旅游逐渐成为大众文化消费的重要内容之一。入境旅游市场逐渐走下坡路，与之相反的是国内旅游全面提速，甚至在2008年金融危机的国际形势下仍然保持着增长趋势，只是增速略低。在国家和省市政策的进一步加持下，西安旅游产业在经济社会发展中的作用也日益提升。

从产业发展规模和绩效上看，这一阶段，西安入境旅游持续上升，国内旅游迅猛发展，产业规模迅速扩张，产业绩效显著提升。由图4-7可知，入境旅游方面，接待入境游客数量和外汇收入均趋于饱和，总接待入境旅游人次在60万—100万人次之间，旅游外汇收入在30亿—45亿元间波动。国内旅游方面，客流量是入境接待客流量的近4倍，旅游总收入超外汇收入的近8倍。

从2004年以后，发展到现在大概经历了2个阶段，早期最著名的就是曲江模式，用"文化+旅游+城市"使曲江成为西安旅游的标志性区域。（XH01访谈笔录）

从旅游产品来说，发展到以城市IP像不夜城这种或者是综合体引流，就很复合了，有的是旅游景区景点，比如说回民街这些，还有网红吃饭地方，还有一些商场，比如说SKP还有赛格，这些也是叫泛旅游集聚。（XH03访谈笔录）

从景区和相关要素建设上看,这一阶段,环城游憩带形成并迅速发展,浐灞世博园区建设 2011 年全面完成。截至 2011 年年底,全市共有 A 级景区 43 家,星级饭店 120 家,接待能力进一步增强。但因为国内旅游市场尚未完善,旅游接待服务设施出现了局部过剩的现象,以酒店业为甚,西安市星级饭店的整体客房出租率淡旺季悬殊显著。

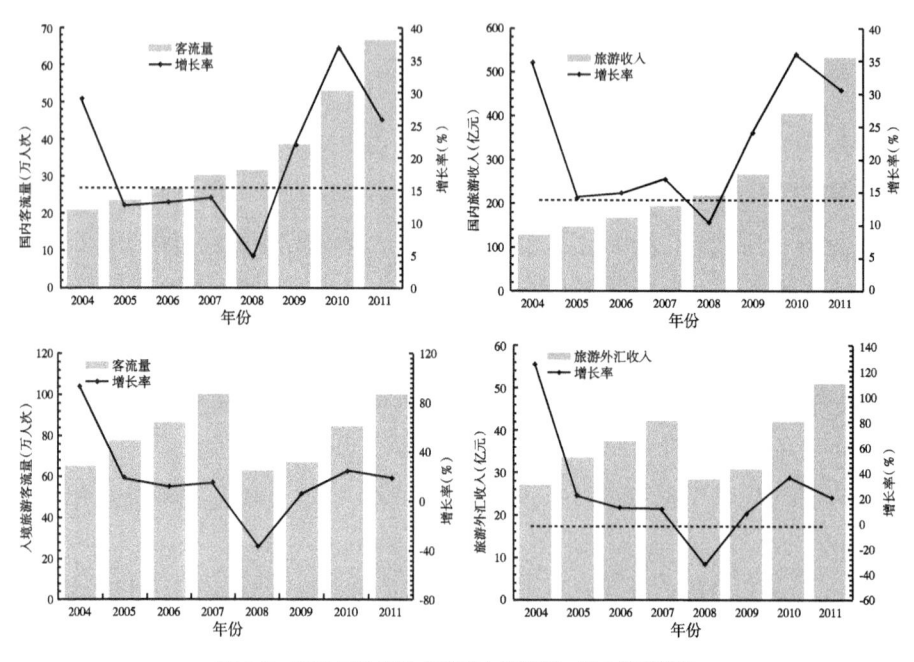

图 4-7 2004 年至 2011 年西安入境旅游、国内旅游情况

在休闲空间打造方面,形成了秦岭北麓山水旅游带、大雁塔-曲江新型大唐文化主题景观。秦岭野生动物园、陕西自然博物馆,以及以唐文化为主题的曲江大雁塔北广场、大唐芙蓉园、大唐不夜城等代表性项目,使西安市旅游业的国内旅游板块迎来井喷式发展。

在城市发展方面,2003 年,曲江旅游度假区更名为曲江新区;2004 年浐灞生态区设立,标志着生态、低碳的新城市理念的践行;2006 年西安航天基地正式成立,肩负起建设国家战略性新兴产业集聚区的重任;2008 年西安国际港务区成立,目标是建设中国第一个不沿江、不沿海、不沿边的国际陆港，这是西安落实"一带一路"，大力发展外向型经济的重大举措。在这个阶段中，市场的力量逐渐占据了主导地位，对于市场的需求政府也更加重视，主要是通过丰富的宣传手段以及有吸引力的产业来促进旅游发展，"开发区营城"的发展模式在拉动经济发展的同时，也为西安旅游产业的发展注入了新的活力。

五、2012 年至今成熟期

（一）时代背景

2012 年党的十八大以来，尤其是十八届三中全会以后，新一轮的改革开放和深化体制机制改革全面展开，国家开始实施大力发展国内旅游、开始发展新入境游、保证出境游的新政策，中国旅游业进入了双向开放和深化改革的新纪元。这一阶段，传统的旅游业整体形式以及业务都趋于完备，旅游产业逐渐成为中国一项新的经济增长点，在带动就业、脱贫攻坚、乡

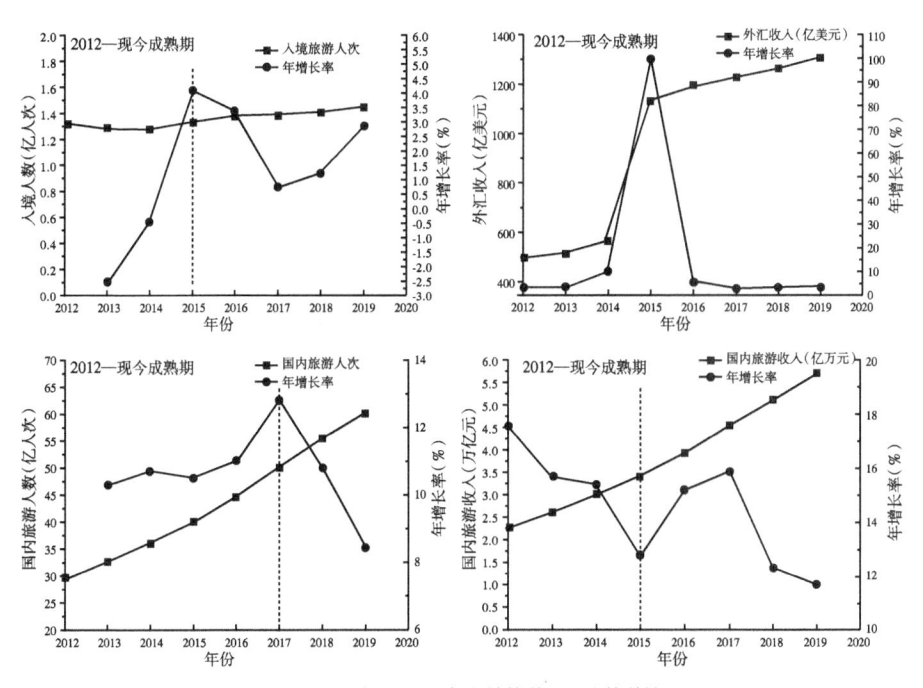

图 4-8　2012 年至 2019 年入境旅游、国内旅游情况

村振兴、国内外文化交流等方面均有显著成效。2013年，国务院颁布《国民休闲旅游纲要（2013—2020年）》，全国人大通过并颁布《中华人民共和国旅游法》，大众旅游时代全面开启。但旅游发展过程中仍存在资源环境压力较大、地区间差异较大、要素的投入产出率不高等问题，产业面临高质量发展转型的需要。

从旅游接待人次和收入上看，如图4-8所示，这一时期，中国旅游业的入境旅游与国内旅游差异明显，受2008年金融危机后续的影响，入境旅游持续低迷，2020年新冠疫情暴发后，入境旅游市场更是全面停止。除危机事件当年外，国内旅游接待人次与旅游总收入影响相对较小，旅游消费成为稳增长的重要手段。

（二）旅游产业格局特征判识

2012年至现今，是西安旅游产业发展的成熟期，这一时期的典型特征是：旅游产业发展已趋于成熟和稳定，旅游核心吸引物不再是单一的旅游资源或产品，城市成为重要旅游目的地和吸引物，浐灞、城墙-回民街、曲江、秦岭、大雁塔等多个核心片区多点开花，西安步入全域旅游时代。

从产业发展规模和绩效上看，这一阶段西安市旅行社数量已增至617家，星级酒店85家，A级景区77家，旅游景区类型丰富。形成了以历史文化型为主，自然生态类公园、主题特色公园、度假休闲的旅游景点为辅助的类型。由图4-9可知，2012年以后，西安市旅游接待人次和旅游总收入呈现逐年稳步上升的趋势（因西安市2014年后不再区分入境旅游和国内旅游统计类目，故不区别分析），2018年的年度增长率甚至超过50%。截至2019年，旅游接待总客流量突破3亿人次，旅游业总收入突破3000亿元，已经占据西安市总体GDP的33.47%。旅游业成为西安市经济发展的支柱产业，每万人旅行社数量和每万人酒店数量整体也均大幅高于全国平均水平。

西安市于2011年提出打造全球一流的旅游目的地，以城市建设推动目的地开发的口号。

前面强调说为什么西安是国际化大都市，这是给它的一个定调，至少差不多快五年了，给到西安的一个城市定位。因为每个城市都有定位，所以在这个行业去深耕它是有必要，也是有前途的。因为它这个城市定位就是这样。（XH03 访谈笔录）

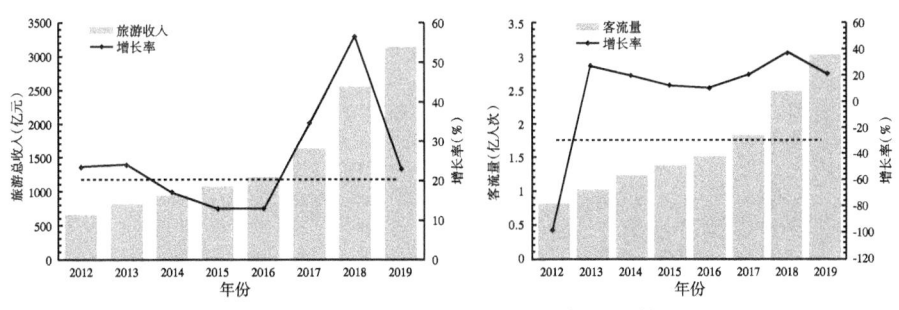

图 4-9　2012—2019 年西安旅游整体接待和收入情况

从景区和相关要素建设上看，一方面，以市场为驱动因素的新的历史文化产品和景区得到创意性开发，以古城复兴为目标的特色文化街区打造（如顺城巷改造、易俗社街区复古性开发）、文化遗址公园复兴（如大明宫遗址公园、秦阿房宫遗址公园、汉长安城国家大遗址保护项目）、城市更新项目（大唐不夜城、大唐西市博物馆、昆明池、兴庆公园改建）和传统工业空间再生项目（纺织城半坡艺术博物馆、西影博物馆）兑现了西安的地域旅游文化价值，成为旅游产业发展的创新驱动力。另一方面，以政策为驱动因子的生态体验性景区全面开发。周至沙河水街、西安沣东农博园、浐灞国家湿地公园、西安世博园等一批带有休闲性质的旅游景区建成落地，促进了西咸—马嵬驿旅游产业集聚区新区和大明宫—浐灞旅游产业集聚区的形成。

作为十三朝古都和著名"世界历史文化名城"，西安文化遗存丰厚，是世界著名旅游目的地城市和全国旅游资源最富集的城市之一。从钟鼓楼、老城根、曲江池、大明宫、大唐不夜城步行街、永兴坊等城市打卡地的风靡，到老菜场、易俗社、长安十二时辰等定位多元、形态各异的商业街区的亮相，为消费者提供沉浸体验、文化享受的同时也为本土文旅产业建设提供了强有力的支撑。（QY07 访谈笔录）

从城市空间布局和公共设施配套布局来看，2011 年，西安的行政中心向北迁移，疏解了中心城区的职能，城市发展空间进一步加大，各区域的综合产业功能更加多元、呈现九宫格态势。与此同时，地铁二号线正式通车，郑西高铁以及西安铁路北站被正式启用，咸阳国际机场二期竣工，提高了国际通达性和国内旅游交通运力，为旅游客源市场进一步扩大提供了可能。

第二节　西安市旅游产业核心要素空间格局

从供给角度看，旅游产业是以游、购、娱、食、住、行六要素为核心内容，由一系列相关行业部门组成的复杂且开放的系统。其中，关联性最强和最基础的行业是景区业、住宿业、旅行社业和交通业这四大行业。旅游产业集聚在旅游功能的互补性、游客旅游目的一致性基础上，以核心产业要素为基础在空间范围内汇集，并在此基础上形成分工协作。对核心要素空间格局演化过程的追溯，有助于解析西安旅游产业的发生过程和要素嵌入特征，探索旅游产业发展的底层逻辑。

一、旅游景区空间分布格局

旅游景区（点）是旅游产业发展的核心载体和核心旅游吸引物，也是旅游产业链参与主体，通过演绎/描述分析，可以更好地理解产业链核心要素随着时间和地理空间的变化。

本研究将各个时期的 A 级景区空间分布进行可视化研究，需要说明的是，国家 A 级旅游景区的划分与评定始于 2001 年，因此研究以 2001 年为初始年份、以 10 年为时间间隔将景区分布和数量对比作图 4-10 和 4-11。

2001 年，西安市 A 级旅游景区仅 4 家，分别是大慈恩寺大雁塔、陕西历史博物馆、华清池、兵马俑博物馆。经过 10 年的发展，截至 2010 年年底，西安市 A 级景区迅速发展为 53 家，景区类型主要包括历史文化类和自然生态类。历史文化类为修复后的历史遗迹和文化复原性景区，除少量分布在临潼外大都集中分布在碑林区、新城区、雁塔区等中心城区。自然生态类主要为以翠华山、南五台、太平峪等为代表的森林公园，以秦岭野生动物园、陕西自然博物馆等为代表的主题公园，大都分布在秦岭沿线。A级景区的空间分布呈不均状态，优势类资源相对集中，城乡地域旅游功能分工差异显著。

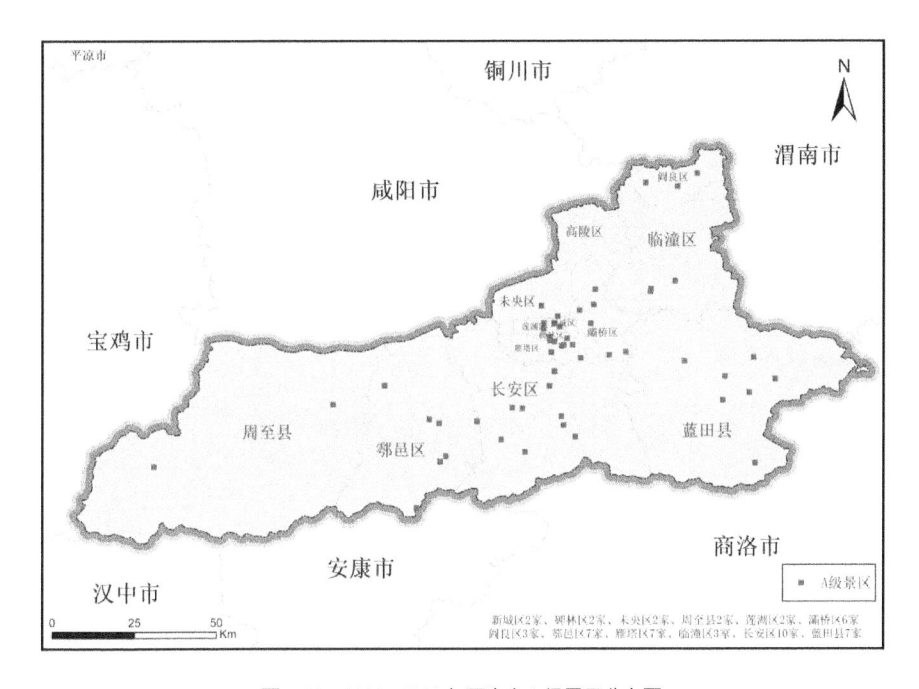

图4-10　2001—2010年西安市A级景区分布图

截至2019年年底，西安市A级景区数量已达到77家。从新增旅游景点分布情况来看，基本以南部秦岭山区自然类景观和城区人造景观为主。被开发的山区旅游景点有秦岭野生动物园、翠华山、终南山·南五台、太平国家森林公园等自然山区风光。中部则以水文景观和城市人造景观为主，如国家级水利风景区浐灞国家湿地公园、大唐芙蓉园的人造景观湖等。从各个行政区划的旅游景区数量来看，其中临潼区与灞桥区的旅游资源的数量分别占据最多与最少，其中临潼区占据10.9%、灞桥区占据4.0%。

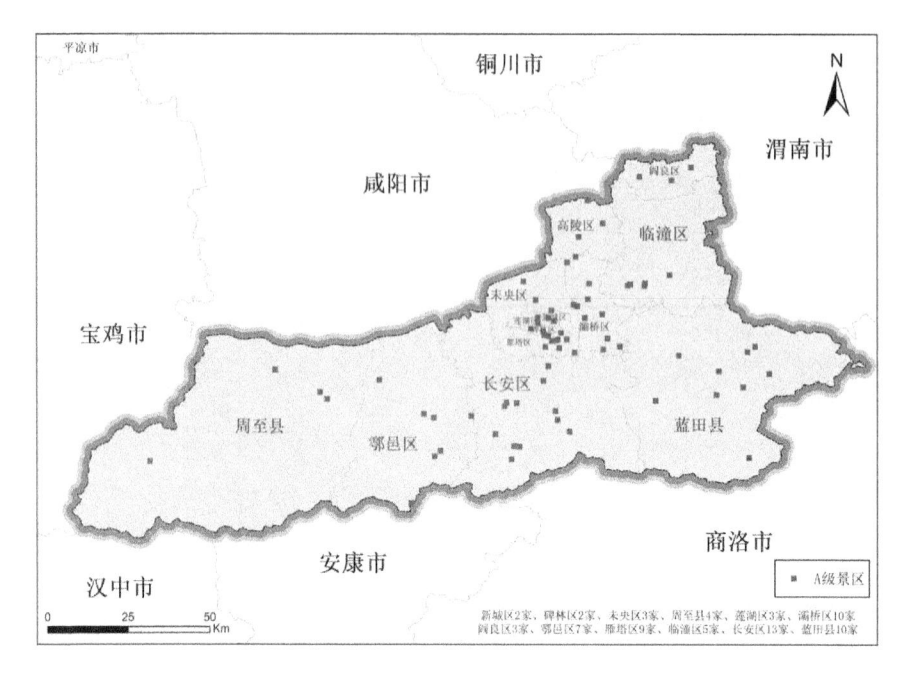

图 4-11　2011—2019 年西安市 A 级景区分布图

二、旅游住宿业空间分布格局

住宿业作为旅游产业的核心细分产业类型，是城市旅游产业发展的一个关键性的空间载体，而且，住宿业也是城市产业经济发展的关键符号，住宿业的空间分布特征与演化在一定程度上反映了城市在某个时间段内旅游产业的空间格局和城市空间形态发展变化。

在旅游业发展之初，旅游市场的商业环境还未成熟，旅游目的地的公共服务不健全，所以，规范星级酒店的设施和服务使目的地在建设方面有据可依，同时游客也有安全感。初级阶段的旅游业最鲜明的特征就是标准化，即市场对产品提出了统一要求。

1988 年，国家旅游局制定《中华人民共和国旅游涉外饭店星级标准》作为行业发展的标准，开启了旅游饭店星级评定工作，我国旅游饭店业至此进入了迅猛发展时期。该标准于 1993 年、1997 年、2003 年和 2010 年、

2023 年先后进行了五次修订，更名为《旅游饭店星级的划分与评定》。2024 年 3 月 1 日，最新版开始正式执行。该标准不仅对饭店管理的流程、饭店产品的质量的具体参考标准进行了明确，规定了星级标志是饭店服务和产品质量的专业认证。

20 世纪末，我国旅游业以入境旅游为主，重点关注经济效益最大化，为了更好地为入境游客服务，国家颁布了《旅游涉外饭店星级的划分与评定》(GB/T14308—93)标准，用以规范旅游住宿业的建设和服务管理。1984 年，国务院规定私人可以拥有和成立旅行社，企业经营权从中央集中到地方分散的政策也刺激了酒店业的发展。地方政府和个人都纷纷投入酒店的建设当中，酒店的数量从 1978 年的 137 家增至 2020 年的 1003 家。

新中国成立以来，西安的酒店建设变化比较大。新中国成立初期，西安具备接待外宾能力的宾馆只有西北大旅社和西京饭店等，床位也比较少。改革开放时期，西安旅游事业全面发力，旅游设施不断完善和健全，1982 年年初，陕西重点旅游涉外饭店之一的西安宾馆建成开业，1983 年 1 月，钟楼饭店建成开业；1985 年 3 月，第一家中外合资企业——金花饭店建成；同年 10 月西安唐城宾馆开工兴建，1986 年竣工；1987 年，建国饭店动工兴建；1988 年 4 月，中日合资的"三唐项目"唐华宾馆、唐歌舞厅、唐艺术博物馆开业，这是西安首批仿唐风格的庭院式高档旅游服务设施；1989 年，合资兴建的四星级饭店——秦都酒店建成开业。到 1989 年年末为止，全市共有 1069 家大小旅社、招待所等住宿场所，一共有 85345 个床位，其中高级宾馆有 19 家，床位 10345 个，比 1978 年分别增长 8.5 倍和 5.8 倍。

从 20 世纪 90 年代开始，西安的星级酒店数量排在了全国前列。1990 年，大差市阿房宫凯悦大酒店建成，这是我国当时规模较大的酒店之一；1991 年，喜来登大酒店建成，成为西安首家开设的五星级大酒店。随后，经过 30 多年的发展，宾馆、饭店住宿设施不断更新，由城市中心不断向外拓展，经营方式也从直接经营向整合经营、资本经营转化，更多具有国内、国际影响力旅游饭店连锁品牌和集团成为经营主体。总体上，西安住宿业的内部集聚演化经历了从分散到集聚，再到四周扩散的演化过程，大部分星级酒店集中于商业开发较早和经济发达的成熟街区，并在空间总体布局上由城市中心向近郊扩散。截至 2019 年年底，西安市星级饭店的空间分布进行可视化如下图 4-12 所示。

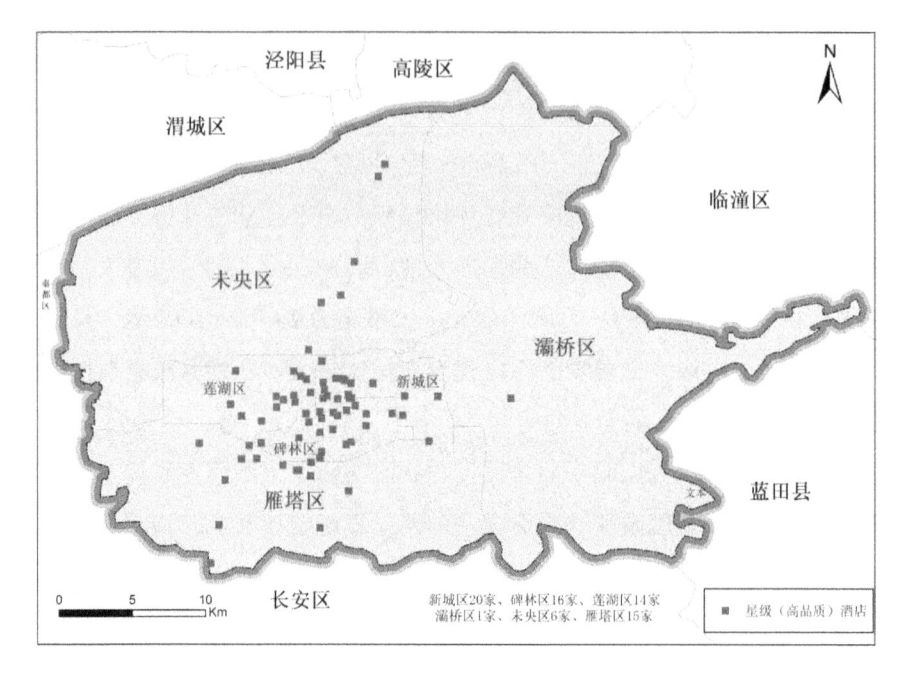

图 4-12　西安市主城区星级饭店分布图

从空间分布来看，星级酒店大都分布在主城区经济文化商贸的繁华地带、党政机关、知名旅游景区附近、交通便捷的城市主干道附近，以新城区、莲湖区、碑林区、雁塔区分布数量最多。截至 2019 年，四个区星级酒店分布数量分别为 20 家、16 家、15 家和 14 家，其中，碑林区五星级酒店最多。酒店的空间分布严重失衡，城内、城东酒店数比较多；但是城西、城北区酒店相对较少。近年来，很多奢华和超星级的外资酒店如洲际、君悦、万豪、温德姆等酒店集团呈现爆发式增长，空间上集中集聚于曲江、高新、经开三大开发区阵营，虽然未获得星级评定，但体量、服务、价格与同级别星级酒店无异。从限额以上住宿企业统计资料中可知，2019 年，全市限额以上住宿业企业实现营业收入达到 67.55 亿元以上，与 2004 年相比，年均递增12.3%。

酒店规模越来越大，尤其是高端酒店发展日新月异，导致目前酒店市场发展前景整体比较差，由于社会经济整体增速越来越慢，大多数酒店想在激烈的竞争中持续占据上风，维持稳定、理想的入住率及营业收益已非易事。与此同时，旅游业的发展速度不断加快，旅游者对于服务质量的需求呈现出多元化的趋势，追求更加优质的旅游体验，多元化、层次化的旅游产品才有利于提高自身的市场竞争力，乡村旅游示范村和民宿应运而生。近年来，商家以移动互联网平台为基础，提高闲置住房资源的利用率，通过新型交易平台爱彼迎、飞猪、途牛等进行分享的方式提供碎片化的旅游增值服务。闲置资源有效利用成为旅游产业培育的新增长点之一。

研究将截至2021年年底，西安市范围内已评定的等级民宿和省级、市级乡村旅游示范村进行空间可视化表达如图4-13、图4-14所示。

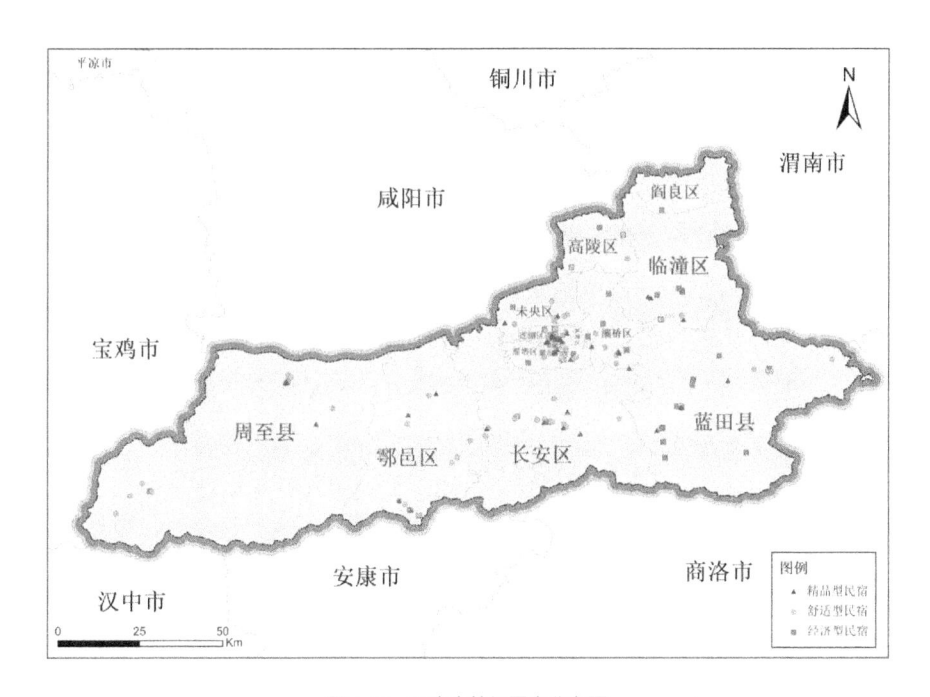

图4-13 西安市等级民宿分布图

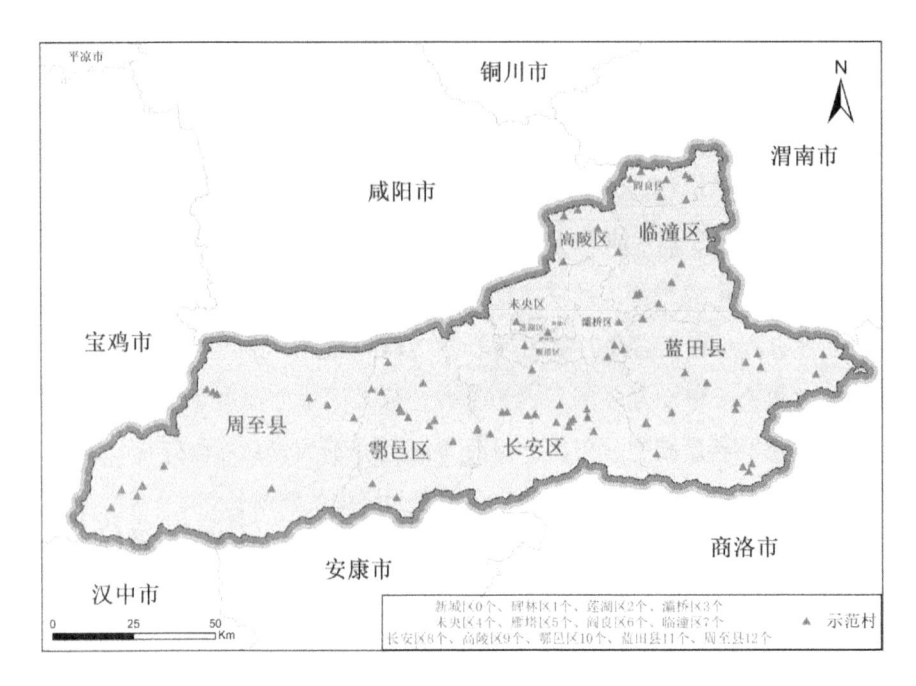

图 4-14　西安市旅游示范村分布图

　　住宿业的发展从统一化全面服务到多元化选择服务，再到非标准化住宿，多元化的客户需求所对应的服务内容也有所不同。近两年民宿的社会热度和关注度比较高，不论是等级民宿，还是乡村旅游家庭旅馆都蓬勃发展，在假日家庭住宿的地位越来越高，不仅有利于满足多元化阶层游客的住宿需求，而且还可以提供家庭的环境、氛围，提高了旅游者的体验感和满意度。截至 2021 年年底，西安市民宿共有 3628 余家，据各区县文化旅游部门统计，乡村民宿从 2019 年的 169 家增长到目前的 628 家，增幅达 72.7%。经各级文旅主管部门评定的等级民宿 210 家，其中精品民宿 42 家、舒适民宿 92 家、经济民宿 76 家，精品民宿多分布在城区，经济和舒适民宿集中分布在长安区、鄠邑区、蓝田县等周边郊县，成为中心城区住宿业的有效补充。

　　乡村旅游已成为人们寻求释放压力和缓解身心的最佳选择之一。旅游示范村依靠秦岭北麓丰富的田园景观、环境资源、生态优势，结合便捷的交通优势和特色农事活动及生产生活场景体验，以其自发组织、自然生态、家庭共享等特点迅速成为广受城市游客青睐的目的地。具体来说，西安市共有等级示范村78个，其中，碑林区1个，莲湖区2个，灞桥区3个，未央区4个，雁塔区5个，阎良区6个，临潼区7个，周至县12个，蓝田县11个，鄠邑区10个，高陵区9个，长安区8个，数量较大的区如周至县、长安、鄠邑区均为生态资源、历史遗迹和名山、名峪、名水等资源富集区。

西安市旅游住宿业作为西安旅游产业经济的主要增长点之一，其空间分布整体呈现城乡差异显著、区域分布不均衡特征。星级酒店尤其是高档星级酒店、精品民宿主要消费对象是入境和省外旅游客源市场，大都分布在交通便捷的中心城区和经济发达的开发区，周边郊县星级酒店分布密度则较低，舒适和经济民宿分布密度较高，这与主城区既是地理空间范围内的核心、交通通达性较好、周边配套设施较为完善有关。但伴随城市规模不断扩张、要素高效整合以及周边区县的乡村旅游要素有效地适配了本地旅游客源市场的诉求，旅游示范村围绕秦岭环山地带集聚并表现出强有力的吸引力，促使部分城区生产要素流向郊区，乡村旅游住宿业整体格局显著提升。

三、旅行社空间分布格局

旅游产业自改革开放以来取得了飞速发展，旅行社作为旅游产业服务环节中重要的中介机构功不可没。本研究将截至2019年年底的西安市各区县旅行社的数量空间分布进行可视化表达，结果如图4-15所示。

该期数据显示，西安市共有旅行社617家，旅行社分布多集中于莲湖区、碑林区、新城区、雁塔区等中心城区，其中，碑林区和雁塔区旅行社分布最多，分别达到了177家和155家。其中，雁塔区办理出入境业务旅行社有65家，占比10.55%左右。西安旅行社业的发展存在如下问题：旅行社普遍经营实力弱小，经营体制和管理手段落后，连锁化和集团化程度不够；同时，旅游网站的蓬勃兴起，在机票、酒店、旅游线路、租车等预定代理业务方面与旅行社全面形成市场争夺之势。

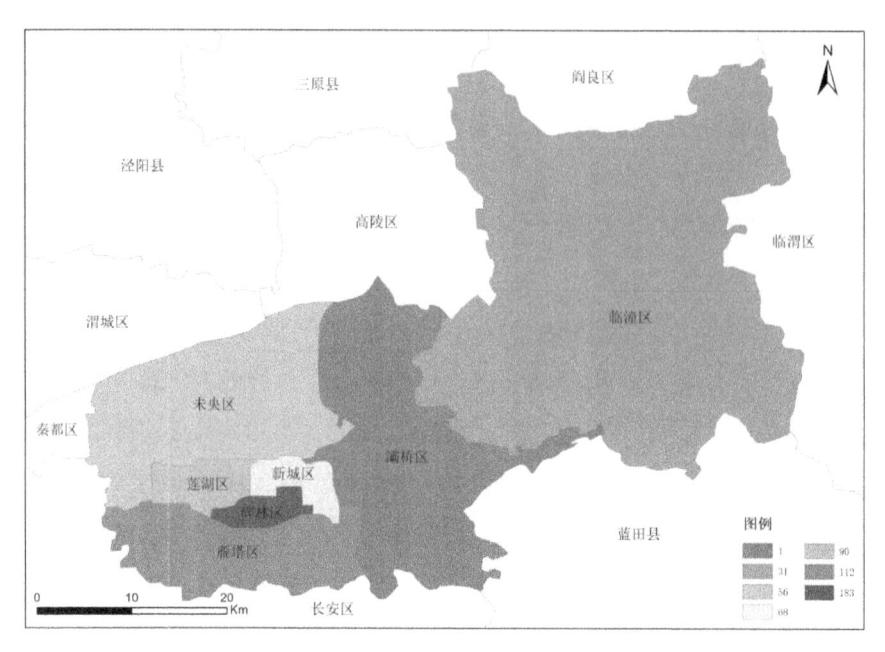

图 4-15 西安市旅行社分布图

四、交通客运业空间分布格局

交通客运业与旅行社业、住宿业一起并称为旅游业三大支柱。作为城市社会经济发展的大动脉，交通系统是现代旅游业发展的基础支撑和先决条件，是沟通城市旅游需求和供给的纽带和桥梁，更是影响城市空间秩序和各个旅游产业集聚区形成与演化的基础。著名旅游研究专家科尔（Kual）认为："交通系统在很大程度上影响着旅游的可持续健康发展，直接作用于新的吸引物集聚体的研发、现存的吸引物积聚体的发展，完善、先进的交通系统有利于为衰退的或新生的旅游中心区注入力量源泉。"由此可见，交通基础设施是影响旅游需求和旅游供给的关键因素之一，不仅沟通了旅游网络、扩大了旅游活动空间的覆盖面，更是促进生产要素加快流动、推动都市圈高质量发展、辐射周边城市产业集聚的前提和基础。

近年来，中国的综合交通运输体系不断完善和健全，越来越成熟，形成了以高速铁路、城际铁路为基础的快速客运网络。基础设施和交通工具的完善、健全为沟通旅游者前往目的地提供了便利条件，对外可增加游客的可进入性，对内使游客在目的地内部的移动更加便利，使得游客"进得来""散得开""出得去"，更是提高旅客输送能力和旅游经济产出的重要途径。以畅通城市交通为重点，西安的旅游产业发展也同建设城市综合立体交通网络休戚相关，无论是在西安市的入境旅游，还是在国内旅游的发展中，均扮演着重要的角色。

（一）西安市对外和对内的交通结构发展与演化

旅游产业集聚区是区域内旅游要素组织的空间写照，体现了旅游产业活动的空间属性和相互关系以及旅游产业要素相对区位关系和分布，而交通是旅游经济增长的基础，交通每一次大幅改进，都伴随着旅游业的空间演进，使旅游效率提升。1978年以来，"摊大饼"式的城市空间结构也成为这一阶段西安交通结构的典型形态。

由图 4-16 可知，早期，西安市城市空间扩张的中心是"古城墙区"，为同心圆式空间结构。中心城市对于周边城区具有一定的影响与作用，中心城区不断扩展，城市交通体系的作用不可忽视、不可小觑。

20 世纪末期后，产业蓬勃发展，交通技术越来越先进，与单中心城市空间结构配套的道路网结构初具雏形，呈现出"棋盘+放射+环形"的模式，对于城市空间布局具有重要作用。咸阳国际机场一期于 1991 年投入运营，西安火车站是市内唯一客运站，1998 年，西安的过境交通和市内交通彼此影响，呈现出"两横两纵"局面，路、桥、地铁等交通网络不断完善，高新区、经济技术开发区等交通密集地区的城市结构有所改变。交通沿线交会促进了沿线经贸、商业的快速成长与发展，除此之外，工业也开始外迁选址。此外，以减轻交通压力为初衷而建成的环路的发展大大改变了西安城市空间圈层结构。

近年来，西安全力推进以道路交通和轨道交通为重点的城市基础设施建设。西安市第一条地铁线路于 2006 年 9 月开始施工。2009 年咸阳国际机场二期开始扩建，同时，机场专用高速开始使用；2011年，郑西高铁与西安北客站开始通车。西北地区首条地铁线路——西安地铁2号线一期工程投入使用，西安迈入"地铁时代"，也使得西安成为西北地区第一个开通轨道交通的城市。2017年，城市道路总长度和公交车辆数分别超过了4399千米和7780辆，对比1978年分别增长了8.8倍和15.7倍；2017年年末，西安地铁客运量超过6.00亿人次。等级公路通车里程超过1.25万千米，与1989年相比，累计多出0.17万千米，其中高速公路实现了质的飞跃，超过570千米。全社会车辆数达到了288.56万辆，对比1999年多出9.3倍。2011年西安北客站建成通车。2017年，民航航线达到了337条，其中，国际航线占比将近五分之一。

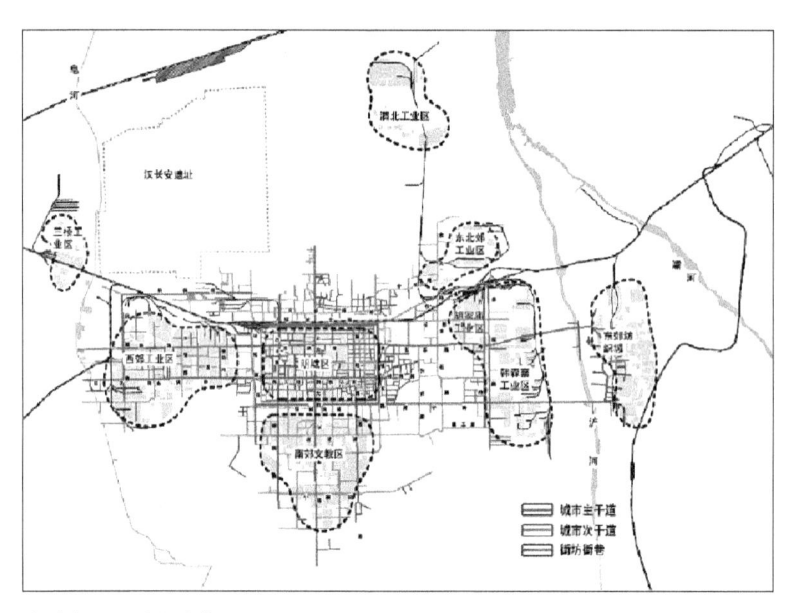

资料来源：刘淑虎等，2016

图4-16 1978年西安城市交通路网形态与城市空间结构示意图

随着西禹、西康和西汉高速以及省内其他高速公路陆续开通，带动了西安旅游业的发展。开通高速公路与开通高级干线，基本上将西安城市的旅游目的地贯通了起来。城市现代化交通路网体系格局逐步形成。如今，西安咸阳国际机场是西部地区最大的国际航空港，有百条以上的国内城市航线和25条国际航线，极大促进了西安的国际化进程，有力推动了西方国际旅游业务的发展。同时，多种新城市交通方式，提高了西安沿线的交通通达性。比如西安城市地铁的建设，既改变了沿线的区位条件，又缩减了西安的时空距离，有利于推进西安城市的可持续发展。再比如西安城市高铁的营运使城市间的距离进一步缩小。关中地区城市到西安只需要60分钟，通过这一阶段城市交通的时空演变可知，影响城市发展的重要因素为工业布局的变动，明确了城市用地形态。在运输成本低的作用下，慢慢形成了沿工业布局选择交通线路。西安市因城市路网系统的建设，使市内大范围空间的可达性显著提升，并向外延伸，带动城市旅游的发展。

研究根据OSM（Open Street Map）2021年的路网数据，结合水经注影像图中的道路现状图，逐一进行比对，并在ArcMap10.3中经过拓扑查错，通过获取高速铁路、高速公路等矢量数据，在平台中分别绘制得到2021年西安市铁路及轨道交通网络图（图4-17）、2021年西安市城市快速路及高速路网图（图4-18）。

根据《陕西省国土空间规划（2021—2035年）》，未来全省将进一步构筑现代综合交通体系，打造建设综合且有层次的交通网，即把铁路作为主干，公路作为基础，目标在一个小时之内，达到西安城市通勤圈；在两个小时之内，达到整个关中平原的城市群；三个小时之内，覆盖全国主要的大中城市，从而有效完成"123出行交通圈"。加速高速公路网络，提升改造国省道公路，规划形成"三环、六纵、九放射、十二横的高速公路网布局"。铁路则是建设高铁网、打造城际网、完善普铁网，规划形成"两环、四纵、六辐射、八横"的铁路网布局。

航空方面，拟扩建西安—咸阳国际机场，建设西安第二机场；提升榆林榆阳机场建设；推进府谷、定边、韩城、华山、宝鸡、商洛等支线机场建设。到2024年年末，轨道交通的营运里程达到原来的两倍。建设多达12条的运营路线，营造总长度为422千米的运营网络，"有效缓解和改善城市交通拥堵，真正成为西安国家中心城市建设的强力引擎"。

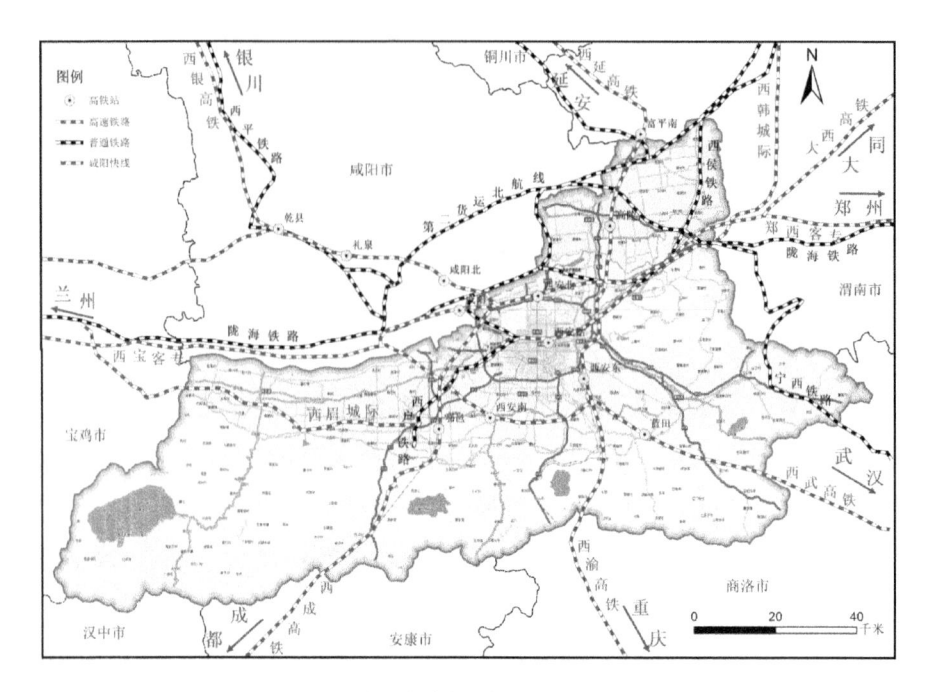

图 4-17　2021 年西安铁路及轨道交通网络布局示意图

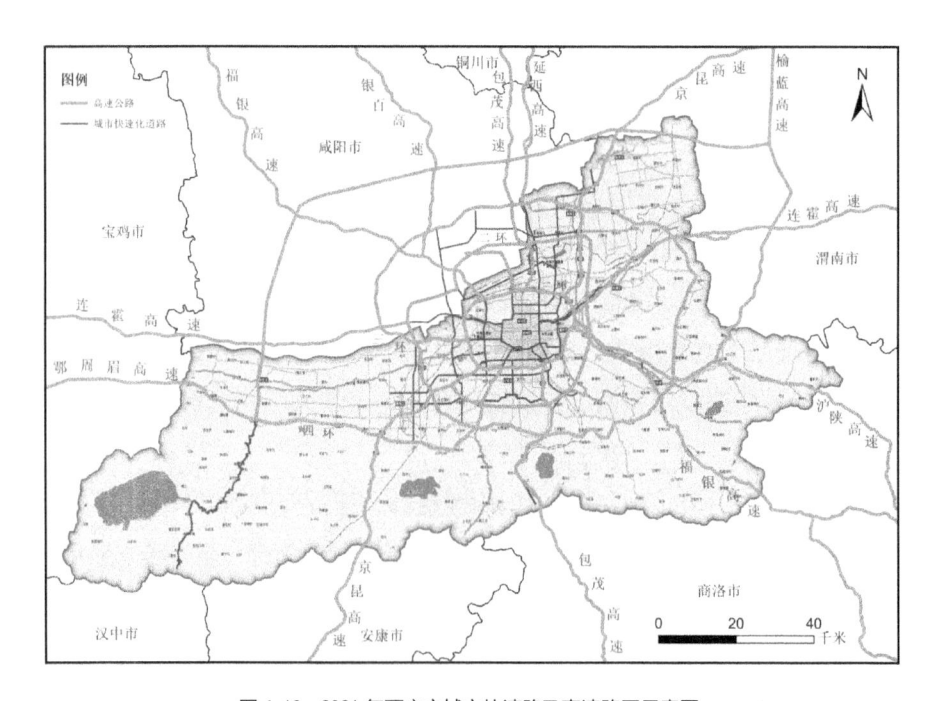

图 4-18　2021 年西安市城市快速路及高速路网示意图

（二）交通方式的演变与旅游发展的互动演变

改革开放前，西安市无高速公路，短途游客出行只能乘坐旅游公交车，长途游客乘坐火车，交通出行十分不便。改革开放后，交通运力有所改善，改革初期旅游航空线路只有 20 多条，旅游客车仅有 200 辆，旅游线路也只有 4 条；2009 年，新开通西安市区到环山公路的旅游公交线路班车——环山旅游公交 1 号线路和环山旅游公交 2 号线路，全市专线旅游公交线路增加至 10 条。

截至 2021 年年底，地铁 1、2、3、4、5、6 号线建成运营，13、15 号线正在建设；咸阳机场国际（地区）航线总数显著提高。如今，西安咸阳国际机场已经成为西部地区最大的国际航空港，航线总数达到 64 条，比 2005 年增加了 56 条。极大促进了西安的国际化进程，有力推动了西安国际旅游业务的发展。40 多年来，西安市不断加大旅游业服务体系建设，建立了游客集散地、旅游景区游客服务中心，初步形成了市、区（县）、景区（点）三级规划体系，大旅游的空间格局初步形成，基本建成能够全面满足旅游者需要的旅游服务中心体系。在交通网络的不断改善下，各个资源要素的联系更加紧密，跨行业、跨地区的信息共享和合作常态化，交通与旅游相互推拉、共同发展。

五、旅游核心要素分布规律

（一）空间—层面：要素分布、游客的空间选择呈现城乡差异

要素分布、客源群体（游客）的城乡差异体现在城区、郊区的核心旅游产业要素空间布局差异显著，如图 4-19 所示。中心城区因特殊的地理区位优势和优越的历史文化资源形成了大量的星级和高品质酒店、精品民宿和历史文化类景区集聚，自然资源和休闲类产业要素未能在此形成显著集聚；同时城区的旅游客源市场主要为入境和省外旅游者，与之相反，近郊和乡村区域主要以自然景区（点）、家庭旅馆、旅游示范村、自然风景区为依托形成集聚，大型星级酒店、人文主题景区较少分布，与城区形成显著区别，旅游客源市场主要为本地市场和周边市民。

中心城区为西安旅游基础和核心空间，集中了大量的高 A 级核心旅游吸引物、综合功能中心和住宿设施，成为入境游客和外地游客集聚的首选地。集聚区内部旅游产业要素齐全，一体化程度高，属于集聚的高级阶段。多个近郊和远郊游憩空间环山地带因富集的自然旅游风景区叠加都市休闲消费功能，属于旅游潜力空间，在空间上的分布多依托于郊区优质的自然景观资源，伴随着休闲旅游的发展成为本地旅游客源市场的集聚地，但集聚区内要素单一、属于集聚的初级阶段。从某种意义上，这也为旅游旺季，本地居民向外来游客让渡主城区旅游基础空间提供了可能。

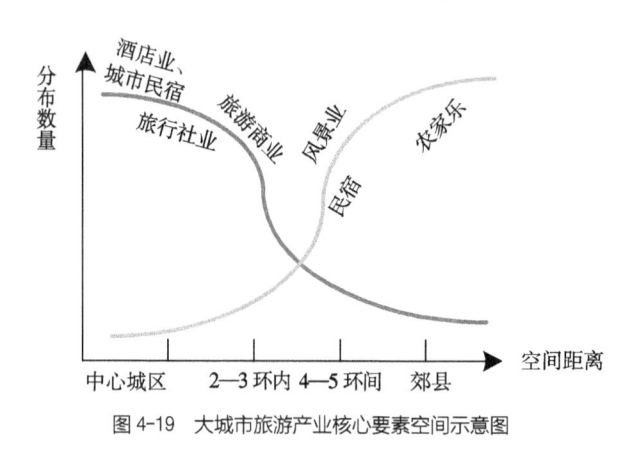

图 4-19 大城市旅游产业核心要素空间示意图

（二）时间—层面：旅游产业集聚指向性呈现阶段差异

区域旅游产业集聚呈现指向性差异是指产业集聚过程中，各旅游要素形成集聚的指向性各异。主要分为资源指向性、市场指向性、交通指向性、政策指向性、信息指向性等。资源指向性是集聚区的形成主要依靠旅游资源进行空间布局。交通指向性是指旅游产业开发和集聚有显著的沿区位与交通要素布局特征。市场指向性是指随着旅游产业竞争进入需求导向阶段，对市场环境准确研判并重点布局。另外，政策、信息、环境指向性均是旅游产业发展进入中度、高度集聚后重点考虑的要素内容和布局方向。

在旅游产业集聚发展的不同阶段，要素指向性也有所差异。市场或资源的指向性即主导旅游业集聚初期不断集聚的方向。在旅游要素不断集聚的同时，政府特别是政策和环境优势的主导性逐渐显现，进而使得旅游活动对区域的选择也因此而发生变化,并且有可能呈现出多种指向性。在旅游业成熟之后,资源指向性的地位将逐渐下降,市场指向性作用则变得越来越明显,资源不佳之地的旅游业同样可以借助其身处客源市场附近的优势而得到相当不错的发展,即积极建设营造多元化的游览模式和游览吸引力系统:一为旅游度假景点和历史人文新景点;二为特色游览目的地和特色小镇;三为休闲商务综合体和户外生态集聚地和优美村庄等,从初期的景区门票经济型旅游目的地发展为综合消费型旅游目的地。

第三节 西安市旅游产业空间聚类特征

一、核心要素的区位熵分析

前文已述,计算产业集聚度的数学模型和方法有很多种,本研究综合考虑已有的计算产业集中度的数学模型和方法,旨在从旅游行业地理空间集聚和产业关联两个方面来综合考虑西安核心产业要素的互补共生结合是否紧密。相较于其他产业,旅游产业的资源存在典型的不可移动性特征,也不存在物质上的直接投入产出关系,因此行业集中度、空间基尼系数等计算方法并不能适用于旅游产业。

区位熵指标既可以判定产业发展的强度,又可用于分析比较产业集聚度,故本研究首先用区位熵指标作为西安市旅游产业核心要素集聚度的测算方法。从西安市的AAA级以上旅游景区、星级饭店、旅行社以及旅游的收入等方面来分析区位熵。因此分析西安市旅游产业的集聚度时,考虑区位熵指数,具体可见表4-2。

旅游产业集聚区建立的核心目的在于节约交易成本、共享市场信息和资源、形成完整的旅游价值链,以满足游客对"整体旅游产品"及"一段完美旅游体验"的需要。在旅游产业集聚区内部,以游客需求为拉力形成的旅游活动包括旅游交通、景区接待、酒店住宿、餐饮娱乐、旅游购物等内容,其中景区景点接待是核心部分,也是旅游得以成行的根本动因;旅行社则起到了至关重要且不可或缺的网络节点作用；酒店住宿业能够准确掌握游客的过夜游情况，进而对乘数效应的大小产生影响，游客接待量与收入指标属于传统旅游研究的观测指标。

表4-2 西安市旅游区位熵指标

序号	观测指标	区位熵经济内涵	研究价值
1	A级景区（点）	资源的空间集聚程度	旅游集聚的资源基础
2	旅行社、星级饭店、等级民宿	投入要素的空间集聚程度	旅游集聚的产业投入
3	旅游接待人次与旅游收入	产业效应的空间集聚程度	旅游集聚的实际效果

区位熵指数主要通过以下三个方面反映经济内涵：①旅游资源的空间集聚度，以旅游景区（点）作为代表性观测指标；②核心旅游产业投入要素的空间集聚程度，以星级饭店区位熵、旅行社区位熵等作为观测性指标；③旅游产业效应的空间集聚程度，以旅游人次区位熵、旅游收入区位熵等作为代表性观测指标，直接反映区域旅游产业的市场效应和变化规律，体现区域旅游发展差异。

另外，为确保区位熵算法的数据质量，使研究更具价值，特选取1998年、2008年、2014年、2019年四个时间断面研究，以不同年份的《中国旅游统计年鉴》《陕西省国民经济和社会发展统计公报》《西安市统计年鉴》以及西安市文旅局、陕西省文旅厅官方信息为主要数据来源。

表4-3 西安市旅游接待人次与收入区位熵

年份 项目	1998 西安	1998 陕西	2008 西安	2008 陕西	2014 西安	2014 陕西	2018 西安	2018 陕西
入境旅游人数（万人次）	48	54	63	125	124	266	400	437
国内旅游人数（万人次）	1058	2550	3169	9056	12000	32900	24338	62600
旅游总人数	1106	2604	3232	9181	12124	33166	24738	63037
入境旅游人数区位熵	2.0921		1.4283		1.2762		2.3318	

续表

年份 项目	1998 西安	1998 陕西	2008 西安	2008 陕西	2014 西安	2014 陕西	2018 西安	2018 陕西
国内旅游人数区位熵	0.9769		0.9941		0.9978		0.9907	
旅游外汇收入（亿元）	16.1	20.5	28.7	42.9	67.0	92.0	56.9	203.2
国内旅游收入（亿元）	56.0	78.2	214.8	564.0	883.0	2429.4	2494.8	5791.5
旅游总收入	72.1	98.7	243.5	606.9	950.0	2521.4	2551.6	5994.7
入境旅游收入区位熵	1.0748		1.6682		1.9319		0.6575	
国内旅游收入区位熵	0.9802		0.9492		0.9647		1.0120	

由表 4-3 可知，西安市入境旅游区位熵四阶段分别为 2.0921、1.4283、1.2762、2.3318，均大于 1，说明西安作为国际旅游城市的功能得到了充分发挥，将西安作为中转地或者旅游目的地的国际入境旅游者已形成较为明显的集聚效应，而与之相对应的国内旅游人数区位熵四阶段分别为 0.9769、0.9941、0.9978、0.9907，均小于 1，说明西安市的国内旅游的集聚效应尚不显著。而入境旅游收入前三阶段大于 1，2018 年呈现断崖式下跌至 0.6575，与入境旅游人数的区位熵值比较存在较大的滞后性，国内旅游收入逐渐成为西安旅游产业中占绝对优势的收入来源，以上指标说明，西安市旅游经济效应整体偏高，与西安市国际旅游城市地位相符，表现出明显的国内旅游经济导向性，即入境旅游日渐式微，国内旅游逐步发展并有领跑的趋势。

表 4-4 西安市旅游景区（点）区位熵指标

年份 项目	1998 西安	1998 陕西	2008 西安	2008 陕西	2014 西安	2014 陕西	2019 西安	2019 陕西
景区（点）个数	20	43	23	189	57	257	77	454
旅游企业数量	162	249	434	1139	585	1361	1089	1713
所占比例（%）	12.3	17.3	5.3	16.6	9.7	18.9	7.1	26.5
区位熵	0.7149		0.3194		0.5160		0.2668	

由表 4-4 可知，西安市旅游景点个数由 1998 年的 20 家上升到 2019 年的 77 家，绝对数量翻了 3.85 倍，但从西安市旅游景区（点）区位熵指标值来看均小于 1，西安市的景区景点的集聚程度正在逐渐地变低。将全省的旅游景区来作为分布来看，西安市的旅游景点的分布远远地低于其他的省份的平均水平，并且一年低于一年。旅游景区（景点）不是西安市旅游产业集聚区形成的核心要素，所以专业化的程度在这种情况下的发展还有很大的上升空间。

表 4-5 西安市星级饭店区位熵指标

年份 项目	1998		2008		2014		2018	
	西安	陕西	西安	陕西	西安	陕西	西安	陕西
星级饭店个数	37	65	94	332	111	325	92	304
旅游企业数量	162	249	434	1139	585	1361	1089	1713
所占比例（%）	22.8	26.1	21.7	29.1	19.0	23.9	8.4	17.7
区位熵	0.8749		0.7431		0.7946		0.4760	

从表 4-5 可知，星级饭店的区位熵指标均小于 1，说明陕西省酒店企业的集聚并非以区域中心城市的集中度最高，除此之外，区位熵指标越来越少，数据反映出全省其他城市与地区的星级酒店数量越来越多，西安市旅游星级饭店的专业化集聚程度尚未超过省的平均水平，专业化程度还有较大的发展空间。

表 4-6 西安市旅行社区位熵指标

年份 项目	1998		2008		2014		2018	
	西安	陕西	西安	陕西	西安	陕西	西安	陕西
旅行社个数	103	131	271	518	385	679	583	845
旅游企业数量	162	249	434	1139	585	1361	1089	1713
所占比例（%）	63.6	52.6	62.4	45.5	65.8	49.9	53.5	49.3
区位熵	1.2085		1.3730		1.3191		1.0853	

从表 4-6 可知，近 20 年来，西安市的旅行社绝对增幅很大，由 1998 年的 103 家发展到 2018 年的 583 家，陕西省的旅行社体量也同样迅猛，由 131 家发展到 2018 年的 845 家，实现了跨越式发展。从旅行社区位熵指标来看，四阶段的熵值均大于 1，集聚程度较高，说明旅行社业是西安市旅游产业集聚区的重要产业要素，其集聚构成了西安市旅游产业发展的坚实基础，集聚程度也高于全省平均水平。

然而，仅仅从区位熵单一指标对集聚区特征进行考量未免有失偏颇、分析不够全面。本文拟进一步采用点模式分析方法进行空间集聚尺度的分析。点模式是研究区域内一系列点在空间中分布的集聚性与分散性的问题。旅游产业集聚区是城市旅游空间的具体表现形式，要科学系统地予以认识需从旅游供应要素的空间、本地居民的休闲游憩空间以及外来游客的流动空间三个方面进行综合考察。资源数据、POI 数据均是反映城市旅游功能要素数量的静态数据，所以，分析资源数据、POI 数据，是站在供给的层面体现西安旅游供给要素的空间集聚情况。游客数据来源于游客的实际需求，作为能够体现城市旅游活动强度的动态数据，可以突出需求层面的空间集聚情况。

鉴于此，按基于距离的空间邻近性和多距离空间集聚度分析法分别对西安旅游产业的集聚程度展开研究，需要充分考虑旅游活动供需两侧和实际数据可得性。第三章对收集的数据进行了预处理，高德数据为 7 大类 11 069 条，游客数据 1 148 034 条，本章对前文归类的预处理数据进一步合并归类为旅游资源（风景名胜、科教文化服务、体育休闲服务）、旅游住宿（住宿服务）、生活服务（交通设施服务、生活服务）、旅游购物（购物服务）、旅游者（只保留节假日）五个要素点数据类型进行空间邻近性和多距离集聚度分析。

二、空间邻近性分析

空间邻近性分析（Analysis of Nearest Neighbor，ANN）是基于空间距离的分析方法，植物学家 Clark 和 Evans 最早提出此方法，后来由戴西

（Dacey）引入地理学领域。该方法的含义是表示要素点数据中两个邻近点之间的空间平均距离。基本原理是在实际数据中任选一点，并将与其相邻最近的点的平均距离与随机分布模式下的预期最近邻距离展开对比，采取其比值 ANN 来对"点"的空间集聚性进行判断。利用平均最邻近分析方法可分析各要素在空间分布的邻近特征，检验空间邻近距离与期望距离之间的差异以及显著性特征。空间分布特征有三种，分别为集聚分布、均匀分布和离散分布。集聚分布表示存在旅游产业热点区，且要素点之间的距离很小；均匀分布表示各要素点之间的最邻近点距离大致相等；离散分布说明有些要素点分布较为集中，有些要素点分布分散。最近邻指数计算公式如下：

$$ANN = \frac{\overline{d_i}}{\overline{d_e}} \tag{4-1}$$

$$\overline{d_e} = \frac{1}{2} \cdot \frac{1}{\sqrt{N/A}} \tag{4-2}$$

$$z = \frac{(\overline{d_i} - \overline{d_e}\sqrt{N^2/A})}{0.26136} \tag{4-3}$$

其中，$\overline{d_i}$ 为研究区域内所有要素点与其最邻近点距离的平均值，$\overline{d_e}$ 为要素点在区域内随机分布情况下平均最邻近距离。N 为要素点的个数，A 为研究区域的面积。ANN 为实际距离与期望距离的比值，若 ANN < 1，则表示要素点在区域内呈现集聚分布，若 ANN=1，则表示要素点在区域内呈现随机分布，若 ANN > 1，则表示要素点在区域内离散分布。ANN 的范围是：0≤ANN≤2.149。z 为标准差，可反映实测平均最邻近距离与期望平均最临近距离的偏离程度，通过 z 分数进行显著性检验，若 z 分数值为正，且越大，则要素点分布越趋向于离散分布，z 分数值为负，且越小，则表明分布越趋向于集聚分布。

在 ArcGIS10.2 中，利用 average nearest neighbor 工具进行分析，计算出各类旅游要素和旅游者点之间的最近距离，根据公式（4-2）计算出不同旅游要素点最近邻近点平均距离的期望值和观测值；根据公式（4-1）计算出比值

ANN，公式（4-3）计算出 z 分数值，表 4-7 为各要素空间邻近分析结果。

表 4-7 不同旅游要素最近邻指数

要素类型	要素点个数	最邻近点距离（观测值）	最邻近点距离（期望值）	比值 ANN	z 分数值	P 值
旅游资源	3726	1810.850	459.54	0.254	−49.741	0.000
旅游住宿	5213	190.984	924.668	0.206	−107.527	0.000
生活服务	2013	293.753	1381.759	0.213	−51.679	0.000
旅游购物	68	2491.673	4986.467	0.499	−7.893	0.000
旅游者	72114	4.008	162.593	0.025	−501.002	0.000
总体	83134	130.403	642.920	0.203	−156.076	0.000

由计算出的数据结果可知，在 1% 的显著性水平下，西安市行政区划范围内的各旅游要素点分布的最邻近点距离为 130.403 米，小于理论值的 642.920 米取值，对应的最邻近比值为 0.203，这表明西安市旅游产业总体呈现集聚分布特征。旅游资源、旅游住宿、生活服务、旅游购物、旅游者五类要素数据也均通过了 $P<0.01$ 置信水平的显著性检验，最邻近比值分别为 0.254、0.206、0.213、0.499、0.025，均小于 1，z 检验分数值均为负数，高度显著，说明西安市这五种类型的旅游要素空间分布均为集聚分布模式，且集聚程度较高。

具体而言，集聚程度按游客＞住宿＞生活服务＞旅游资源＞购物类呈递减趋势，游客集聚效应最为显著，邻近比为 0.025，表现为强烈集聚，这与旅游产业的生产与消费的同时性密切相关。旅游住宿和生活服务的集聚程度相近，表现为较强集聚，购物类要素相对集聚效应最不显著，邻近比为 0.499，表现为一般集聚。其原因有二：一是旅游购物类要素点位样本量偏小，影响准确衡量空间集聚程度的稳健性，二是各旅游购物点（如土特产店、特色商业街）的空间分布模式差异较大，部分特色商业街存在空间不集聚现象。

z 分数值方面，五种数据有显著差异，这表明其集聚程度类似但事件随机发生的概率有一定差异，旅游者和旅游住宿的分布对比的随机性不理想。然而，空间依赖性因素的存在会对要素点的真实空间分布模式产生影响，因此，从空间邻近性进行分析仅能分析某个要素属性均值在全局空间的整体变化趋势，并不能很好地反映与尺度相关的分布模式。

三、多距离空间集聚度分析

Ripley's K 函数又称为多距离空间聚类分析，是二阶效应下的任意尺度点要素空间模式分析方法。该方法以一定半径距离的搜索圆来统计范围内点要素的数量，即考虑了空间依赖性因素的影响，反映各要素点在不同的尺度下可能出现的集聚、随机、均匀等不同的分布状态。相较于一阶空间邻近性分析方法，它对研究区域的大小非常敏感，能够鲜明地呈现空间模式和尺度的关系，同时量化度量的集聚程度。如图 4-20 所示，点在空间中的分布状态会随着空间尺度的改变而随之变化，在深色空间尺度下，区域内点基本呈现离散分布，但随着尺度的扩大，在浅色区域尺度下，点明显呈现集聚分布，以此类推。

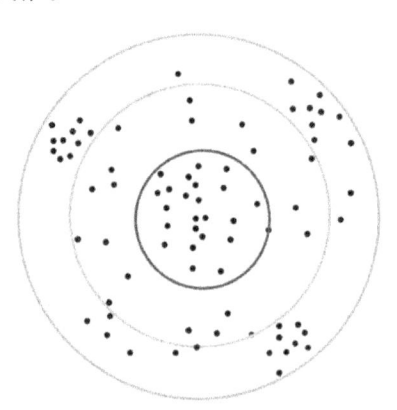

图 4-20 多尺度旅游产业点集聚示意图

因此，为了分析西安旅游产业的地理分布特点和集聚程度，找到旅游产业分布的最显著集聚尺度，本研究借助 ArcGIS 10.2 软件空间统计工具箱中多距离空间聚类分析（Ripley's K 函数）工具对几大要素的点位置图进行

Ripley's K 函数分析及显著性检验，以便了解旅游产业的各要素在不同空间尺度下的集聚程度，其计算公式如下：

$$K(d)=A\sum_{i=1}^{n}\sum_{j=1}^{n}\frac{d_{ij}(d)}{n^2}(i,j=1,2,\text{L},n,i\neq j,d_{ij}\leq d) \tag{4-4}$$

$$L(d)=\sqrt{\frac{K(d)}{\pi}}-d \tag{4-5}$$

式中，A 为研究区域面积，n 为旅游要素点个数，d 为距离尺度，d_{ij} 为要素点 i 和 j 之间的距离。随机分布状态下，$L(d)$ 期望值为 0，$L(d)$ 与距离 d 的关系可以验证不同距离 d 范围内，各要素点的空间分布格局。综合考虑行政边界效应的存在会影响计算的准确性和计算效率问题，研究采用 border 边校正法，利用 $L(d)$ 取代 $K(d)$，并求开方进行线性变化，保持其方差稳定性。

在计算得到各要素点的 Ripley's K 函数后，需要对各要素点的分布模式进行判断，具体判别准则如下：

在均值条件下，当 $L(d)$ 大于 0 时，则认为要素点呈现集聚分布状态，当 $L(d)$ 等于 0 时，则认为要素点呈现随机分布，当 $L(d)$ 小于 0 时，则认为要素点呈现均匀分布。

另外，虽然对各要素的空间分布模式进行了判别，但却无法给出结果的显著性，因此研究选择蒙特卡洛模拟进行显著性检验，分别选择设置随机数进行零假设实验形成置信区间，当 $L(d)$ 值大于上包络（际）线，要素点类型呈现显著空间集聚分布且具有统计显著性，期望值与观测值差值高于上包络（际）线越远，则集聚程度越强；$L(d)$ 值低于下包络（际）线时，要素点类型呈现显著空间均匀分布，期望值与观测值差值低于下包络（际）线时，则要素点的空间离散程度越强；$L(d)$ 值位于上下包络（际）线之间，则该数据类型显著随机分布。

由前文空间邻近性分析可知，旅游资源、旅游住宿、生活服务、旅游购物、旅游者等要素集聚程度均较强，故本研究在计算 Ripley's K 函数依然选择这五类数据进行集聚尺度的分析。实验结果如图 4-21 所示。

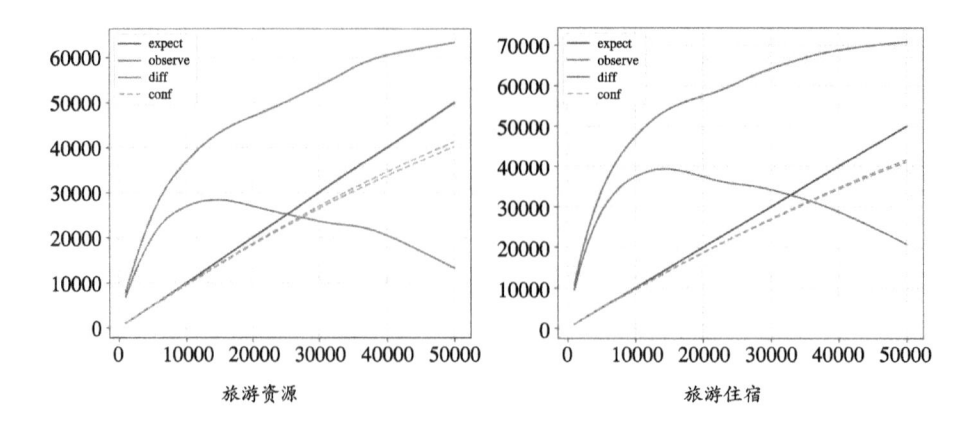

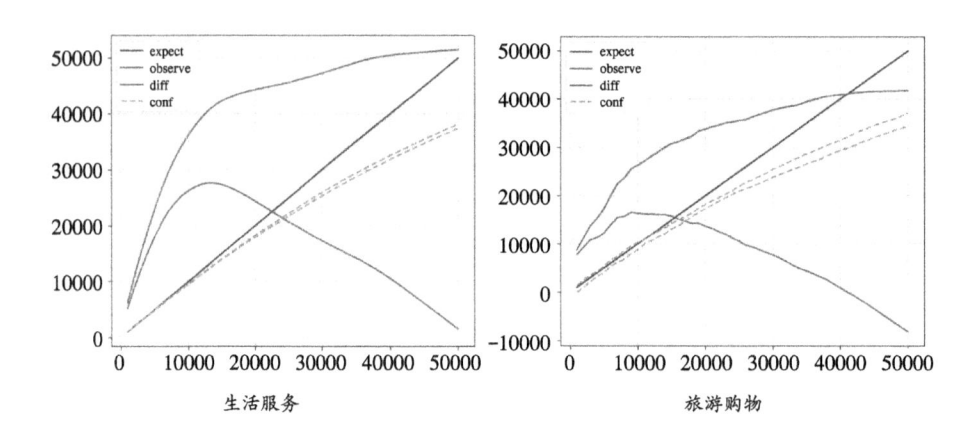

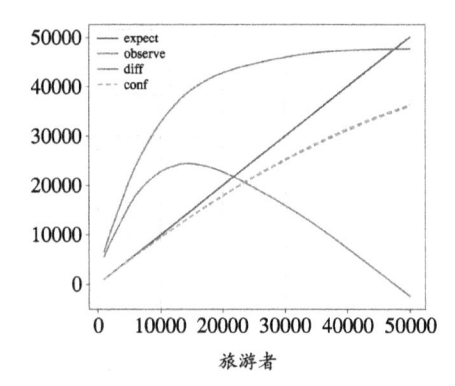

图 4-21　各旅游要素 Ripley's K 函数图

图中，三条实线分别表示期望值、观测值和两者的差值，上下两条灰色虚线表示置信区间的上下边界。从图中可以看出：

1. 99％置信度水平下，五类要素的空间分布曲线整体大于上包络（际）线，普遍具有显著的先增强后减弱空间集聚特征，且集聚程度随空间尺度的增加均呈现不同程度的随机分布趋势。

2. 将研究尺度统一在 5 千米范围来看，除旅游购物外，旅游资源、旅游住宿、生活服务、旅游者四类要素在 5 千米范围内的微分值均大于 0，说明各要素的空间集聚分布特征逐渐减弱，随机分布特征逐渐增强。

3. 各旅游要素的特征空间尺度在旅游资源为 1.2 千米、旅游住宿为 1.4 千米、生活服务为 1.3 千米、旅游购物为 0.9 千米、旅游者在 1.5 千米的空间尺度上，表现为最大集聚强度，强度 K 值分别为 29550、39900、28000、17000、24000，随着空间尺度的增加，开始表现出随机分布特征。

第四节　西安市旅游产业集聚区的识别

由于各旅游要素均为散乱分布的点数据，前文基于 Ripley's K 函数和空间邻近性分析的方法计算出了西安市 5 大类旅游要素最突出的集聚的空间尺度，对于西安市旅游产业集聚的空间距离进行量化度量，但对于旅游产业在西安市行政区域具体哪个位置产生了集聚、集聚的规模和范围未明确刻画。

因此，为构建旅游产业集聚区指数和识别不同的旅游产业集聚区，本文采用空间样方法将其由离散的点数据转换为连续的面数据，并通过将面状数据划分为标准的网格，对研究单元的粒度进行细化，以实现对西安市旅游产业集聚区位置进行精准测量。本节将具体探讨格网的划分依据、结果、集聚度指标体系构建以及基于集聚强度的旅游产业集聚区识别。

一、空间样方分析

（一）空间样方法分析原理

样方分析（quadrat analysis）最早起源于生态学中的物种调查，是由 Greig Smith 于 1964 年提出的研究点的空间分布模式中常用的方法。样方是指用来对整个研究区域进行划分的规则网格。此法的原理就是通过对比分析区域样方中点的分布密度与理论上分布模式中点的分布密度来对空间点密度的变化进行分析，从而掌握点实践的空间分布特征。

样方分析过程如下：其一，采用最优尺寸公式对网格的边长进行运算，基于此创建网格使之对整个研究区域进行覆盖；然后，统计每一个落入格网中点的数量；最后，通过统计每个样方点计算频率差以及集聚指数等指标来识别点分布状态。本研究对于西安市旅游产业集聚区识别将参照样方法中划分格网的方法（如图 4-22 所示）进行。从经验上来说，局部特征随着格网划分的粒度越细而越鲜明；反之，其局部特征将会被忽略。

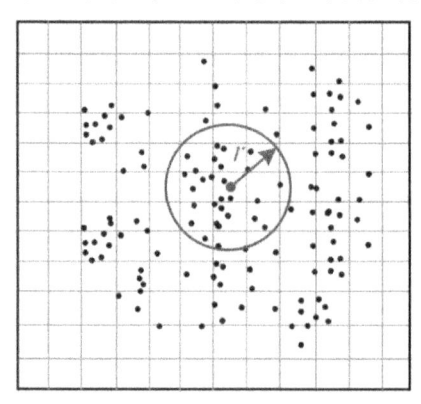

图 4-22 样方搜索示意图

（二）样方创建与数据标准化

根据学者格雷格·史密斯（Greig Smith）、格里菲斯（Griffith）和阿姆莱茵（Amrhein）以及泰勒（Tarlor）等的已有研究，样方的最优尺寸计算公式为：

$$S = \frac{2A}{n} \qquad (4\text{-}6)$$

其中，S、A 和 n 分别代表样方面积、研究区域的面积和区域内要素点的个数。

样方的形状可以是任一闭合图形，但考虑正方形便于构造与合并，所以，样方形状选择正方形，可将上述公式推导得到样方的边长运算公式：

$$L=\sqrt{\frac{2A}{n}} \tag{4-7}$$

其中，L 为样方边长。根据公式计算得到的正方形网格的边长约为 500 m（实际算出来接近 490 m）。在 ArcGIS 10.3 软件中，将区域划分为 500m×500m 的规则格网，以格网中心为圆点，以距离 d 为半径空间搜索，统计旅游要素的个数，并将其赋值予该格网，表示该格网的旅游要素数量，具体计算公式如下：

$$S=\sum_{i=1}^{n} p, \begin{cases} p=1, if\ d_i \leq r \\ p=0, if\ d_i > r \end{cases} \tag{4-8}$$

由于各旅游要素在数量上存在显著差异，因此，在构建集聚指标之前，需要对各要素进行标准化，本文采用最大—最小值标准化（max-min）对各要素分别进行标准化，具体公式如下：

$$S_{\text{normal}}^{ij}=\frac{S_i-\min(S)}{\max(S)-\min(S)} \tag{4-9}$$

经过标准化后，S_{normal}^{ij} 表示格子 i 中要素 j 的值，位于 0 到 1 之间。

二、旅游集聚度指标体系构建

旅游产业集聚区是一个动态的复杂系统，随着现代"流动空间"逐步取代传统的"场所空间"，旅游产业的集聚不但表现为旅游吸引物（景点）、旅游企业在地理空间的要素集聚、城市层面的空间规模扩张，更表现在因为旅游目的地的一致性引发的游客集聚上，如何分辨其指标体系组成显得尤为重要。而旅游产业集聚度的判定涉及众多指标，各个指标间又存在着一定的相关性，因此，基于科学性、重点突出、可比性、可操作性原则，考虑数据的可获得性、合理性和可测度性，并结合参考已有学者的研究结论，本研究采用层次分析法和德尔菲法构建旅游集聚度指标体系并确定权重。

（一）建立层次结构

本研究基于目标层和要素层构建旅游产业集聚度指标体系（如图 4-23 和表 4-8 所示），目标层作为一级指标为旅游产业集聚，要素层作为二级指标，通过查阅文献资料和西安市旅游产业实地调研资料，最终合并归纳为 5 个方面，共包括旅游资源、旅游住宿、生活服务、旅游购物、旅游者五部分。三级指标前文数据预处理已述，根据剔除后的高德官网 POI 编码表共计 23 项小类具体指标。

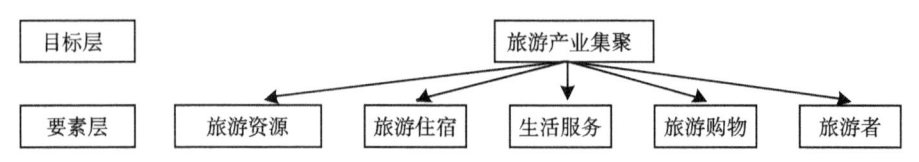

图 4-23 旅游产业集聚度指标体系层次结构图

表 4-8 指标数据分类表

序号	要素	大类	小类	点数
1	旅游资源	风景名胜	风景名胜、世界遗产、国家级景点、省级景点、纪念馆、寺庙道观、教堂、回教寺、观景点、红色景区；广场、公园、动物园、植物园、水族馆	3726
		科教文化服务	博物馆、纪念馆、陈列馆、科技馆、美术馆、会展中心	
		体育休闲服务	滑雪场、度假疗养场所、度假村、疗养院、休闲场所、游乐场、垂钓园、采摘园、露营地、水上活动中心、音乐厅、剧场	
2	生活服务	交通设施服务	火车站、交通服务相关、长途汽车站	2013
		生活服务	旅行社、信息咨询中心、服务中心、休闲餐饮场所、特色/地方风味餐厅老字号、清真菜馆、西北菜	
3	住宿服务	住宿服务	农家乐、宾馆酒店、五星级宾馆、四星级宾馆、三星级宾馆、经济型连锁酒店、民宿、青年旅舍、普通出租公寓	5213
4	购物服务	购物服务	步行街、特色商业街、土特产专卖店	68
5	旅游者	旅游者	旅游者（只保留五一、十一、和传统节假日信息）	72114

（二）构建两两比较判断矩阵

为了使选择的指标更具有代表性和科学性，在建立了旅游产业集聚度指标体系的基础上，需根据层级结构图，进一步厘清和明确各指标要素的权重信息，指标权重是各要素指标在旅游产业集聚水平指标体系中的重要程度的量化表达。本研究采用德尔菲法对各要素赋值，对旅游学者、政府旅游职能部门管理者、旅游企业管理者、旅游规划专家四类专家及行业相关人士发放 40 份调研问卷和访谈，将其意见转化为定量化指标。为进一步消除主观性，需要对要素层指标进行两两比较。采用 Satty 比例九标度法，如表 4-9 所示，再通过两两逐项对比较指标的相对重要程度，根据重要程度对判断矩阵的值进行赋值，在一定程度上降低了人为主观性和比较时的难度，并可将专家学者意见进行综合量化完成参数模型。

表 4-9　层次分析法标度及描述

标度	1	3	5	7	9	2、4、6、8	倒数
定义	相同重要	稍微重要	比较重要	十分重要	强烈重要	两相邻判断的中值	权重定义与因素值不变，相应的标度次序为 1/9, 1/7, 1/5, 1/3, 1；两相邻判断的中值为：1/8, 1/6, 1/4, 1/2

根据对数名资深专家四类专家及行业相关人士访谈，对各指标之间进行对比按 9 分位比率排定各要素指标的相对重要程度后，得到重要性判断矩阵如表 4-10 所示。

表 4-10　西安旅游产业集聚强度判断矩阵

项目	旅游资源	旅游住宿	生活服务	旅游购物	旅游者
旅游资源	1	4	9	7	1/2
旅游住宿	1/4	1	7	5	1/3
生活服务	1/9	1/7	1	1/3	1/9
旅游购物	1/7	1/5	3	1	1/5
旅游者	2	3	9	5	1

(三) 一致性检验和模型构建

在实际操作中,除了一阶矩阵外,数值不等的情况常有,偏离的可能性随着矩阵结果越大而越大,但二者的偏离要有度,需要检验判断矩阵的可靠性,即一致性检验。

1. 一致性检测指标为 $CI = \frac{\lambda - n}{n - 1}$,$CI$ 值越小,偏离程度越小。数据偏离情况出现的原因可能是因为随机因素引起,为确保检验结果稳定可靠,将 CI 对比平均随机一致性指标,获得一致性比率 CR。

2. 对 CR,一般以 0.1 为界,只有当 $CR < 0.1$ 时,权重系数的分配才是合理的,即层次分析的判断矩阵才能通过一致性检验,否则就不具有满意一致性。

基于以上,结合上文判断矩阵,运用 MATLAB 计算出的随机一致性比率:

$$CI = 0.085$$
$$CR = \frac{CI}{IR} = 0.076 < 0.1 \quad\quad (4\text{-}10)$$

故,可知判断矩阵具有非常满意的一致性,通过检验。

另,依据判断矩阵使用 MATLAB 计算出各要素的算术平均权重值分别为:旅游资源为 0.33803328,旅游住宿为 0.17215154,生活服务为 0.03066228,旅游购物为 0.06320014,旅游者为 0.39595276。

基于上述分割格网和指标体系,本研究引入集聚性指数作为不同单元内的旅游产业空间集聚强度的属性值,搭建旅游产业集聚强度模型,公式如下:

$$C_i = \sum_{j=1}^{n} S_{\text{normal}}^{ij} \cdot w_j \times 100\% \quad\quad (4\text{-}11)$$

其中,C_i 为格网 i 的集聚性指数,w_j 为对应的第 j 个要素的权重值,即有效系数,n 为要素数。S_{normal}^{ij} 表示格子 i 中要素 j 的值,位于 0 到 1 之间,集聚性指数高的格网所在的位置即是西安市旅游产业的主要集聚位置。

代入计算的权重值则为：
$C_i=(0.3380w_1+0.1722w_2+0.0307w_3+0.0632w_4+0.396w_5)\times100\%$

三、基于空间样方法的旅游产业集聚区识别

基于上文，本研究以 500m 为边长创建 500m×500m 的正方形规则网格样方，将样方与西安市行政区边界进行叠置后得到样方图，再根据旅游产业集聚强度模型计算各个格网样方的集聚性指数，从而生成西安市旅游产业集聚样方网格图。如图 4-24 所示。

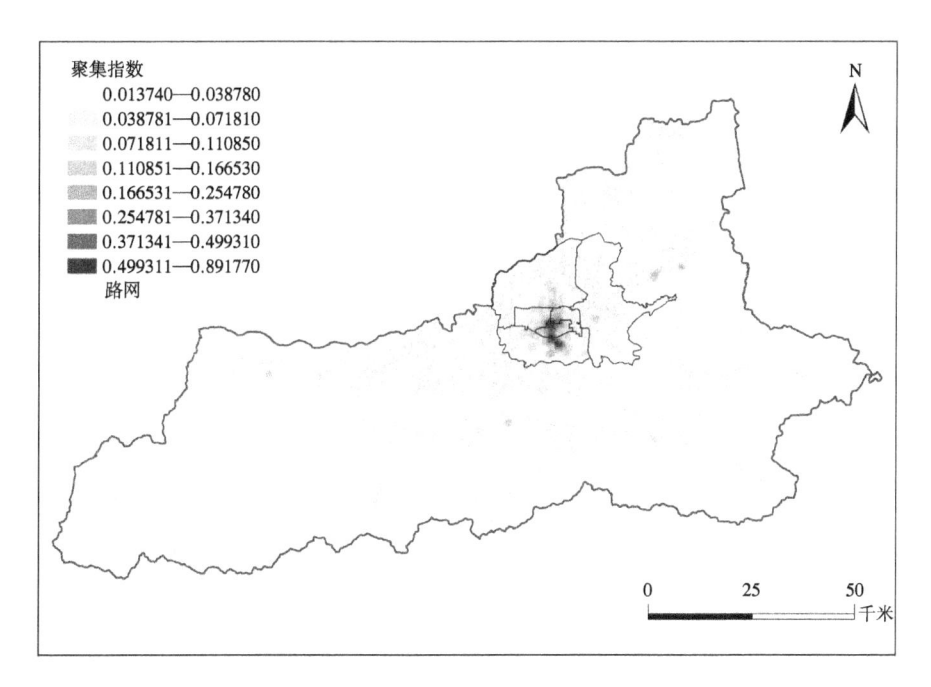

图 4-24 基于空间样方法的西安旅游产业集聚区总体识别图

基于空间样方法识别结果将旅游产业集聚度划分为 3 个等级，0.255—0.892 表示游客和企业活跃度高、集聚高值区；0.072—0.167 表示游客活跃度较高、较为集聚区；0.014—0.071 表示游客活跃度较低、一般集聚区；低于 0.014 的则为分散区。

总体上，从样方网格图可以看出，西安市旅游产业集聚区的空间形态

大致有"点状""线状""面状"三种模式,且中心城区与周边郊县空间集聚形态差异明显,集聚强度指数值较大的格网主要位于西安市中心和东部临潼区,主城区集聚区以线、面状为主,在集聚强度指数较大的格网单元附近也往往分布着强度指数相近的格网,外围近郊呈现零散点状分布样式,集聚强度指数低于中心城区。

具体来看,南北方向上,北部西安主城区中心地区以钟鼓楼片区、永兴坊一带形成了多个连片成团的面状高值集聚区域,以地铁 2 号线、长安路沿线形成了线状较高值集聚区域,集聚程度较高,空间范围大,核心辐射效应强。另外,东部浐灞区域形成了以世园会、湿地公园、半坡等为核心的独立集聚区,东北部临潼一带形成了以兵马俑、华清池为核心的线状较高值集聚区;东南部曲江区域形成了以大雁塔、陕西省历史博物馆、大唐芙蓉园为核心的面状高值集聚区。南部方向上,秦岭沿关中环线近郊区形成了三个集聚程度较低、中心集聚性明显的规模密度较小的独立集聚区,分别是西部周至沙沙河水街沙河湿地公园区域、南部沣峪口附近的秦岭野生动物园、翠华山—南五台区域、东部白鹿原汤峪区域,呈现典型景区依托型特征。

不同空间形态集聚区的客源市场、业态类型、产业环境、区域内经济发展水平均呈现显著差异。以面状空间模式为主的旅游产业集聚区主要分布于中心城区,为西安旅游产业发展的基础和核心空间,因特殊的地理区位优势和优越的历史文化资源,形成了大量的高 A 级核心旅游吸引物、综合功能中心和住宿设施,成为入境游客和外地游客集聚的首选地,呈现高集聚态势,业态类型呈现多类型复合布局,集聚区内部旅游产业要素齐全,产业带动辐射效应、渗透作用均较强,带动了周边旅游相关产业空间的延伸。以线状空间模式为主的旅游产业集聚区主要是依托交通区位优势辅以重点景区(点)、大型商业综合体沿线集聚而成,产业发展情况呈上升趋势,具有一定的集聚发展潜力,同时为本地市场和外地市场服务,可吸引不同的业态依附,对周边的渗透作用和产业空间延伸次于面状集聚区,但较点状集聚区强。以点状空间模式为主的旅游产业集聚区近郊和乡村区域主要以自然景区（点）、家庭旅馆、旅游示范村、自然风景区为依托形成集聚，大型星级酒店、人文主题景区较少分布，与城区形成显著区别，几乎无产业渗透作用和辐射效应，旅游客源市场主要为本地市场和周边市民，且这几个集聚区内要素单一、服务功能简单，属于集聚的初级阶段，对周边的扩散作用不显著，但从某种意义上，为旅游旺季本地居民向外来游客让渡主城区旅游基础空间提供了可能。

四、基于核密度的旅游产业集聚区识别

核密度估计法（Kernel Density Estimation）也是空间分析中运用十分广泛的方法之一，是一种非参数密度估计方法，由罗森布拉特（Rosenblatt）和伊曼纽尔·帕森（Emanuel Parzen）提出，可用来分析西安市旅游产业相关企业、旅游者的数量在空间上的分布密度。其核心原理是通过对区域内各要素点的密度实施叠加运算，以此获得网点在区域内的分布热点。表达式如下：

$$Q(s)=\sum_{j=1}^{n}\frac{1}{\pi r^{2}}\partial(d_{ls}/r) \qquad (4\text{-}12)$$

式中，$Q(s)$ 是各要素点位的核密度估计，r 为阈值，即核密度函数的搜索半径，n 为要素点的样本数量，∂ 是要素点 s 与 l 之间距离 d_{ls} 的权重。

前文已对 POI 原始数据进行了清洗、合并筛选重分类和预处理，本节主要基于处理过的与旅游相关性较强的 POI 基础数据 11069 条，运用 ArcGIS 10.3 中的"核密度"工具，计算并分析西安市旅游产业 POI 分布密度空间变化，以密度数值为基础，通过可视化表达，初步识别旅游产业集聚区，同样地，研究将微博数据、景区数据、民宿、酒店、乡村旅游示范村的核密度空间变化进行耦合叠加，以进一步准确识别西安市城市旅游产业的空间结构，以判断基于多维数据的西安旅游产业空间是点状分布、带状延伸、多中心分级发展抑或是面状集聚。因 POI 数据与微博游客签到数据、资源数据存在属性差异，基于多数据复合叠加的核密度分析，需处理好多源数据在可视化成图中的权重设置问题。因此本文引入证据权重法

a.POI

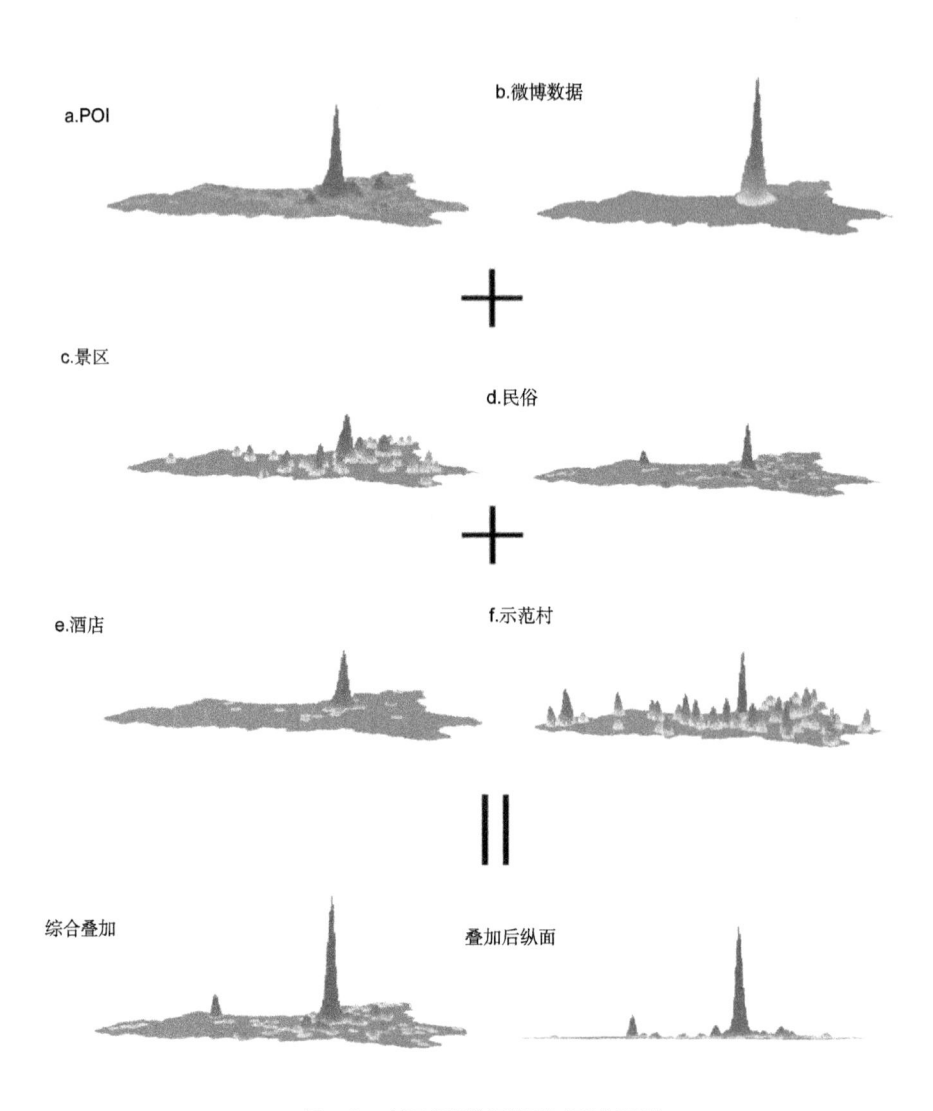

b.微博数据

c.景区

d.民俗

e.酒店

f.示范村

综合叠加

叠加后纵面

图4-25 基于多源数据的叠加识别过程图

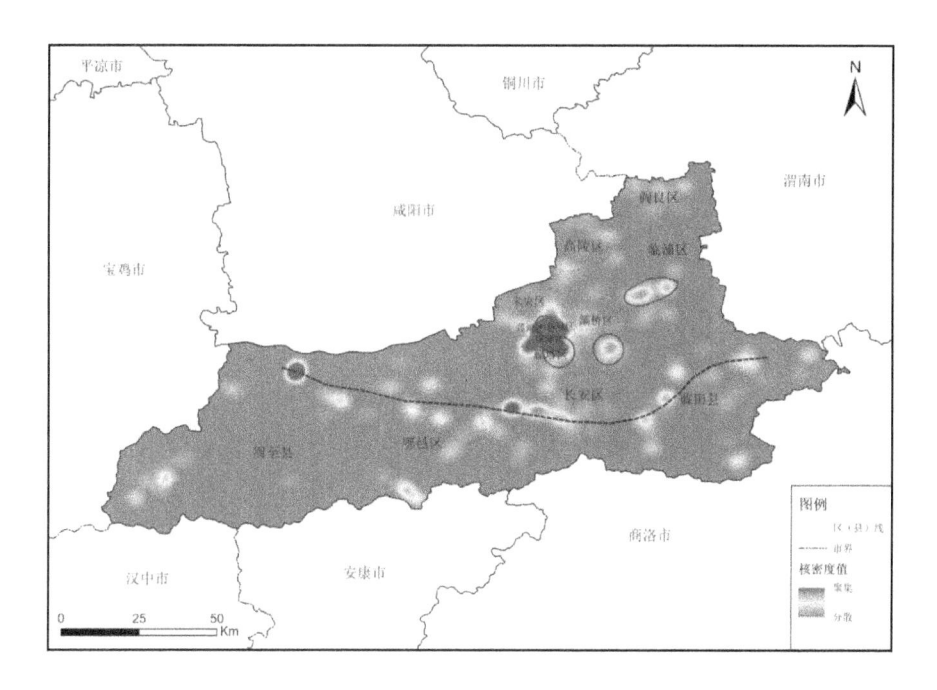

图 4-26 基于核密度法的西安旅游产业集聚区总体识别图

（Weight of evidence），采用 ArcGIS 软件，将研究区分成大小一致的栅格单元，叠加分析证据因子相关数据，以此划分研究区的旅游集聚度分区。叠加识别过程和结果如图 4-25 及图 4-26 所示。

根据多源数据叠加的空间聚类结果，同时考虑行政区划、交通网络、地形等因素，依据共轭性、资源相对一致性、客源市场差异性、景区酒店的分布规律趋同性等基本原则最终识别了十多个集聚区。在东北部临潼区域内形成了以秦始皇陵兵马俑、华清池等世界级历史文物古迹为核心的集聚区；在中心城区形成了以城墙、钟鼓楼、回坊等文物古迹和历史文化街区为核心的集聚区；在中心城区东南侧形成了以大雁塔、大唐芙蓉园等为核心的集聚区；在秦岭沿线形成了以自然游憩资源为核心的环城旅游产业集聚区；在浐灞河区域形成了以商务会展、生态湿地景观等为核心的集聚区，在西安市旅游产业领域，上述旅游产业集聚区占据着核心的位置，是西安市城市旅游发展水平的综合体现。

对比两种集聚区识别方法来看，无论是基于空间样方法的集聚强度指数模型的集聚区识别，还是以核密度值作为变量的自相关分析，西安市旅游产业具有明显的空间集聚特征，行政区划范围内显示出在局部区域高度集聚的非均质化空间特性，总体围绕中心城区、秦岭周边郊县形成了多个尺度不同、规模各异、集聚强度有别的旅游产业集聚圈层。

从识别结果旅游产业集聚区的位置及形态来看，采用空间样方集聚强度指数模型方法识别出的集聚区集聚位置较为独立，集聚高值区大都位于建成区的中心范围，周边郊县少且集聚指数较低。基于核密度的方法识别出的集聚区位置相对连续，不论城区还是周边郊县均有高值区。从识别出的集聚区数量及面积来看，前者较后者识别的效果更佳，后者虽然可以识别出更多的显著性格网单元，且格网热点区块总面积更大，但识别准确度相对粗略。

同时，我们发现，两种方法均有效识别出了八个相同的集聚区，为后续进一步深入分析和表述方便，将秦岭沿周至、长安、蓝田区域的三个集聚区合并为一个，并将两种方法有效识别并合并最终形成的五个集聚区，分别命名为临潼旅游产业集聚区、城墙—回民街旅游产业集聚区、大雁塔—曲江旅游产业集聚区、秦岭北麓旅游产业集聚带、浐灞旅游产业集聚区。

第五节 小结

从时间上，本章首先结合中国旅游产业的发展进程梳理了西安旅游业初创期、形成期、加速期、成熟期四个阶段的阶段性演变特征，通过对 A 级旅游景区、星级饭店、等级民宿、乡村旅游示范村、旅行社、交通路网等旅游发展核心产业要素的建设过程追溯，来理解西安旅游产业的发生过程和要素嵌入特征，从供需两侧分别探索西安旅游产业发展的底层逻辑。

从空间上，本章主要运用 GIS 空间分析技术，利用 ArcGIS 10.3 中的尺度距离分析（包括平均空间邻近指数分析和 Ripley's K 函数分析）、密度分析（样方分析及核密度分析）等数量化测度了西安市旅游产业集聚区的空间集聚特征、空间集聚类型和空间分布密度。得出如下结论：

1. 通过计算西安市旅游产业五大要素的空间分布最临近指数发现，西安旅游产业要素点为集中分布，集聚程度按游客＞住宿＞生活服务＞旅游资源＞购物类呈递减趋势，游客集聚效应最为显著，旅游购物最不显著。

2. 通过 Ripley's K 函数计算，发现五类要素的点的空间分布曲线整体大于上包络（际）线，普遍具有显著的先增强后减弱空间集聚特征，且集聚程度随空间尺度的增加均呈现不同程度的随机分布趋势。各旅游要素的特征空间尺度在旅游资源为 1.2 千米、旅游住宿为 1.4 千米、生活服务为 1.3 千米、旅游购物为 0.9 千米、旅游者在 1.5 千米的空间尺度上，表现为最大集聚强度，强度 K 值分别为 29550、39900、28000、17000、24000，随着空间尺度的增加，开始表现出随机分布特征。

3. 通过空间样方分析，发现西安市旅游产业集聚区的空间形态大致有"点状""线状""面状"三种模式，且中心城区与周边郊县空间集聚形态差异明显。

4. 通过对比核密度法和空间样方分析，共同识别出临潼旅游产业集聚区、城墙—回民街旅游产业集聚区、大雁塔—曲江旅游产业集聚区、秦岭北麓旅游产业集聚带、浐灞旅游产业集聚区五个旅游产业集聚区，通过研究可知，在西安市旅游产业领域，上述五大集聚区占据着核心的位置，是当地城市旅游发展水平的综合体现，为科学剖析旅游产业集聚区演化过程中存在的问题及未来优化提升思路提供支撑。

第五章 西安市旅游产业集聚区的形成与演化

旅游产业集聚区建设是目的地城市旅游发展的一种重要形式，也是实现区域旅游产业发展、提升城市旅游竞争力的关键举措。第四章的研究表明，西安旅游产业集聚区的空间布局存在非均质性，并且其发展有着空间集聚的特点，如何客观认识西安各旅游产业集聚区的形成路径与演化规律，回答好这一问题有助于指导旅游产业发展规划和战略布局。本研究认为，旅游产业集聚区的形成有一个历史演化过程，应将其置于动态的、演化的视野中去理解。因此，有必要在旅游产业集聚区识别的基础上，进一步揭示集聚区形成演化的理论进路，包括结构分析框架和过程分析框架，同时，对各典型集聚区的形成背景、功能定位、演化过程、空间结构等进行深度解析，为产业集聚区之间的比较提供科学的评判标准和依据，同时为推导出各集聚区影响发展的动力机制奠定基础。

第一节 旅游产业集聚区形成演化的理论架构

一、旅游产业集聚区分析的结构框架

不同类型、不同产业或者行业的旅游产业集聚区，其形成发展条件也各异。本文的研究对象是旅游产业集聚区，是一个非线性的复杂性适应系统，传统的新古典经济学、均衡的线性方式很难解释动态演化的产业形成和发展，而旅游业自身独有的特征使其具备不同于其他集聚区的形成演化机理和发展过程。

一般来说，演化经济地理学包括基于历史发生的过程分析框架和基于系统发生的结构分析框架两种思维框架。要全面准确地把握集聚区的形成

与演化规律,需要从结构分析和过程分析两个角度进行综合分析。结构分析是来源于横向的空间维度,本研究主要从集聚区的空间范围、要素表征、形成背景、功能定位、演化阶段与过程六个方面予以综合考量。如图5-1所示。

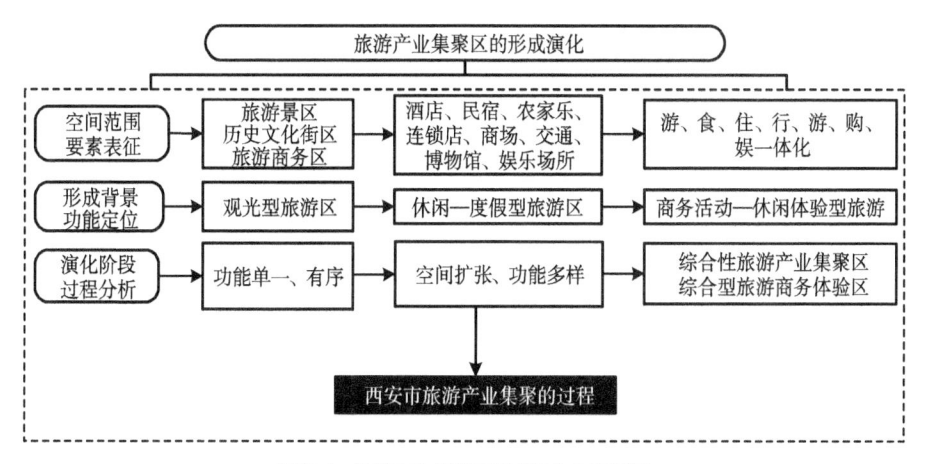

图 5-1 旅游产业集聚区形成演化分析框架

二、旅游产业集聚区演化过程的"三阶段假说"

在历史发生的过程分析框架方面,不论是旅游地的生命周期理论还是工业制造业的产业集聚演进规律,均已有大量的案例支撑,而旅游产业集聚区的演进过程和规律并不能简单套用,需建立在借鉴和假设的理论演绎基础上。本研究结合已有理论探索和实证探索,构建了复杂演化和主体角色关系视角下旅游产业集聚区的"三阶段"理论演化假说,为深入分析旅游产业集聚区的形成和演化提供了一个含时间、空间、多元主体、内生与外生力量的多要素、多主体的分析框架,如图 5-2 所示。"三阶段假说"以时间演进、角色演进、空间演进三个维度为核心,涉及微观(企业)、中观(区域或产业)、宏观(环境)以及产业运行主体,即旅游消费主体(旅游消费端)、旅游经营主体(旅游供给端)、旅游行政主体(旅游管理端),综合分析各个维度及各维度间相互作用对旅游产业集聚区的影响。

如图 5-2 所示,横坐标表示时间演进的三个阶段。根据旅游地生命周期和集聚生命周期理论主张,不论是旅游地还是集聚区,都是随着时间演进发展的客观存在,其演化均存在生命周期。旅游地的生命周期以客流量为基础,集聚区以资源、景区、要素的集聚为首要因素,阶段划分、拐点判定以及其表现形式和阶段特征也存在区别。本研究在总结前人研究的基础上,将旅游业的独特性以及集聚区的常见规律相结合,将旅游产业集聚区的时间演进划分为孕育建构期、成长赋能期、成熟创新期三个时间阶段。

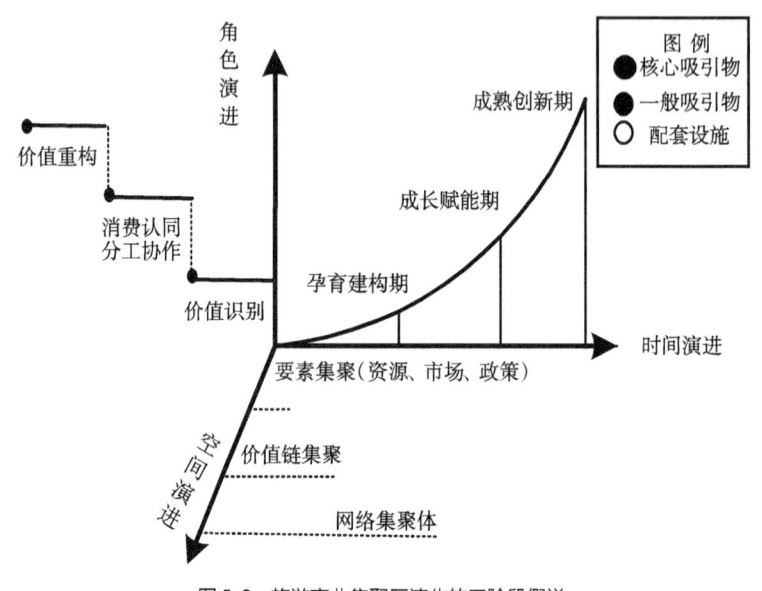

图 5-2 旅游产业集聚区演化的三阶段假说

从空间演进上看,基于复杂适应系统理论主张,在复杂系统的演变过程中,较小的或较低层次的适应性个体可以集聚形成较大的或较高层次的主体,主体之间、主体与环境间存在非线性相互作用,从而导致系统呈现出新的结构状态。旅游产业集聚区的空间演进可以理解为由旅游产业的相关经济主体在适应环境变化过程中所形成的一种产业空间分布不均衡现象,其空间演化过程也是主体层级结构不断变化的过程。对于旅游业集聚区的区域演化,本研究认为其包括要素集聚、价值链集聚、网络集聚体三个时期。

根据演化经济学和关系经济地理学的理论主张，行为主体系统的自组织和周边环境共同推进了主体的发展，能动主体的空间生产和空间重构行为，以及它们之间的相互作用是区域经济景观动态演化的核心思想。为了更清晰地考察不同利益主体的适应性行为和集聚过程中的能动性，研究同步引入角色演进维度，如图中纵坐标表示，图示反映了旅游产业集聚区从价值识别、消费认同和分工协作、价值重构三个阶段的序列推进。角色演进主要指旅游产业的旅游消费主体、旅游经营主体、旅游行政主体三个产业运行主体的共同演进。三个利益主体因其不同的利益诉求，在旅游产业运行系统中扮演不同的角色、发挥不同的作用。旅游消费主体即旅游者，其旅游需求的满足，是旅游产业演化发展的起点也是旅游产业集聚区的内在驱动力；相关旅游企业及其利润的实现，是旅游产业运行的动力；政府的目标是确保整个旅游产业系统良性发展，实现经济、社会等综合效应最大化，从而推动旅游产业从初级阶段不断向更高有序阶段演化发展。

旅游产业集聚区的时间演进周期具体划分如下：

（一）孕育建构期

在孕育建构阶段，旅游业在空间上表现为旅游核心吸引物因资源、需求市场、区域政策环境等要素指向而得以初步开发利用，并在此基础上逐渐发展。零星的一般吸引物和配套设施在核心吸引物周边形成小规模的集聚，业态较为单一，呈现"点状"要素集聚模式。从时间上表现为上下游旅游企业有了初步连接，但由于合作时间短、交易频度小、关系固化程度和合作程度不高，整体集聚演化程度较低。

这一阶段，旅游产业以资源、市场或政策驱动的要素集聚为主要特征，集聚区虽尚未成形，但已经形成了以1—2个高A级旅游景区为"标识"的核心吸引物，多元主体参与较少，互动作用程度较低。主体行为表现和结果方面，政府主体行为表现为通过规划建设、政策引导使得具有文化、旅游价值的吸引物得到公众关注，价值得以识别，成为地区、城市甚至国家的文化识别符号，从而引发游客集聚、企业投资（集聚）、居民和行业协会的参与等一系列的主体行为集聚，继而推动集聚区的不断演化。在孕育建构阶段，核心吸引物的标识作用吸引并产生了一定规模的旅游客流，使得游客主体初始性集聚效应开始呈现，但此时游客的角色为"观众"，旅游价值认同度不高；旅游及相关企业经营主体在空间集聚的同时开始出现竞争、摩擦、调和，但经营主动性普遍不足，接待意识和接待能力相对薄弱，有些企业相互之间开始建立弱联系。总体来讲，各主体间的互动关系生成具有非连续、不稳定的随机性，整体处于萌芽阶段。

从产业关联度分析，这一阶段存在的旅游企业不仅数量有限，规模也不是很大，再加上区域开展的业务比较单一、缺乏旅游价值链的存在，企业之间的分工不明确、协调不到位，所以该地区在创造阶段呈现出的发展状态是地理空间集聚、产业关联离散。

（二）成长赋能期

在成长赋能阶段，空间上不再表现为旅游企业地理上的简单扎堆，而是随着旅游企业间的合作互动增加，价值链出现了汇集，旅游产业集聚区从简单的空间集聚走向了分工协作和消费认同，空间结构呈现"众星拱月"的均衡形态。时间表现上，价值链内的各主体合作交流的时间、频率、传播速度越来越快且越来越深入，合作关系日渐稳定，信息共享水平日渐提高，集聚演进程度提升明显。

这一阶段的最大特征是旅游产业集聚区内部逐渐产生了清晰的分工协作以及消费认同。其表现主要是：一方面，围绕着旅游核心吸引物、一般吸引物，集聚区内的配套设施相应完备，企业间互动关系增加。各利益主体间建立起相对稳定的分工与协作关系，驱动要素已不再是单一的资源、市场或政策，可能是两两结合或者三个要素联动形成。在人气不断提高和集聚规模效应的作用下，该地区产生了很大的吸引力，很多旅游公司和相关组织机构选择在该地区开展经营活动，所以导致该地区企业的数量在不断增加，旅游业态趋于多元化，扩大了整个区域的发展规模和范围；另一方面，游客也不再是简单的观众，基于相同或相异的文化背景，在旅游交往中形成了消费认同关系。消费认同既包括集聚区内企业主体间、社区居民间，基于长期合作而形成的正式契约认同，也包括主客双方交往过程中形成的非正式和非契约的认同关系。主体行为表现和结果方面，政府主体、旅游企业及相关企业经营主体、游客主体的关系从非均衡走向均衡，关系互动从单一走向多元，促使集聚区的微观单元形成的同时也产生了价值链集聚。产业关联度方面，在食、住、行、游、购、娱乐六大支柱产业的发展带动下初步形成了旅游产业价值链。

（三）成熟创新期

在成熟创新阶段，网络集聚体和价值重构是旅游产业集聚区发展的重要特征。集聚区在分工协作、交流的长期作用之下，旅游及有关公司的连接关系变得越来越稳定；稳定的合作联盟逐渐出现，在此期间，连接方式以强联系为主，群体创新开始出现在集聚区内部。此时期是集聚区生命周期的关键时期，它的历时相当长。

当集聚区内各种价值链发展到一定程度，开始形成两个或多个的集聚单元，各集聚单元之间将出现越来越频繁的交易，信息传播量也日渐变得丰富，同时加入交易中的单元也在不断增多，致使单元合作关系日趋稳定、信息共享的空间变得更广阔、多元，各主体间由分工协作演变为"价值重构"。以游客主体为例，游客不再仅仅是"观众"，或者"演员"，而更多的是以"创作者"的身份融入集聚区的发展。此时，单元与单元之间不再是纯粹的线性关系，而是变成日趋稳定、多维化的复杂网络关系，最终产生了一个网络集聚体。网络集聚体包括：竞争性网络集聚体、供需性网络集聚体和互补性网络集聚体。通常而言，最开始出现在旅游集聚区的同一类单元相互间易产生竞争式网络集聚体，在其上游、下游单元，以及具备产业性质的游客单元参与进来的同时，供需型网络集聚体也在逐步形成，而各种辅助型公司的加入则使互补型网络集聚体变得更加趋于完善。

从各利益主体层面分析，受上一阶段原有的发展路径的和集聚区本地网络的影响，旅游企业与外部以及相关企业合作关系固化，导致集聚区发展出现功能和认知有限的局面，有些利益主体为了个人原有的利益不受损，要求旅游产业的发展遵从原有的、不完善的制度，导致创新的进度缓慢，所以容易在激烈的竞争中逐渐开始衰落。因此，需要集聚区的各利益主体不断尝试创新发展路径和思路，加大资源整合力度，主动根据环境的改变和市场需求去改变自己的经营策略，让旅游产业集聚区的发展持续健康有序地进行。鼓励那些敢于冒险和尝试的企业家共同承担集群发展新路径探索的责任，除了加强企业内部的衍生创新外，还要加强企业整体发展战略的创新。此外，集聚区形成的本地网络存在局限性，所以，应该加强与外部的合作，通过与相似企业、研发部门等达成合作协议形成集群外部网络，对区域旅游实施新的管理体系，加快旅游产业新网络形成的速度，提高集聚区内部知识和创新的流动性。

基于上述分析，旅游产业集聚区的演化过程分为孕育建构期、成长赋能期、成熟创新期三个阶段，随着时间、空间、角色三重因素的交互影响，各阶段得以有序推进，演化程度逐步提升。景区主体利用旅游核心吸引物发挥"标识"作用，激发游客的价值认同和消费行为，从而促进政府主体建设旅游基础设施、制定相应政策，进而引导协会、居民、企业组织的行为集聚，使得旅游空间集聚区得以形成和发展。同时，随着游客主体的空间流动和配套设施的集聚，形成了若干旅游产业集聚区。

三阶段理论是对旅游产业集聚区形成的简化和抽象描述，实际演进过程的三个阶段并非完全割裂和简单地合并，更不是一个阶段结束或某些主体消失后下一阶段才开始，而是在一定机制和条件下，较低层次的主体在一定集聚要素下，相互构建和互动中，层级结构逐步显现、适应和稳定，并形成新的较高层次和主体的过程。集聚区演化的各要素条件和各主体均为集聚区的建构体、参与者、互动体，其演化轨迹相互影响，这种影响能够改变彼此的适应性，形成共同演化机制。在集聚区形成的三阶段演化中，每一阶段都体现了随着时间的演变，微观单元或有利益关系者基于自身权益考虑的行为致使全旅游集聚区出现变化。例如首个时期"要素集聚"中的单一要素驱动下不断叠加产生的地理集聚现象，第二阶段，"价值链集聚"

中的各利益主体的消费认同、分工协作出现，使得集聚要素间不再是孤立的要素，而是价值链。第三阶段中，不同的旅游产业集聚区分属不同类型、不同等级、由相关节点的有机互动成为旅游网络集聚体。

综上，旅游产业集聚区的"三阶段"演化假说从时间演进、空间演进、各利益相关者的演进三个维度，历经孕育建构期、成长赋能期、成熟创新期三个阶段，要素集聚、价值链集聚、网络集聚体三种形态，价值识别、价值认同、价值重构三个层次，共同形成旅游产业集聚区演化的理论模型和判断区域旅游业发展是否成熟的依据。

三、旅游产业集聚区的集聚模式

基于前文所述，旅游产业集聚区的形成在宏观上是"要素集聚——价值链集聚——网络集聚体"的过程。在微观上，旅游产业集聚区的形成受主导要素的集聚推动从而不断完善发展。这些主导要素主要包括：资源禀赋、客源市场、政府行为或地区政策。集聚区的不同发展阶段有着不同的要素指向，主导要素不同、集聚区的要素指向也不同，进而形成了不同的集聚模式。集聚模式主要有四种：资源导向集聚模式、市场导向集聚模式、政策投资导向集聚模式以及复合导向集聚模式，其中每一种模式下会有1—3种细分模式。研究以第四章识别出的多个集聚区为例将区域旅游集聚模式进行比较，如表5-1所示。

表 5-1　旅游产业集聚区的主要集聚模式及典型代表

模式	类型	集聚要素	典型代表	主要产品	集聚特征	集聚程度
资源导向	向心引力	品牌景点	临潼旅游产业集聚区	旅游观光	品牌性强	高度集聚
	点—轴	资源富集	秦岭北麓旅游产业集聚带	旅游休闲	联动性强	高度集聚
市场导向	客流推力	大型商综	小寨—陕历博集聚区	旅游购物	散点辐射	中度集聚
	客流推力	美食街区	永兴坊集聚区	特色美食	散点辐射	中度集聚
	外部性	规模经济	嘉会坊旅游产业集聚区	旅游休闲	企业聚合	中度集聚
	中心引力	综合要素	城墙—回民街集聚区	休闲度假	系统性	高度集聚

续表

模式	类型	集聚要素	典型代表	主要产品	集聚特征	集聚程度
政策导向	区域一体化	综合要素	大雁塔—曲江集聚区	休闲度假	圈层网络	高度集聚
	区域政策	历史遗存	大明宫旅游产业集聚区	旅游观光	行政色彩	中度集聚
复合导向	资源-政策	节事带动	浐灞旅游产业集聚区	休闲度假	竞合共存	高度集聚
	资源-市场	城市体系	西咸旅游产业集聚区	旅游观光	等级层次	中度集聚
	市场-政策	城市体系	高新旅游产业集聚区	商务休闲	等级层次	中度集聚

(一) 资源导向集聚模式

对于旅游产业来说,旅游资源禀赋是旅游产业集聚区形成的最初诱因和重要支撑,所处地区自然人文禀赋(包括自然资源优势和历史文化遗存优势),是资源导向集聚的关键要素。利用旅游资源推动旅游产业向好发展通常适用于初期发展阶段,这种以旅游资源禀赋引发的集聚,属于旅游产业集聚模式中最为常见的模式。旅游资源既包括老祖宗留下的历史文化资源,也包括大自然馈赠的自然资源。利用资源要素驱动集聚的有其固定的模式:首先,依赖于所处区域位置优势,即利用自身的旅游资源吸引大批旅游客源,由此再吸引大批的住宿企业、餐饮企业、旅行社、旅游购物商店等企业投资,随着投资企业数量的不断上升,进而形成空间集聚区。

具体类型上,总体可分为以品牌(龙头)景区向心引力形成增长极从而带动周边的品牌推进型和城郊点—轴线性渐进型两大类。这两类资源集聚形态在空间组织形式上,多集中在城区或者城郊旅游资源富集区。

其中,品牌推进型资源导向集聚模式的典型是西安市临潼旅游产业集聚区,集聚区内AAAAA级景区秦始皇帝陵博物院以及华清池是集聚区得以形成的重要初始原因,在龙头景区的带动下,要素得以整合、产业结成联盟、企业持续创新,并由此形成增长极。城郊型点—轴开发资源导向集聚模式的典型是西安市秦岭北麓旅游产业集聚带,"点"指集聚区内多个自然和人文景区(点),均有各自的旅游吸引力范围,而"轴"指连接点的线状基础设施,包括交通干线、通信设施线、供水线路等,线状基础设施经过的地带为轴带，秦岭北麓则以秦岭近郊的景点为依托，带动了整个关中轴线旅游的发展。

从供给侧分析，资源导向集聚区内往往有一个或者多个独占性极大、首位性极强的核心旅游吸引物，并在该集聚区内处于核心地位，周边的产业要素均围绕核心旅游吸引物展开分布。从需求侧分析，大多数人都更喜欢去旅游资源禀赋程度高的地区游玩，由此，研究认为，旅游资源禀赋可以推动旅游产业的发展，促进旅游者的消费，提升地区的旅游经济发展。同时，因为旅游资源的独特性和不可复制性，属于空间黏滞性要素，所以需要旅游者亲身经历，到景点所在地去体验、去感受。因此，这就为整个旅游行业带来了大量的客源。从生命周期和空间形态上分析，资源要素驱动集聚模式是旅游产业集聚发展的初级阶段，呈现单极发展态势。综上，旅游资源禀赋较好的地区具备更强的旅游产业竞争力和优势，旅游产业发展更好，旅游产业中的各个环节衔接合理，也就更能吸引企业的投资，获得旅游产业的集聚。

（二）市场导向集聚模式

旅游产业的空间集聚不仅仅受旅游资源禀赋的影响，还受市场的影响。市场导向集聚模式是指旅游产业集聚区是在市场的导向作用下形成的，这是区域旅游产业集聚区较为常见的形成模式之一。具体而言，市场导向集聚模式因集聚要素的不同和供需市场的差异大致分为四种类型。

首先，旅游业的宗旨是为游客提供各项旅游服务消费，核心是客源市场，因此，强大的需求侧和客流推力永远是旅游产业集聚形成和发展的核心动因。随着旅游客源市场的不断壮大，旅游产业不再是局限于围绕旅游资源展开。出于对利润最大化的追求，更多的旅游企业会靠近需求市场，向经济发达、人口众多的区域，如大型商贸综合体地铁沿线、美食街区集聚，利用区位优势，获得外部规模经济和外部范围经济，并逐步形成特有的旅游产业集聚的文化氛围、社会环境、集聚效应。如小寨—陕历博集聚区、永兴坊集聚区就属于需求端的客流推力市场下两种不同的集聚要素形成的典型代表，小寨—陕历博属于景点与客源双重叠加集聚，但目前由于空间和业态限制，集聚程度中等。

从供给侧角度出发，在一定的区域文化、制度背景下，由于专业分工、资源互补等原因，一些旅游业关联企业会在某一区域空间内动态集聚，形成具有旅游要素的专业分工部门，并在外围逐步形成协同关联企业群，从而实现产业或者产业链动态平衡的企业集合体，这使得集聚区内的企业集群较同等规模的区外企业拥有更强的综合竞争力。与此同时，由于规模经济和外部性，企业集群将产生自我增强机制，整个集聚区也会不断地自我强化、产业分工也更为细化和清晰，所吸引集聚的企业也会越来越多。当旅游企业的数量集聚到一定程度时，会进一步吸引旅游商品的原料供应商和旅游产品的各类服务集成企业，使集聚区在原有的基础上不断扩大，实现产业链的延伸。集聚的过程会不断形成良性增益，随着集聚区产业链的延伸和企业规模的扩大，将得到政府及更多相关部门的关注，亦可能出台更多的优惠政策，保证该区域的稳定和可持续发展。因此，旅游企业的外部经济规模进一步提升，内在综合实力和竞争力也在不断提升。例如，图5-3展示了市场导向旅游产业集聚区的集聚和自我增强过程。

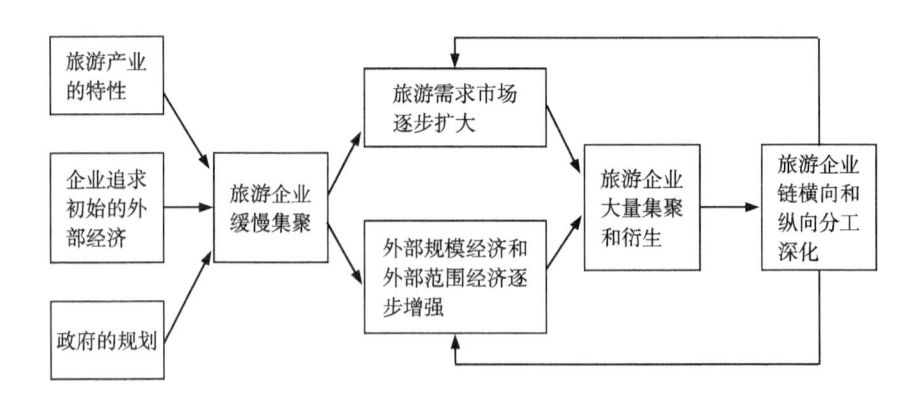

图 5-3 市场导向空间集聚模式

基于市场导向的集聚模式，旅游产品逐步专业化，旅游服务更为完备，企业数量也呈现不断上升趋势。在集聚过程中，集聚区产业分工不断细化、深化，不仅可以满足旅游者多种多样的服务需求，还可以为其提供更完备的旅游产品，甚至是衍生出新式的旅游产业。由于供需两侧的市场结构复杂、层次呈多元化，该区域企业与市场互动频繁，其他产业依附于该集聚区发展也变得更容易实现，同时，政府对其进行辅助性和间接性的宏观调控，也使得这种产业集聚模式的竞争优势更为显著。典型代表是嘉会坊旅游产业集聚区、城墙—回民街集聚区。两者区别在于前者是以高新技术企业聚合为特征，依托外部性和规模经济而形成的新兴旅游产业集聚区，目前集聚程度中等；而后者是既有客源市场，又有中心腹地优势和区域行业内、行业间的企业关联集聚，更具系统性，且集聚程度较高。

（三）政策投资导向集聚模式

旅游产业集聚区形成也有赖于国家政策、企业投资等综合作用的共同推动。在旅游产业集聚区形成初期，受当地旅游资源分布、客源条件、交通状况等资源优势的影响，旅游产业自发地向优质资源集聚。但随着旅游产业的不断发展，若仅依靠市场，会因信息不对称出现市场失灵和道德风险；若仅依靠资源，又可能会出现过度开发、资源浪费、环境污染等问题，遭受发展瓶颈与风险。因此，集聚区的形成还需要依赖政府的政策保障，将"有形的手"与"无形的手"结合起来，兼顾市场与资源禀赋，形成政策投资导向型集聚。旅游产业在某个区域集聚成规模的时候，政府提供的政策引导和支持能发挥重要作用，尤其是政府在促进路网交通建设和市场引导推动方面的政策和资金支持，作用非常明显。

政策投资导向集聚模式指旅游产业集聚区是在政府和企业的内外力综合驱动的作用下形成的，政府主导区域内旅游要素供应层的联系，对区域旅游资源和配套设施进行合理有序的规划和建设，相关辅助层内部各个要素间围绕政府和核心旅游企业形成紧密的联系。这类集聚区，政府的政策影响力和相关保障机制始终对建设和引导该区域旅游发展具备绝对的主导作用，并与市场机制相配合，促进该区域建设和相关旅游产业的发展。此类集聚模式在组织形式上多表现为各类开发区的形式，集聚形成的驱动因素是由制度环境、区位条件、保障机制三方面组成,其中,制度环境包括财政投入、土地政策、税收优惠、金融支持等,区位条件包括交通条件、地理位置、社会文化等方面。保障机制包括基础服务设施、人才支撑、旅游市场优化等方面。

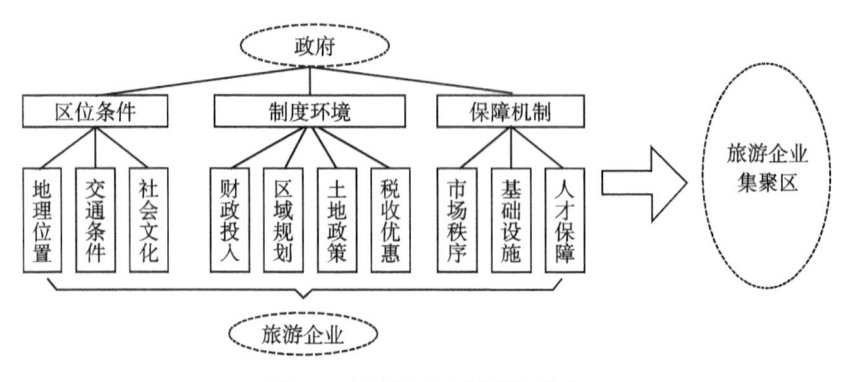

图 5-4 政策投资导向空间集聚模式

由图 5-4 可知,在政府驱动、政策引导下发展起来的旅游产业集聚区,一是区内旅游企业可以在投融资环境、财政投入、金融支持、税费优惠等方面共享市场资源和政策红利,企业可以得到高速的发展。二是在整体旅游区规划建设中,政府主导整合区域特色文化旅游资源,提升公共服务设施配套,营造良好的营商环境,为整个集聚区的形成和发展起到了有力的保障和支持作用。但同时也应看到,"政府主导"模式在推进旅游产业集聚区域建设时,不可避免地赋予了旅游产业集聚区一些明显的"人为"的特征,在产业集聚区内生发展,如发展规模、成本控制、细化分工等方面可能会产生一定的负面效果。同时,随着时间推移,政府若对该区域旅游产业形成发展的主动性和意识性减弱,也会在一定程度上影响该区域旅游产业集聚区的升级和进一步发展。

研究认为,政策投资驱动集聚模式有一定内涵,一是该模式并不完全排斥市场;二是该模式政府占主导,但并非政府包办一切。一般而言,旅游产业需要充分依靠和发挥政府指导和扶持功能的重点领域包括:旅游产业发展计划、旅游基础设施建设、旅游集聚地整体形象宣传、旅游品牌塑造和营商环境打造等。而在旅游产业投资、特色旅游产品开发、市场价格定位以及旅游服务质量提升等方面，则更要充分利用市场机制和发挥企业主观能动性。在政策投资驱动集聚区形成初期，政府应当通过制定区域旅游发展专项规划，颁布一些土地、税收以及招商引资优惠政策，充分发挥规划引领和政策引导作用，从而创造一个积极创新、充满发展前景的旅游产业发展环境，并在环境保护、资源开发利用等方面制定一些可持续发展战略。一方面，政府要在税收减免、信贷补贴等方面出台一些优惠政策，整合资金、人才、管理、信息等方面资源，为旅游集聚地招商引资，特别是招引旅游行业龙头企业打好基础。另一方面，政府应进一步调节资源，为旅游集聚地建设好配套的基础设施，如水电、通信、道路交通、5G网络等，为企业发展营造良好的经营环境和氛围。

其次，市场经济和自然环境共同促成了旅游产业集聚地，但其作用的时间相对较短。在市场机制尚未成完善的条件下，旅游产业集聚区的形成需要采取一种自上而下的调节和指导推进模式，即主要源自政府政策的支持和引导，依托政府出台相应的扶持政策才能得到进一步的发展。同时，实践证明，旅游产业仅依靠市场机制的调节是很难在短期内实现旅游集聚区规模发展的，只有政府机制和市场机制有机地结合，互补互利，协调运作，共同推动，才能在短时间内促成旅游产业集聚区形成规模和产业特色。该模式的典型是西安市大雁塔—曲江集聚区和大明宫旅游产业集聚区。前者以区域一体化为目标进行全面推进，具体包括空间一体化、市场一体化和产业一体化。其中，空间一体化是指集聚区整体环境系统的提升，即除共用基础设施和产品、服务质量的提升外，为游客提供政策宽松、互惠互利、服务满意的旅游大环境。市场一体化是指政策环境的协调和行业发展的相互交融、互惠互利、协同发展。区域一体化是指全方位的空间集聚平台、合作环境和机制。因此，大雁塔—曲江集聚区形成了系统综合性要素集聚，完善程度高、圈层网络化的高度集聚，其也成为西安最具代表性和影响力的旅游区域之一。而大明宫旅游产业集聚区则主要依靠政府投入建设运营，行政色彩较浓，虽然文化根脉和历史底蕴深厚，但市场机制不是很完善，自发作用相对薄弱，其发展演进主要是依靠政府扶持来完成，因而集聚程度相对较低。

（四）复合导向集聚模式

复合导向集聚模式是旅游产业集聚区的成熟期或创新升级期出现的，是结合区域特色采取的核心驱动因素，在多种驱动力的综合作用下，推动区域旅游产业发展转型升级和提高区域旅游产业竞争力的集聚模式，主要包括资源—市场复合互补集聚模式、资源—政策复合互补集聚模式、市场—政策复合集聚模式三种类型，典型集聚区有浐灞旅游产业集聚区、西咸新区旅游产业集聚区。

以浐灞为代表的资源—政策集聚区，是旅游地或某一区域基于历史资源基础与政策制度安排的共生演进集聚模式。历史资源基础为产业集聚提供了基础动力，科学合理的制度加上宏观层面的政策指导，在介入产业发展的同时，也为集聚地的可持续发展提供了条件和平台。此种集聚类型多见于城市新区或郊区，如西安的浐灞生态新区、北京的密云区等。正如梁琦所言："历史和偶然事件是产业区位的源头，而累积循环的自我实现机制有滚雪球般的效果导致产业长时期地锁定在某个地区。"将浐灞作为次中心培育，是政府以历史人文基础和政策引导为内在驱动，通过会展、节事、演艺、大型文旅项目的联合驱动带动旅游产业集聚的重要举措，竞合共存是其集聚特征，集聚程度较高。

该模式的基本演进规律是：旅游区的位置比较偏远，处于城市的边缘或者远离城市，在公共设施和生活配套等方面，无法和城市共享，但因为开发区政策的优势特别是用地政策上的灵活度，可自由选择规划用地性质。同时，招商引资方面的政策优惠也吸引了旅游企业积极地嵌入。但这类区域的开发建设周期往往过长，特别是基础设施投入和建设耗时长、工程量大，短时间内集聚效应很难形成。但随着集聚区的发展成熟，历史资源的显性化表达，产业优势会逐步体现并形成一个新的产业经济增长极，进而产业集聚地就可以建设完整的公共设施，从而提供这样的区域公共服务的功能。在产业集聚地完成规模化集聚之后，政府的介入，为区域提供了优良的公共基础设施，建成与城市相同或更高水准的设施，提供与城市相同的服务，产业集聚地也就拥有了城市的功能和特性，并成为城市功能边缘配套有力的补充者和分流者。在建设这种互补性和政策性的旅游产业集聚地时，集聚区中的功能布局和项目分类都是需要重点设计和规划的内容，只有这样，集聚地才能达到分担城市功能、分流城市人口、缩小城乡差距的目的，进而形成良性的旅游产业演变规律。

以西咸旅游产业集聚区为代表的市场—政策复合导向性集聚模式，是旅游地基于区位优势和市场驱动的外部自增强共同演化而形成的旅游产业集聚模式，形成于早期的区位优势，又在市场需求的竞争中创造新的比较优势演化而成。此种集聚类型多见于有较强旅游吸引力的城市中心地带，其基本演进规律是：在旅游集聚地初始形成的阶段，市场的状态是供不应求，并未产生激烈的竞争；初始的企业步入市场的门槛也比较低，同行业和相关联行业的竞争程度同样处于低位。这种状态下，各企业和平相处，相互合作，共享资源，如互相推荐客源、联票销售、广告捆绑等，集聚区可充分享有中心区位优势所带来的红利。然而，随着旅游业的快速发展和旅游企业的不断加入，旅游企业间开始相互争夺市场，包括服务、价格、商品内容、代理等各个细分的领域也开始出现大量趋于同质化的企业，此时的产业集聚阶段，最明显的特点便是价格方面出现了大量的竞争行为。由于旅游消费者具有在地消费的特征，旅游企业的同行之间比较容易形成柠檬市场（即信息不对称的市场）的现象，大量同质化的旅游企业间的价格竞争会导致市场萎缩，而旅行社和供应商之间的价格大战更会导致激烈的矛盾和冲突，低价游、天价劣质旅游商品和服务等会破坏集聚地的营商环境，带来严重负面的影响。

其次，集聚区内的旅游企业为了追求利益的最大化，往往会做出对集聚地群体有所损害的行为，造成整体利益的集体损失。个体的利益追求与集聚地的整体利益无法达到统一，个体企业的行为导致整体行业陷于困境。尽管各个企业都充分理解共生共赢的理念，并且充分知晓相互合作方可共享利益的重要性，但在集聚地中，共同的目标很难达成，共同的利益也很难实现。集体必须创建一个以促进共同利益为目标的竞争准则和行为规范，同时还需要一个制度化的合作机制，来实现共同目标，达成和共同利益的最大化。于是，基于需求驱动，对于中心集聚区的景观采取市场驱动性重建或者基于市场需求的创造性开发应运而生。典型做法是对中心城区的历史文化空间进行再造，如历史文化遗址的保护与改造、仿古特色街区的营造，或者帮助传统工业空间实现再生，如工业厂房的再建设等，通过以上举措从需求方的角度营造城市和社会文化认同。

近年来，西安书院门提升改造、西安的易俗社仿古街区提升改造、大华1935工业旅游园区的打造、半坡艺术街区的打造、老钢厂创意文化街区建设等项目均是中心城区发展到一定阶段后，对历史文化空间景观和历史环境的复活性重塑、再生，这些文旅项目提供了丰富的文化旅游产品，规避了"柠檬效应"，强化了需求侧的地方共同记忆，从而走向集聚区的创造性再生的下一个生命周期。

基于系统论不难发现，系统结构对其功能起到了决定性作用，若系统结构科学、要素与要素间存在协调的关系，该系统则具有较为齐全的功能并且其稳定性也较强。反过来，若系统结构缺乏合理性、要素与要素间的关系不够协调，该系统的功能则存在缺陷，并且系统最终将因此而发生解体。基于此，为更好地把握西安旅游业集聚区的形成及发展规律，有必要对前文提到的临潼旅游产业集聚区、城墙—回民街旅游产业集聚区、大雁塔—曲江旅游产业集聚区、秦岭北麓旅游产业集聚带、浐灞旅游产业集聚区五个高度集聚的典型案例中集聚区的空间范围和结构、客源市场与驱动因素、演化过程在理论模型的框架下再进行逐一分析。

第二节 临潼旅游产业集聚区

一、空间范围与要素分布

从空间位置上来看，临潼旅游产业集聚区位于西安市临潼区的西南部，涉及新丰街道、代王街道、骊山街道等九个街道，主要以骊山街道、秦陵街道及斜口街道东北部为集聚核心。从空间形态上来看，整个集聚区形成了秦始皇帝陵博物馆、华清宫、骊山国家森林公园、贾平凹文化艺术馆等多个核心集聚点，呈现多中心斑块状集聚形态。从驱动因素上来看，该集聚区拥有丰富的旅游资源：秦始皇帝陵博物馆、华清宫、骊山等著名景点，吸引了众多的海内外游客，是西安市最早的旅游产业集聚区，资源要素指向性显著。

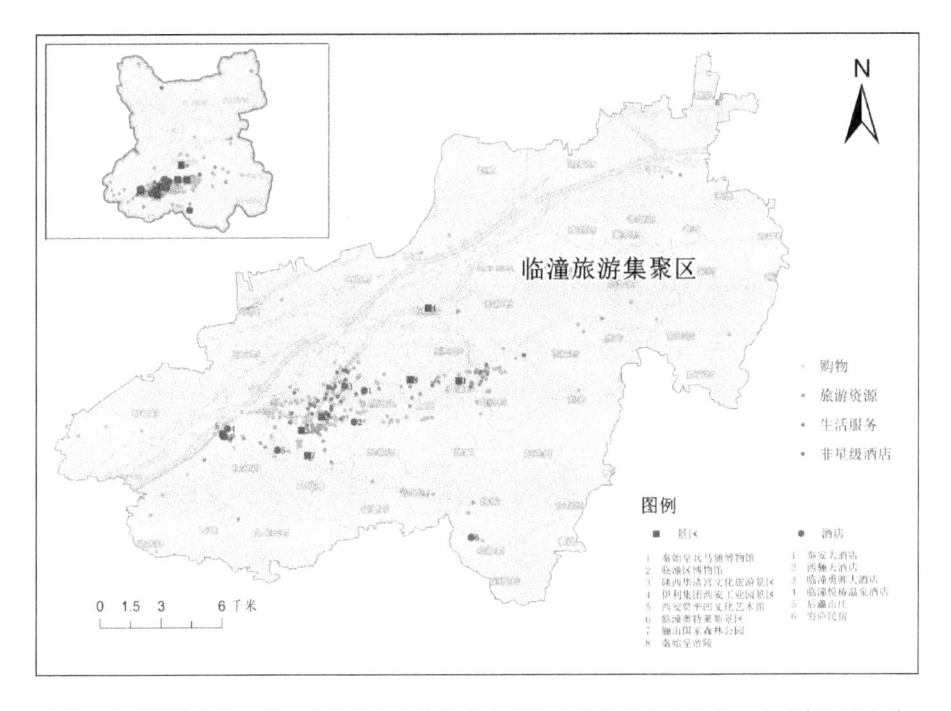

图注：需要说明的是，第三章按文化和旅游产业将已有数据分为七大类，分别为风景名胜、购物服务、交通设施服务、科教文化服务、生活服务、体育休闲服务和住宿服务。为精准识别集聚区，第四章将七大类数据合并为旅游资源、生活服务、旅游购物以及旅游住宿四大类，本章在此基础上进一步将旅游住宿区分为星级酒店、非星级酒店进行标注，并在四大类点要素空间分布的基础上，对主要景区进行了标注。

图 5-5　临潼旅游产业集聚区

从要素分布上看，图 5-5 集中展示了核心旅游要素的空间分布。临潼旅游产业集聚区内含旅游住宿点位 236 个、生活服务点位 62 个、购物服务点位 6 个、旅游资源点位 88 个。其中，A 级以上景区包括秦始皇帝陵博物院、华清宫 2 家 AAAAA 级景区，骊山国家森林公园 1 家 AAAA 级旅游景区，临潼博物馆、贾平凹文化艺术馆、赛特奥莱 3 家 AAA 级景区，国家级重点文物保护单位 6 处，省级重点文物保护单位 4 处；星级（高品质）酒店 6 家。

就旅游资源类型来看，临潼集聚区旅游资源类型体系非常丰富、景系齐全。全国 109 个旅游资源类型中，西安有 80 个，临潼有 62 个，全市占比高于 85%。总体而言，集聚区内核心要素总量丰富，旅游住宿、旅游餐饮、购物与娱乐场所的生活服务场所数量较少，具体表现出对 A 级景区的高度认同，空间分布沿集聚区西南部高 A 级景区集中分布现象十分显著，空间分布极不均衡。

二、形成背景与功能定位

旅游资源具有不可移动性和不可复制性，高知名度和不可替代的旅游资源指向性是临潼旅游产业集聚区得以形成的重要背景，集聚模式为品牌推进型资源导向集聚模式。

前文分析可知，大量的历史文物资源、名胜古迹旅游资源使得临潼获得先导性优势发展，成为西安市最早的旅游产业集聚区和休闲旅游目的地，区内享有较高历史人文价值、品牌知名度和美誉度的世界级景区如秦始皇陵兵马俑、骊山、华清池，是临潼旅游产业发展的始发诱因，更是旅游产业集聚的重要拉力。自古以来，人们就称临潼为"文物甲天下"，临潼地区拥有包括秦始皇帝陵博物院在内的大量世间罕见的国家级文物，此地拥有 4 处省级文物保护单位、6 处国家级重点文物保护单位，其中秦始皇帝陵博物院、华清宫是 AAAAA 级旅游景点，形成了规模型旅游资源。2022 年临潼区接待游客 2819.78 万人次，旅游综合收入 182.02 亿元。临潼区正是依托这些旅游资源禀赋，在龙头景区的带动下，通过要素整合、产业联盟和企业创新，并形成增长极，形成了今天如此规模的旅游集聚发展态势。

与此同时，游客的偏好很大程度上取决于旅游资源的稀缺性。临潼集聚区内世界罕见的自然和人文景观具有独一无二的吸引力，满足了广大境内外游客求新、求异的旅游需求，激发了旅游主体的旅游动机，也赢得了极高的赞誉。

游客流带来了物流、信息流、资金流，从而带动集聚区内旅游住宿、餐饮、旅行社、旅游商品等相关旅游企业因经济利益产生的自发集聚，进而迅速形成旅游产业集聚区。从客源市场构成来看，临潼集聚区担负客源中省内占30%左右，省外占60%~70%。西安属于超大城市，海内外入境旅游需求旺盛，同时，本地人口体量大，城市居民往往对大城市边缘区短程游有所偏好，因此也成为兼顾服务都市圈周末休闲度假的综合旅游目的地。

三、演化阶段与过程分析

根据旅游产业集聚区"三阶段演化"理论假说，旅游产业集聚区的演化均经历孕育建构期、成长赋能期、成熟创新期三个阶段，但各个不同集聚区在三个阶段的各阶段时长、演化特征、演化程度与过程均存在差异，并随着贯穿始终的各演化主体不断调试、要素更新、重组，不断涌现新的特质和演化规律，从而表现出不同的集聚模式。

临潼旅游产业集聚区因具有世界级的核心旅游吸引物，很短的时间内便实现了从孕育建构期到成长赋能期的演化，但成熟创新期发展相对较弱，王牌景区的垄断性使得其主体创新动力不足，影响了集聚区的进一步演化和转型升级。

（一）孕育建构期（1978年至1990年）

1978年至1990年为临潼旅游产业集聚区的孕育建构阶段。这一阶段的特征是要素集聚（主要为旅游资源要素集聚）下兵马俑、华清池等核心旅游吸引物得以开发利用，旅游基础设施和相关配套在景区内部及周边形成小规模的空间集聚，客源市场以境外游客为主，但游客接待量不大。

本阶段尚在改革开放初期，国家鼓励和重视旅游资源的开发利用，整个中国的旅游业开始向市场经济转变，西安的城市发展定位为世界文明古都，突出历史文化特色，注重对文化遗产的保护与合理利用。基于此，临潼从发展伊始就是高标准定位，凭借世界级的文化遗产和自然景观，在短短12年间，迅速实现了从外事交流到产业经济的转变，"非经济性"的事业特征向具有经济属性的市场特征转化。

1979年，秦始皇兵马俑博物馆正式开放。随后，时任新加坡总理李光耀、时任联合国秘书长库尔特、时任法国总理希拉里、时任美国国务卿基辛格等诸多国家元首和政要的先后到访，使得兵马俑、骊山风景名胜区逐渐在全国和世界范围内产生较大影响。但受交通条件的制约，景区可进入性较差，集聚区内路网与建设只能向东和东北方向延伸发展。1982年，经国务院研究批准，骊山纳入风景名胜区名录，成为旅游胜地。同年，唐华清御汤遗址开始发掘。1983年临潼划归西安市管理，但城区面积过小，有相当大的交通局限性。1990年，国家大遗址保护工程正式提出，进一步从政府层面助推了三大标志性景点（兵马俑、华清池、骊山）的形成，促进了临潼旅游产业集聚区的发展。但这一时期，集聚区仅停留在简单的观光游览，开发深度不够，且存在规划不合理、基础配套设施并不完善、旅游产业投入不足等诸多问题。

先是资源集聚，最早西安旅游集聚区形成是以临潼为代表。1976年发现的秦始皇兵马俑，另外一个华清池，临潼就有这两个景点，因为这是世界上独一无二的啊，兵马俑是资源型具有不可替代性，就是稀缺资源，华清池也是一样。（ZF02访谈笔录）

兵马俑集聚（区）基本上在70年代末80年代初就开始形成了，主要是面向国际游，早期发展很快。（QY06研究访谈笔录）

（二）成长赋能期（1991年至2010年）

1991年至2010年为临潼旅游产业集聚区成长赋能期。主要特征表现为：由要素集聚开始向价值链集聚转型，空间集聚体数量不再唯一，政府行为的指向性加强，但依然在资源要素的主导下发展，集聚区内部数量不断增加，各主体间的分工协作关系和产业链基本形成。

这一阶段，政府行为的指向性主要体现在政策的指向性和交通环境的指向性，一方面，伴随着改革开放的步伐加快，国家领域和地方政府各类扶植政策的推进，整个集聚区蓬勃发展。1997年6月，国务院批准撤销临潼县，设立临潼区。撤县设区后的十余年，该片区的城市化进程建设不断加快，区域范围逐年扩大，城市的旅游配套服务设施、国民的旅游意识逐渐增强，发展氛围和条件得到了较大提升。建设国际性旅游城市的发展战略在这一时期得到明确，几大景区飞速发展成为全国乃至世界闻名的旅游景区。与此同时，旅游人数也逐步增加，随之激发了企业主体的适应性行为，带动了各旅游生产力要素（酒店、餐饮、娱乐、购物等）在该地的集中和发展。截至2010年，星级饭店有5家，非星级酒店（民宿）10余家，农家乐、旅游特产购物店数量几十家。另一方面，随着陇海铁路、西潼高速公路以及西安东线旅游专线的开通，改善了集聚区的交通可进入性，提高了便利程度，也扩大了旅游客流的规模。客流规模的提升进一步激发了旅游企业的主体行为，2008年，秦始皇陵旅游开发公司正式投入运营；2009年，《西安临潼国家旅游休闲度假区规划建设实施方案》出台，曲江文化产业投资集团注资的西安曲江临潼旅游投资（集团）有限公司成立。集团化运营加强了产业主体之间的互动，也新增了旅游景区的提升改造和投资建设，产业化进程持续推进，对应的服务功能逐步健全，集聚扩散效应也随之增强，旅游业为主的第三产业在这一时期发展成为本集聚区的支柱产业。

（三）成熟创新期（2010年至今）

2010年后，临潼旅游产业集聚区进入成熟创新发展阶段。这一阶段的显著特征是：资源要素指向性地位减弱，市场和政策指向性地位不断上升。一方面，国家宏观层面涌现出很多促进旅游产业发展的新政策，西安市及其周边地区涌现出许多新的景区、产品、旅游企业和旅游设施，旅游产业发展日趋成熟，与临潼旅游产业集聚区形成了区域联动和融合发展，各适应性主体与环境之间、主体之间的相互作用不断增强，集聚开始由价值链集聚走向网络集聚体。另一方面，由于兵马俑、华清池等传统要素资源的独特性和内在根植性，随着时间的推移，出现了集聚锁定现象，曾经成功的集聚区因种种原因失去了活力，成功的动力因素反倒成为继续发展的限制因素。

近年来，旅游逐渐成为人们日常生活的一部分，大众出游的旅游需求和市场要求对集聚区旅游产业的迭代创新发展提出了更高的要求，整个旅游产业集聚区的服务业升级、区域城市建设水平的提升和城市更新转型成为密不可分的有机体。

2010年，西安临潼国家旅游休闲度假区正式由曲江新区开发建设，临潼国家度假区以建设国际一流旅游目的地为目标，开发建设计划总投资为930亿元人民币。截至目前，该板块多个文旅重点项目已建成投用，如大唐华清城、芷阳广场、凤凰池生态谷、贾平凹文化艺术馆等，同时，依托已有的温泉旅游，建成以"悦榕"品牌为主的国际旅游度假区，形成了以奥特莱斯、悦榕温泉酒店等吸引本地客源市场为主的旅游产业集聚区。新项目形成了新的空间集聚体，提升了区域的文化影响力和知名度，也成为该旅游产业集聚区休闲旅游的新"标识"。与此同时，由陕旅集团打造，以白居易传世名篇《长恨歌》为蓝本，充分发掘景区资源，采用高科技舞美灯光，将历史故事与实景演出相结合，重现1300多年前华清宫里李隆基与杨贵妃的爱情故事的中国首部大型实景历史舞剧——《长恨歌》，成为该集聚区内的又一大标志性核心吸引物。

2015年11月，国务院办公厅发布"加快推进客栈民宿、长租公寓等细分业态"的政策，出台了《旅游民宿基本要求与评价》。临潼抓住这一机遇，鼓励利用现有农户自有住宅改造提升发展民宿经济。2018年，临潼区获评"中国十佳特色文化旅游名区""中国最美休闲度假胜地"荣誉称号。2019年，临潼区被认定首批国家全域旅游示范区。截至2020年，临潼区内处于营业状态的民宿共计600余间，可同时容纳游客2200余人，开拓了新的本地市场客源。

新型旅游产品形成新的集聚体，各集聚体间相互联系，形成集聚体网络。原有的兵马俑、华清池为核心的集聚体的地位和作用也得以进一步巩固和加强。旅游产业集聚区的接待能力、周转能力、旅游容量都得到了提质扩容。

研究统计了自 2010 年以来临潼旅游产业集聚区的相关经济指标如表 5-2 所示。

表 5-2 2010—2019 年临潼旅游旅游产业集聚区相关经济指标

年份	生产总值（亿元）	旅游总收入（亿元）	旅游接待人次（万人次）	服务业增加值（亿元）
2010	149.08	14.34	790.32	43.71
2011	181.54	29.73	1538	51.24
2012	208.07	37.66	955.28	57.96
2013	221.58	40.16	985.38	67.63
2014	221.78	45.85	996.19	74.36
2015	193.1	52.52	1032.38	81.63
2016	183.11	93.27	1079	93.27
2017	221.01	131	4669	122.8
2018	237.52	—	8543	148.8
2019	242.69	—	4711	135.52

资料来源：《西安市临潼区 2011 年至 2020 年国民经济和社会发展统计公报》

2010 年，旅游接待人次为 790.32 万人次，旅游总收入为 14.34 亿元，2019 年旅游接待人次为 4711 万人次，旅游总收入为 135.52 亿元，增速分别为 496.09% 和 845.05%，虽然整体增长比例可观，产值占 GDP 的比重较大，成为支柱产业，但从服务业增加值的增速看，增长较为缓慢。说明当地居民参与经营、管理、就业和旅游相关的住宿、餐饮、商业和服务业的带动效应并不显著。

第三节　城墙—回民街旅游产业集聚区

一、空间范围与要素分布

城墙—回民街旅游产业集聚区以钟鼓楼和回民街为核心，以城墙为边界，东至灞河，与灞桥区为邻；西依漆渠河，与秦都交界；北临渭水，与高陵县（今高陵区）、咸阳市隔河相望；南以护城河、大环河、东大街、永乐路与碑林区接壤；以咸宁路、建工路、康宁路与雁塔区相连，西南部与雁塔区、长安区接壤，如图 5-6 所示。

从要素分布上看，城墙—回民街旅游产业集聚区共有旅游住宿点位 832 个、生活服务点位 136 个、购物服务点位 16 个、旅游资源点位 99 个。其中，1 个 AAAAA 级景区（西安城墙），2 个 AAAA 级景区（大唐西市、汉

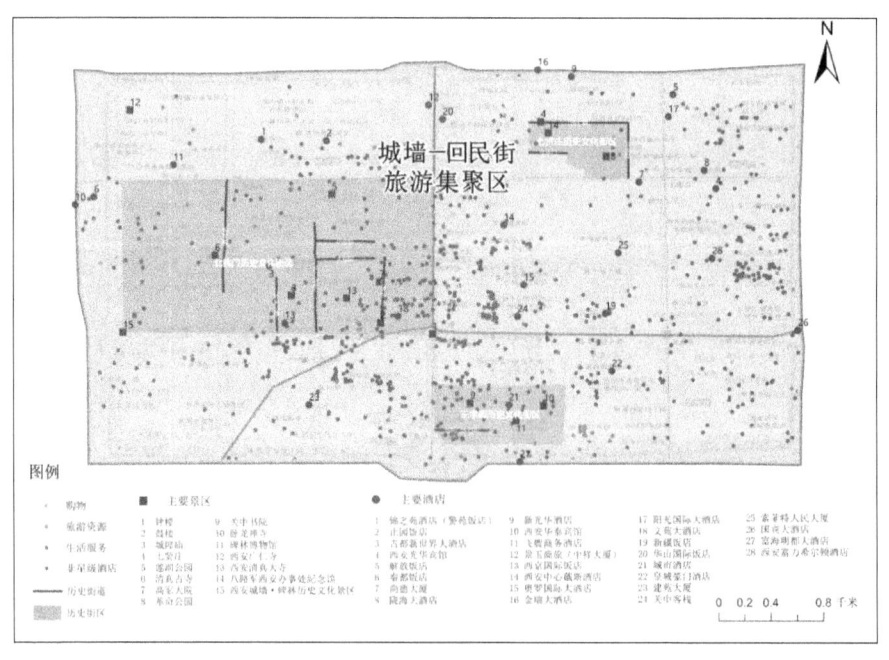

图 5-6　城墙—回民街旅游产业集聚区示意图

城湖），4个AAA级景区（广仁寺、高家大院、永兴坊、八路军西安办事处纪念馆），星级酒店28家，约占全市的30%，限额以上商贸业企业达198家，文化旅游企业总数近1600家，其形成基于该区域人文景观的核心吸引力以及地处城市中心的优越地理位置。

从空间结构来看，以城墙为核心呈现同心圆式集聚形态。该集聚区的形成，一是依托了西安钟楼、鼓楼、城隍庙、西安碑林、西安明城墙等一大批著名文物古迹；二是包含以回民街、清真寺为主的宗教建筑和民俗文化和以永宁门、北院门、书院门、湘子庙街、古玩城、德福巷酒吧等具有浓郁地方特色的文化街区。同时城墙—回民街地处西安城市中心区位，消费人群密集、商业活动密集，各经济发展要素在此集中布局，使得西安城市单集聚区核心的空间结构形成之后，诞生了继临潼旅游产业集聚区后西安市第二个核心旅游产业集聚区。

二、形成背景与功能定位

（一）背景一：历史资源丰富，人文景观核心吸引

城墙—回民街旅游产业集聚区是西安市历史文化积淀最为深厚的区域，自建城以来，该片区就是隋大兴城和唐长安城的宫城、皇城所在，更是西安长期的政治经济文化中心，集中承载城市生产、生活、交通和商贸等核心功能。其中，AAAAA级景区西安城墙是明朝初年在唐皇城的基础上建成的，是我国现阶段保存较为完整且规模最大的城墙，加之钟鼓楼、回民街等极具典型的文化特色古建筑、历史街区，描绘了一幅彰显明清古城韵味的美妙画卷。

1983年，在中央和陕西省委、西安市委的领导下，西安城墙大规模修缮工程轰轰烈烈地展开。从此，墙、林、路、河、巷实现"五位一体"，建筑大师梁思成当年对北京城墙的设想在西安得以实现，使城墙成为西安的一大旅游景观。历年来，陕西省委、省政府与西安市委、市政府始终坚持古城墙的修缮工作，2002年，护城河清淤工程主体基本完成，护城河水质和生态环境得到改善；2004年，火车站城墙段连接工程竣工，实现了城墙

一周贯通。2015 年，习近平总书记考察西安城墙时说，"这是世界级的宝贝，要保护传承好。"同时，城墙内还有约 2.4 平方千米的历史文化街区，环城公园、含光门、朱雀门、永宁门、文昌门、和平门、建国门、长乐门均位于该区，还包括 13 座清真寺，这些要素共同形成了各民族和睦相处和宗教和谐发展的文化景观，既有明代最为完整的古城墙防御系统，又有老街小巷交织而成的历史文化街区和散落其中的古宅民居。北院门风情街的牛羊肉泡馍、腊牛羊肉、灌汤包等被列入国家非物质文化遗产名录，众多的民族风味小吃，已成为游客体验古城饮食文化的最佳选择。位于该区域内的西安钟楼初建于明洪武十七年（1384），是整个西安城市规划的正中心。城隍庙始建于明洪武二十年（1387），是明代的三大都城隍庙之一，统辖西北诸省城隍，故称"都城隍庙"，也是全国仅存的一座都城隍庙。这些等级高、具有唯一性的历史文化遗址资源和非物质文化遗产，成为促使形成城墙—回民街市场驱动性集聚区形成的历史背景。

（二）背景二：中心城区的优越地理位置

影响区域旅游产业发展的因素众多，其中交通条件至关重要。交通可达性、顺畅度以及路网水平，直接决定了对旅游者的吸引力以及旅游策略的制定。城墙—回民街市场驱动性集聚区位于西安市中心区域，是陕西省政府所在地，是西安市人流量最大、商贸活动最集中、交通最便利、旅游消费市场最成熟，而且对新兴产业的市场接受能力最强的区域，这些条件为旅游产业的集聚发展提供了极大的发展空间。同时，根据"理性人"的经济学假设和"长尾效应"原理，消费者在消费时追求最优算法的需求，往往会希望花最少的时间完成最多的消费行为，且消费行为是由一连串小的消费需求组成，因此，地理区位优势明显、交通便利的中心城区促成了旅游产业的集聚发展，成为城墙—回民街市场驱动性集聚区得以成型并不断发展的现实背景。

三、演化阶段与过程分析

城墙—回民街集聚区经历了兴盛—衰退—再兴盛的过程。早期，这里是西安的政治和商务中心，区位优势占据主导，是西安市最先发展成熟的旅游产业发展集聚区，但因路径锁定，导致中期发展逐渐僵化，后经过政府主导、市场带动进入创新再发展，其演化过程共历经三个阶段：孕育建构期（集聚萌芽和形成阶段）、成长赋能期（成熟和衰退阶段）、成熟创新期（复苏创新再发展阶段）。

（一）孕育建构期（1978年至2003年）

1978年至2003年是城墙—回民街市场驱动性集聚区的萌芽和形成阶段。1978年到1980年间制定的三次西安城市总体规划中，行政商业功能一直是该集聚区的主要功能定位。随着西安市将历史文化名城确定为其第一城市性质，老城区的城市功能开始随之发生变化。根据产业发展阶段性分析，因资源、区位两大优势显著，住宿餐饮设施、公共交通系统、旅游购物网点等旅游基础设施较为完善，旅游产业集聚区逐渐形成，中心集聚区也发展成为客源的集聚和集散中心，外部区域的旅游者会被中心城区所吸引，凭借区域完善的旅游基础设施设备，会选择暂住憩息，加之旅游需求的多样化，并会逐步辐射至更多区域的旅游消费市场。

（二）成长赋能期（2004年至2010年）

2004—2010年为城墙—回民街市场驱动性集聚区的成长赋能期。在2004年发布的《西安城市总体规划（2004—2020）》中，针对老城区城市功能体系，要去对行政功能、生产功能进一步弱化，阐述了旅游功能的重要地位。2005年，西安市首次出台《西安市旅游发展总体规划（2006—2020）》，明确提出要进一步突出老城区的城市旅游功能和旅游中心目的地地位，这一阶段旅游产业迅速发展成熟。但中心城区既是西安的政治、经济中心，又是市委、市政府以及众多的省直、市直机关企事业单位所在地，古城墙、书院门、钟鼓楼等历史文化类旅游点又是游客集中到访的热点景区，在城市功能越发多样复杂的演变趋势下，城市交通性能也面临着极大的考验。区域的空间承载力过度饱和，郊区及城镇发展水平较低，从而造成人口、产业密度发展脱节问题，中心片区出现集聚不经济的拥挤效应，与之相对，边缘区的发展却受到了抑制。一方面，传统与现代交错各种旅游产业相互混杂，老城的形象无法获得充分的展示空间，传统的氛围很难创新突破；另一方面，因为寸土寸金的土地成本，使得产业发展经济、空间成本均受到很大的局限。因此，这一阶段末期，城墙—回民街旅游产业集聚区步入短暂的衰退期。

（三）成熟创新期（2011 年至今）

2011 年以来，城墙—回民街旅游产业集聚区步入成熟创新再发展阶段。这一阶段的典型特征是：疏解老城功能、外迁行政中心、优化布局结构、保护古城风貌，逐步在该片区实现以商贸业和旅游业为主导的产业，同时通过优化城市空间结构，保障城市功能顺利转型的基础上促进和引导了集聚区旅游产业的创新再发展。2011 年，西安市政府正式北迁，奠定了未来国际化大都市的城市骨架。

2012 年西安市投资 15 亿元，对西安城墙南门区域实施了综合性改造提升工程，2014 年 9 月，西安城墙南门文化广场、月城文化广场、瓮城文化广场三大广场建成开放，西安城墙—南门历史文化街区"一轴一楼三广场"格局完整成形，西安城墙—南门历史文化街区全面建成开放。2018 年 5 月，西安 SKP 盛大开幕。作为大西安加快建设国家中心城市和亚欧合作交流的国际化大都市，打造万亿级现代服务业的重要组成部分，西安 SKP 对西安文商旅融合发展具有重大的推动作用。2021 年，以还原 20 世纪 60—80 年代老西安人生活场景与文化风俗为主题的易俗社文化街区开街，这些基于市场需求对历史街区进行创意性复苏，空间旅游化的改造使得旧城区在发展进入瓶颈期的情况下重新获得发展动力，与新城区融合发展，成为西安旅游产业的增长极。

西安现在的发展是多商圈的发展，过去都知道小寨和东大街，现在为啥东大街没落了，因为从2010年往后整个城市的发展是多商圈的发展。过去大家逛街都到东大街，现在不了，我在我家门口也能逛，社区商圈也能逛，所以它没落了。（QY04访谈笔录）

拥有独一无二的历史资源和核心区位优势的城墙—回民街集聚区，虽经历了周边区域发展空间饱和，产业无法扩展更新的抑制期。但近年来，一系列文旅重点项目在该区域的实施和外迁行政中心、疏解老城功能、优化布局结构、保护古城风貌等战略规划的实施，使得该区域又重新回到中心地位，以高端商贸业和旅游产业为主导的服务业，成为提升西安在中国乃至全球的魅力和影响力的新引擎。

第四节　秦岭北麓旅游产业集聚带

一、空间范围与要素分布

秦岭北麓旅游产业集聚带位于西安城南，在空间范围上涵盖周至县、鄠邑区、长安区和蓝田县四个区县，西北濒渭水，西邻眉县，北靠雁塔区、灞桥区和未央区，东北以骊山为界，与临潼区、渭南市接壤，东南以秦岭为界，与洛南县、商州区、柞水县相接，如图5-7所示。秦岭北麓旅游产业集聚带内有旅游住宿点987个、生活服务点133个、购物服务20个、旅游资源382个，其中，AAAA级景区6个（翠华山旅游风景区、秦岭野生动物园、楼观台风景名胜区、秦岭国家植物园、黑河旅游景区、沙沙河水街），AAA及以下景区35个，星级（高品质）酒店11家，国家公园1处，自然保护区8处，自然公园31处，风景名胜区8处。

总体而言，集聚区内核心要素总量丰富，尤以旅游住宿、旅游资源数量占比最高，生活服务和旅游购物点位严重不足，表现出对资源要素、交通线路的高度认同。在空间形态上，由于受到秦岭地理形态影响，秦岭北麓旅游产业集聚带沿公路呈线状和连续丁字状呈点—轴带状集聚分布形态。"点"指集聚区内多个自然和人文景区（点）、酒店、民宿等旅游要素点，而"轴"指连接点的线状基础设施，包括交通干线、通信设施线、供水线路等，线状基础设施经过的地带为轴带，如2008年关中环线的贯通，将西安、渭南、咸阳、宝鸡四个旅游资源富集的城市连接。

图 5-7　秦岭北麓旅游产业集聚带示意图

二、形成背景与功能定位

秦岭北麓旅游产业集聚带是西安市20世纪90年代末期逐渐发展起来的旅游产业集聚区，资源要素指向性显著，与临潼、曲江、回民街等历史文化为主题的旅游产业集聚区形成功能互补。其形成主要是基于生态文明建设时代背景和生态旅游开发的资源—市场需求两个方面。

（一）背景一：生态文明建设和乡村振兴战略的时代背景

党的十九大报告指出，"加快生态文明体制改革，建设美丽中国，建设生态文明是中华民族永续发展的大计",明确了"产业兴旺、生态宜居、乡风文明、治理有效、生活富裕"的总要求和具体任务。这意味着从国家战略层面确立了生态文明、乡村振兴的核心地位。2017年至2022年,中央1号文件多次从产业角度提出大力发展乡村休闲旅游产业,乡村旅游由此步入产业化时代,充分肯定乡村旅游产业在乡村发展中的重要性。

秦岭是中国腹心地带的绿水青山,是中华地理自然标识,也是中华文明的精神标识。秦岭北麓背靠关中平原,是最靠近南方的北方,山水相依、风景秀丽,是陕西省乃至全国旅游资源密集带之一,被称为古长安的"后苑"。秦岭北麓面积97万公顷,占陕西省国土面积的4.7%。区域内的绿色生态是山水自然游的代表,能够带给游客休闲静谧的享受,是生态文明建设和生态旅游开发的重要承载区,成为作为西安市重要的旅游走廊之一,也奠定了区域集聚发展生态游和乡村游的资源基底。自然生态资源在地理空间上的高度集聚,旅游产品消费价值的不可转移性,加之优良的生态环境、不断的基础配套建设,在循环累积效应推动下,农家乐、休闲农庄、休闲农业等业态在秦岭环山带周边集聚,最终形成规模相异于城区的秦岭北麓旅游产业集聚带。

(二)背景二:本地客源市场的日常近郊休闲需求背景

新时期,随着社会经济发展和人民生活水平的不断提高,城市居民充分释放出强烈的乡村生态休闲需求,回归自然、亲近自然是人们周末和假日休闲放松的主要形式之一,乡村的生态环境与生产、生活场景成为重要的旅游吸引物,乡村旅游成为人们生活中的必需品。据国家文旅部官方网站资料显示,2019年,全国乡村旅游总人次为30.9亿次,占国内旅游总人次一半以上,乡村旅游总收入1.81万亿元。

2020年至2022年间,关于"清明节""五一黄金周"的专项旅游市场报告显示,乡村休闲游、省内近郊游、家庭亲子游、城市周边游、短线自驾游成为假期旅游热点。20世纪90年代以来,城市边缘区的西安秦岭北麓因具有丰富旅游资源、优美的环境、独特的文化以及地缘等众多优势,城乡之间交通方便，景观梯度差异较大，吸引了广阔的本地及周边客源市场。对于城市居民而言，该类目的地可进入性强，旅游时间、空间和费用限制较小，逐渐成为城市居民假日出游的首选地和主阵地，并且成为陕西省内最具吸引力的生态旅游区域。另一方面，西安市近年来的重点工作目标之一是将秦岭作为"西安后花园"，围绕城市建设环城游憩带，全力实施秦岭北麓的生态修复与保护，打造秦岭北麓旅游业，使其成为"西安市对外发展的生态名片"和"国内一流的旅游生态区"。此外，在客源市场稳定的情况下，在秦岭北麓进行旅游开发投资成本更低。随着旅游市场的不断成熟，旅游者消费需求渐趋多样化，市郊度假、农业观光等生态旅游产品开发需求应运而生，休闲垂钓、果蔬采摘、农业观光、山野风光体验、登山探险、野营、体育、拓展训练、访古探幽等多种形式的旅游活动和新兴业态不断涌现，使得区域内的集聚效应逐步增强。

与其他旅游产业集聚区不同的是，秦岭北麓旅游产业集聚带并无世界级的核心旅游吸引物和品牌景区，而是依托数量众多、品质较优的自然景观，逐渐成为西安市居民休闲度假的重要集聚区。同时，集聚区内相关的服务配套设施导致吸引力较低，难以成为一级旅游节点，游客来源较为局限，主要以本地客源市场——西安市本地居民为主，部分客源来源于陕西省内居民，针对性开发一日游、近距离、高频次重游项目。

三、演化阶段与过程分析

基于旅游产业集聚区"三阶段理论演化假说"以及重要的旅游发展事件，结合秦岭北麓历年乡村旅游收入、旅游总人次和旅游地数量时序发展过程，由孕育建构期、成长赋能期、成熟创新期构成，如图5-8和图5-9所示。

各阶段发展特征外部环境、多元主体行为及交互关系的发展特征分述如下：

（一）孕育建构期（1992年至1999年）

这一阶段，随着可持续发展观、生态观念的推进，人们开始向往回归自然环境的生态旅游方式，秦岭北麓的旅游基础设施和服务设施逐年完善，促进了西安旅游的内向型发展。同时，受国内经济发展水平的制约，该区域依托辖区内的森林公园、风景名胜区和自然保护区资源，虽有一定数量的旅游景区发展起来，但旅游产品主要依赖原生资源禀赋，停留在观光游览，旅游产业相关要素未取得同步开发，未形成旅游产业集聚区，尚处于初始孕育建构阶段。

20世纪90年代中期开始，西安—沣峪口、西安—汉中修建了多条一级公路、环山公路和高速公路，为进入陕西秦岭地区开展旅游活动提供了交通便利条件。1998年，国家旅游局推出"华夏城乡游"，提出了"吃农家饭、住农家院、做农家活、看农家景、享农家乐"的口号，激励了该时期以农家乐为代表的秦岭北麓乡村旅游业的发展。由图5-8可知，这一时期的观光休闲类旅游客流量逐年上升（2000年前无专项乡村旅游相关收入数据），多为市郊一日游的散客，较低水平的社会经济大环境难以支撑大规模的旅游活动，旅游产品无体系科研，基础设施、接待设施子系统尚不健全，旅游发展主要是村民自发的浅层次观光休闲，多元主体间的相互作用尚未体现。

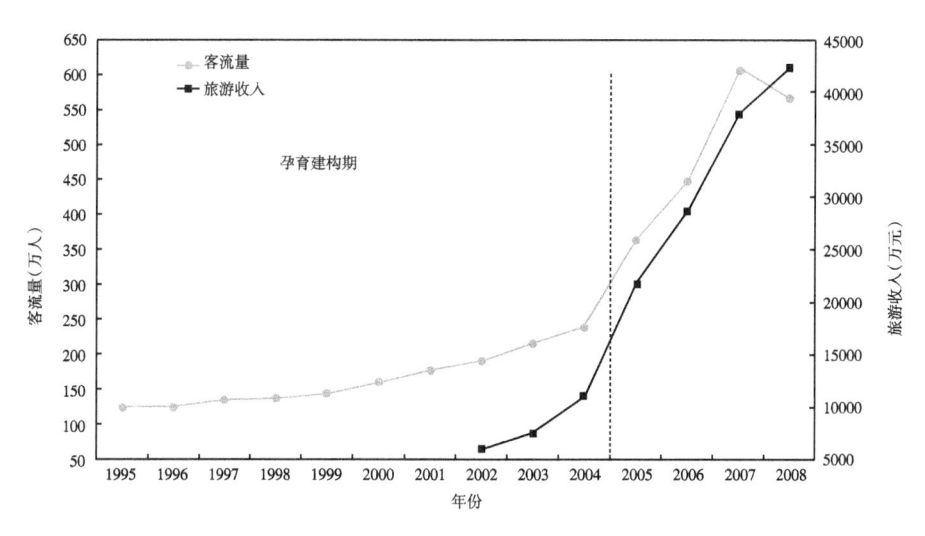

图5-8 秦岭北麓旅游产业集聚带演化阶段图1

（二）成长赋能期（2001年至2010年）

这一阶段，一方面，乡村旅游产业的作用和地位受到重视，秦岭北麓旅游产业集聚带的外部政策、交通环境得到极大程度的改善。另一方面，黄金周制度的推行、社会经济水平的不断提升，为城市居民出游提供了可能，但从旅游接待收入和客流量来看，规模效应尚不显著，如图5-9。

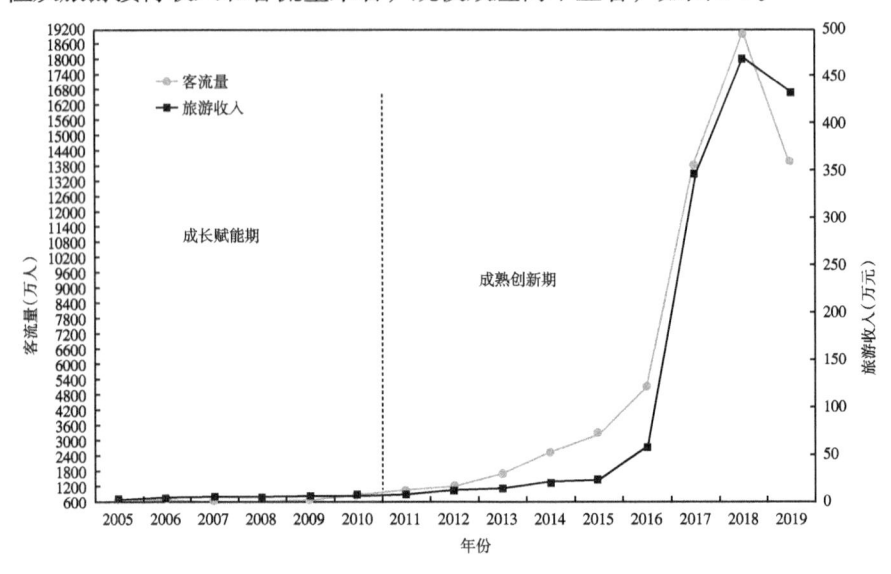

图5-9 秦岭北麓旅游产业集聚带演化阶段图2

2004年，我国首次发布了全国农业旅游示范点，开启了乡村旅游地的规范化发展阶段。2006年，政府主体积极改善秦岭环山路沿线的基础设施和接待设施。新环山公路正式全线通车，进一步改善该区域的可进入性，为秦岭生态旅游的开发提供了交通保障。2007年，《陕西省秦岭生态环境保护条例》正式颁布，标志着秦岭北麓的生态旅游在陕西旅游发展中已被以法律的形式予以确定。2009年8月，在陕西省旅游产业大会确定了"人文陕西，山水秦岭"的陕西旅游宣传口号，进一步改善了长期以来西安偏重历史文物游、不重视生态游的局面。

这一阶段，旅游景区的开发模式也逐渐成熟，形成了一批有一定规模和影响力的高A级景区，跨区域的秦岭旅游环线也已形成。2011年颁布的《大秦岭西安段保护利用总体规划》中，在确保生态环境不被破坏的前提下，划分出生态保护区和生态协调区。此外，秦岭北麓旅游文化资源的保护也在西安第四轮整体规划中，纳入西安历史文化名城的保护体系，同时在保护南部自然和人文资源不被破坏的基础上，提出建设秦岭山地生态旅游区的目标计划。

在旅游产业集聚区的发展中，具有探索精神的乡村精英和农户先锋关注客流规模提升带来的收入机会，积极参与旅游产业发展，进一步丰富了旅游设施的供给以及乡村旅游产品。在政府支持下，依据细分市场的特点，实施了不同的构建策略，在秦岭北麓生态休闲旅游区，开发了包括休闲垂钓、果蔬采摘、农业观光、山野风光体验、登山探险、野营、体育、拓展训练、访古探幽等多种形式的旅游活动，区域旅游内涵得到丰富，这些活动也延长了游客逗留时间，旅游产业集聚区的集聚效应进一步增强。

但需要说明的是，作为山地型地区旅游产业集聚区，秦岭北麓生态旅游产业集聚区的构建受到很多因素的制约，例如自然因素、地理因素、环境因素等。还存在很多明显的问题，体现在空间发展的不平衡，产业关联性较低。研究将秦岭北麓旅游产业集聚带涉及的四区县 2002—2010 年的旅游接待人次和乡村旅游总收入分析进行对比，结果见图 5-10。由图可知，2002—2010 年间，四区县中鄠邑区、蓝田县的旅游接待人次均逐年上升，但增幅最小且接待人次相当；周至发展最为缓慢；长安区的接待人次是四区县最大，旅游总收入也最多，2007—2008 年汶川地震时出现了一次比较明显的下降。四区县中，生态旅游发展最好的为长安区，其次为蓝田县、鄠邑区，周至县最差。

总之，在外部环境的影响下，该时期利好政策引导集聚要素流动加快，大量农业休闲类旅游地的涌现，形成以重点景区为龙头，企业、政府、居民、游客等多元主体积极响应，多元主体间以及与外部环境交互作用增强，共同推动以郊野生态观光为主导，以农事活动、乡村美景美食、民风民俗等为补充的旅游产业体系，秦岭北麓旅游产业集聚带形成并快速发展，系统的整体效应显现。

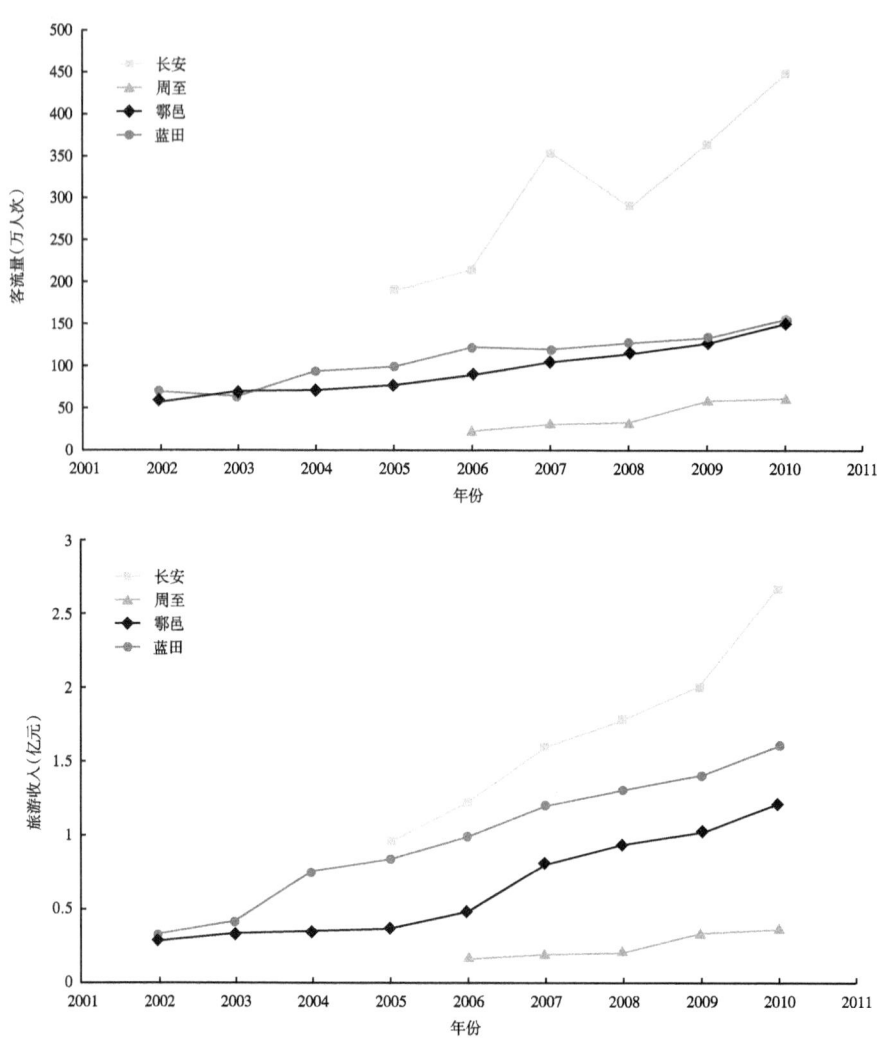

资料来源：各区县统计局官网数据

图 5-10 秦岭北麓四区县 2002—2010 年旅游接待情况

（三）成熟创新期（2011 年至今）

2011 年以后，乡村旅游业发展所处的环境系统发生重大变化，极大地推动着秦岭北麓旅游产业集聚带的成熟和转型发展。首先，国民收入的提高和城市交通环境的改善有力地激发了旅游者的需求，客源规模、出行半径、出行频次、消费水平都有了较大的提升。集聚区呈现持续增长态势，如图 5-11 所示，2017 年规模效应达到倍数级增长，全年旅游接待游客 13819 万人次，实现旅游综合收入 346.56 亿元。

2011 年，西安颁布《大秦岭西安段保护利用总体规划》，在确保生态环境不被破坏的前提下，划分出生态保护区和生态协调区，同时提出充分利用区域旅游资源，构筑旅游产品体系，实现多元化发展。此外，秦岭北麓旅游文化资源的保护也在西安第四轮整体规划中，进一步明确建设秦岭山地生态旅游区。同年 6—7 月，西安市政府成立西安秦岭生态环境保护管理委员会办公室，作为秦岭保护性开发的专设机构。同时又成立了秦岭办，主要管理户县沿山六区县、灞桥区、周至县、临潼区、长安区以及蓝田，完善了生态环境保护管理体系，即省、市、区三级管控。2012 年，长安等区县扩宽了环山公路，修建了沿路景观，实现了人文景观和秦岭生态旅游的资源互补，共同搭建了旅游开发的基础框架。至此，秦岭北麓旅游产业集聚带不断发展成熟，辖区四区县的旅游接待人次不断增加。但随着秦岭北麓旅游发展的不断升温，以及行政改革之后所有投资项目不论来源、性质和主体均事权下放，导致产业集聚的负面效应出现，秦岭北麓出现了大量的农家乐、房地产项目、乱搭乱建、开采矿山等乱象突出，集聚区的负面效应出现。其中最突出的就是"秦岭北麓违建别墅事件"。2018 年 6 月，大秦岭研究院正式成立，2018 年 7—10 月秦岭违建别墅中央专项整治工作组成立并进驻陕西，专项整治行动在秦岭北麓西安境内展开。从 2018 年开始，秦岭北麓西安段 1194 栋违建别墅被整治，其中，长安区共拆除 280 栋、面积 17.5 万平方米；鄠邑区拆除 355 栋、面积 12.7 万平方米。

本研究将秦岭北麓旅游产业集聚带涉及的四区县 2011—2019 年的旅游接待人次和乡村旅游总收入分析进行对比，结果见图 5-11。四区县 2011—2019 年间，依然是长安区发展最好，周至县的旅游接待情况较前一阶段有所好转，但资源转化率较差，人均旅游收入最低。鄠邑区、蓝田县的旅游接待情况较上一阶段有所变化，蓝田县接待人次和旅游总收入均高于鄠邑区，但 2018 年以后，受秦岭北麓生态环境整治影响，四区县的旅游接待量

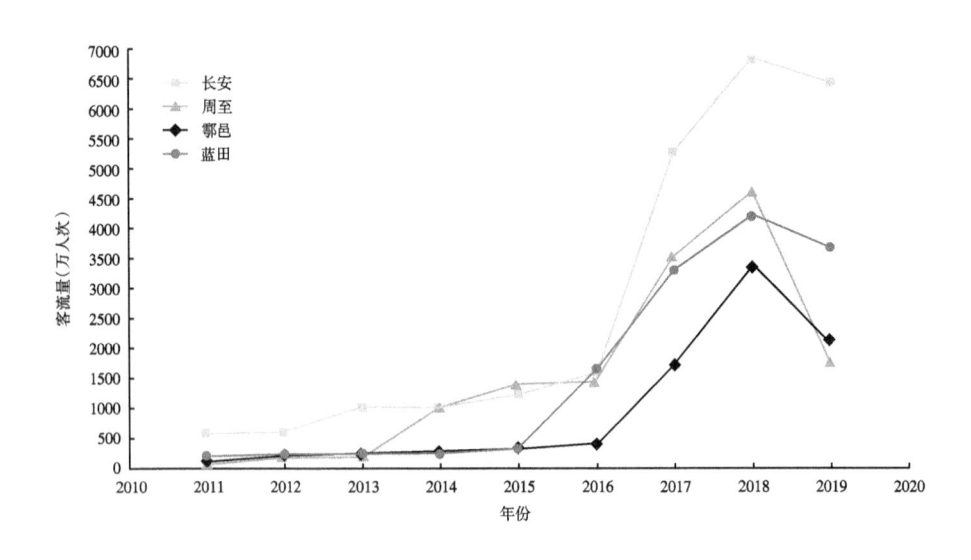

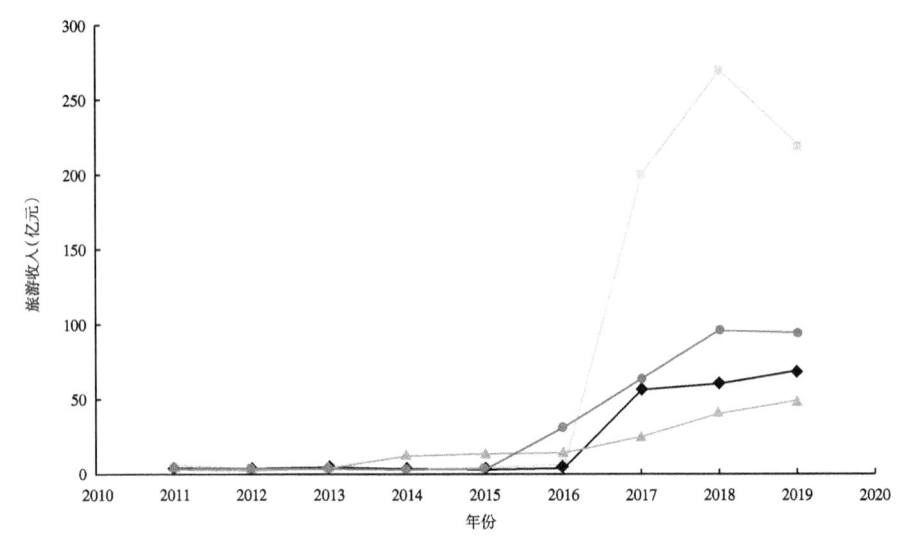

资料来源：各区县统计局官网数据

图 5-11　秦岭北麓四区县 2011—2019 旅游接待情况

和旅游收入均出现断崖式下降。2019 年，长安区陆续投资 26 亿元，在环山路南侧建设超级步道、水景水系、智慧管控、景观亮化等配套工程，通过环山路的提升，连同秦岭北麓长安段各峪口，打造秦岭环山旅游带。保护好大秦岭，让绿水青山永续，是旅游产业可持续发展的必然选择。2020 年，习近平总书记来陕考察时提出要自觉保护秦岭生态环境，为美丽中国的建设贡献陕西力量。自此，陕西省站在新时代、新起点，开启了秦岭保护性开发的新阶段。

这一阶段的发展必然要严守生态红线，守护自然资源，同时还要突出地域特色，凸显秦岭的山美、水美，融合古长安悠久的历史文化，形成一种独特的旅游优势，并以弘扬生态自信为终极目标。

第五节 大雁塔—曲江旅游产业集聚区

一、空间范围与要素分布

从空间范围来看，大雁塔—曲江旅游产业集聚区的空间主体处于曲江新区和雁塔区，位于西安市东南，总面积约 51.5 平方千米，以闻名中外的大雁塔和大唐芙蓉园为中心，北至小寨东路—西影路，西至翠华南路—长安南路，东至雁翔路—长鸣路，南至雁塔长安区界—航天大道—东长安街，是西安建设国际旅游名城、华夏历史文化园的重要集聚区之一，区域范围如图 5-12 所示。

从空间结构来看，分别以曲江池遗址公园、大雁塔北广场、自然博物馆为核心呈现多中心的菱形结构形态。西北部的大雁塔北广场、大唐芙蓉园集中体现了西安都市旅游特色和大唐文化元素，从而形成了影响力最广、规模最大的核心旅游增长极，并与西南部的曲江池遗址公园、唐城墙遗址公园、W 酒店等几大次级旅游增长极共同构成了曲江旅游产业集聚区的多足鼎立格局。

从要素分布来看，由图 5-12 可知，大雁塔—曲江旅游产业集聚区内有旅游住宿点 303 个、生活服务点 100 个、购物服务 4 个、旅游资源 176 个。其中，有 5 个国家级文物保护单位（大雁塔、杜陵、青龙寺、汉宣帝陵、唐长安城遗址）、4 个省级文物保护单位（秦上林苑宜、春宫遗址等）、6 个遗址公园（曲江寒窑遗址公园、秦二世陵遗址公园等）、2 个国家 AAAA 级景区（大慈恩寺、曲江海洋世界）、1个国家 AAAAA 级景区（大雁塔—大唐芙蓉园）、7个高品质（星级）酒店（盛美利亚、凯悦、W、温德姆、威斯汀、曲江华美达、希尔顿），与此同时，旅游交通（地铁 2 号线、3 号线）和商贸高度发达（大悦城、金地广场、赛格购物中心、万众国际等）。

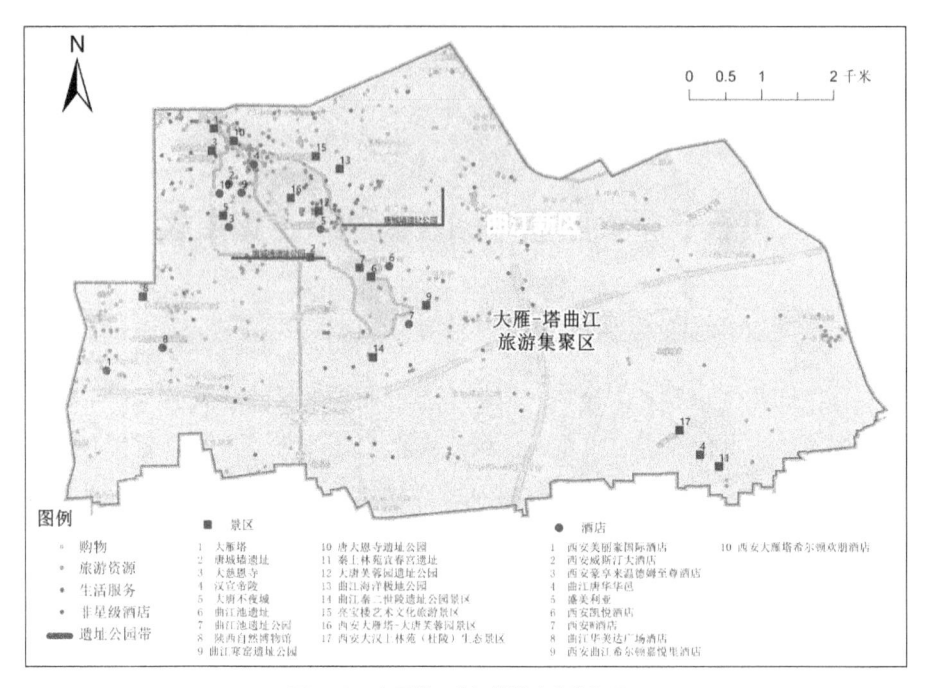

图 5-12 大雁塔—曲江旅游产业集聚区

从产业发展的角度来看，该集聚区的产业体系在区域政策的引导下，将文化旅游作为核心业务，并结合其他关联产业共同发展，例如传媒创意产业、影视演艺产业、会展广告产业等，是以盛唐文化为本底、政府主导和项目带动为特色的西安核心旅游产业集聚区；其集聚结构模式主要表现为多业态产业集聚形态，即由陕西旅游集团、西安旅游集团、陕西文化投资集团、西安影视集团、曲江文化旅游集团、曲江国际会展中心以及曲江影视集团等多个省、市、区属企业集团化运营，由旅游、会展、影视、演艺、商贸、餐饮多种业态组成。集聚等级和范围尺度居中，业态结构偏重旅游景点、酒店住宿和休闲餐饮等类型，是一个重点发展文化商贸、餐饮娱乐、时尚品牌、旅游服务的现代新型旅游产业集聚区。

总体而言，大雁塔—曲江旅游产业集聚区内核心要素总量丰富，尤其以旅游住宿、旅游资源点位数量占比最高，属于典型的政策导向集聚模式，表现出对核心景区的高度认同。整体旅游空间结构相对均衡，要素分布合理，集聚区域内部产业发展水平和资源特色差异性和个性化显著，内部产业结构层次各异，未来呈现区域一体化发展态势。

二、形成背景与功能定位

（一）省市宏观政策的扶持推进

1992 年，国务院颁布《关于试办国家旅游度假区有关问题的通知》，目的在于引导旅游行业由观光型向休闲度假型转变，进一步完善旅游产品体系的建设。在此背景下，1993 年曲江旅游度假区批准并设立完成。度假区成立伊始，以大雁塔、曲江园林遗址为中心，规划面积约 15.88 平方千米，总投资 3.5 亿，度假区集游览、观光、独家、商贸、地产为一体。

2001 年 3 月，《中国国民经济和社会发展第十个五年计划纲要》发布，将西部大开发战略明确提出并做出具体部署，作为西部大开发的排头兵和桥头堡，西安的城市发展迎来了新机遇。2003 年 7 月，经市政府常务会议批准，曲江旅游度假区正式更名为曲江新区，规划面积拓展至 47 平方千米，曲江新区管理委员会成为西安市人民政府的派出机构，与雁塔区委、区政府共同提出"优势互补、共建双赢"的合作机制，大雁塔北广场也于同年年底建成开放，大唐芙蓉园启动建设，同时，设立具有国资背景的曲江文旅集团对该区域实施管理。在这样的背景下，以文化旅游产业为核心、以现代服务业为主体的大雁塔—曲江政策性驱动旅游产业集聚区初具雏形并不断发展成熟完善。

曲江就是做文化产业，当时定这个是 25 年前的事。首先就是资源整合产生。曲江以前只是一个地理方向，一个 50 平方千米大的地方，发展之后，曲江现在是一个品牌。有些现在基本上都有曲江营销。可能西安市优质的管理资源应该 60%～70% 在曲江运营之下。另外建设城墙、大明宫、楼观台那边，包括还有像西安市的西旅集团的翠华山地区，都在曲江营销。

（QY03 访谈笔录）

（二）中心城区旅游产业发展空间受限带来机遇

西安市先后编制的三次城市总体规划都将"历史文化名城保护"放在首位，制定了严格的老城保护体系和城墙内外的建筑高度控制，城市中心区重在行政职能的承担与履行，对西安城市发展的影响是深远的。其一，为了保证古风文物等遗产的完整性，对钟鼓楼周边建筑高度制定了严谨的标准，使得中心城区的集聚效应受限，且纵向跃升存在困难；其二，闭合的西安城墙阻碍了核心片区水平方向的扩展，旅游产业发展的空间受限为其他片区的发展承担缓解中心城区压力、拉动城市旅游新的增长点提供了可能。因此可以说，曲江是在省市宏观政策的扶持推进下不断成长的。曲江也在不断探索自我发展模式。曲江打造了"文化旅游+市场开发+城市运营"运营模式。

像大唐不夜城，是曲江的，周边环境好了，他们的不夜城才打造。你一般就是先修不夜城才考虑周边的。先由不夜城打造起来，在周边配套，曲江是先配套好，临时把路配成不夜城，所以就是曲江的模式和别的模式是不一样的。（DC02 访谈笔录）

（三）区位优势明显

老城的局限性给曲江片区的发展提供了良好的契机，其自身的区位优势为该片区发育成为旅游产业集聚区提供了可能。首先，曲江南接长安大学城、东临灞桥产业园、西临高新区、北接中心城区，区位条件较好。改革开放后的控制性开发政策使得该片区成为预留地，拆迁和开发成本极低，既有着西安城市南扩的广大空间，还能承接老城区的文旅资源，区域内具备丰富的历史文化内涵，在这样的背景下，曲江片区成为西安城市化的突破口、旅游产业功能性补位和强化的重要空间。

曲江新区的发展实际上是以大雁塔为核心的旅游吸引物，那个是唐代的古塔，以大雁塔为主，曲江新区在城市开发建设过程中，又开始建了大唐芙蓉园，大雁塔南北广场，包括海洋馆、秦二世遗址公园、寒窑遗址公园等等。就是这就形成了一个新的片区叫曲江片区。曲江的核心区做起来后向周边辐射和扩大，像青龙寺、汉宣帝杜陵。（DC01访谈笔录）

三、演化阶段与过程分析

（一）孕育建构期（1998年至2004年）

这一阶段的阶段特征是旅游产业集聚区尚未成形，空间边界并不清晰，确立了以人文资源整合创新为核心、以政府为主导、进行市场化运作的发展战略方向。1992年7月，大雁塔风景区"三唐"（唐华宾馆、唐歌舞厅、唐代文化艺术博物馆）工程通过总体验收；曲江省级旅游度假区于1993年设立，成为省、市旅游设施建设的重点工程，以及西安市确立旅游业主导产业战略决策的重大示范项目，这一政策性的铺垫随之影响了基础设施、市政配套的逐渐建设成形，自1996年曲江新区启动建设以来，先后投入资金30亿元用于基础设施建设，基本完成了10平方千米区域内的市政配套，为后续旅游产业集聚区的形成奠定了良好的发展环境。1996年1月，曲江管委会旅游建设开发公司正式授牌经营，随后开始市场化运营，试图对西安极其丰厚的历史文化资源价值进行深度挖掘，不断为旅游产业的集聚汇集资源。2002年，曲江旅游度假区正式更名"曲江新区"，规划面积扩大为47平方千米，曲江管委会成为一个独立运行的文旅开发区和城市新区，拥有行政区的部分权限和职能。但起步阶段的整体特征是有战略无战术，强资源弱产业，旅游产业体系优势开始出现但尚未形成集聚，竞争力不足。

（二）成长赋能期（2005年至2010年）

2005年至2010年为西安市旅游产业集聚区的集聚能力不断增强和快速成长时期，其间形成了大雁塔—曲江政策投资驱动旅游产业集聚区，此阶段特征也是曲江模式的最大亮点。曲江景区的AAAAA级发展目标于2007年正式启动，通过实施各种有效措施致力于本土第一旅游品牌的打造与培育,形成了以大慈恩寺遗址公园、大唐芙蓉园、曲江池遗址公园等为代表的城市景区,以大唐不夜城、曲江海洋极地乐园等为代表的"人工创意再造型"游憩区。至此,曲江旅游产业集聚区形成了集景区、主题酒店、餐饮、影视演艺和会展创意等文化旅游业态于一体、主体功能明确的空间分布模式,旅游产业集聚效应凸显,产业体系和产业链均日渐成形并不断完善。

旅游产业在这一阶段得到快速发展,在集聚区整体的建设过程中也开始有产业相关利益群体一同参与其中,集聚区以公司化运营的模式、以城市运营的理念,通过重大文旅项目的建设带动区域内房地产业的发展。2004年以后,由陕西省政府主导,以资源整合为手段,先后投入资金80多亿元,对曲江大雁塔景区进行优化升级与遗产旅游化利用,此时大雁塔南北广场也正式建成,同时向外界游客开放大雁塔北广场;同一时期,仿唐商业街铺正式对外运营。次年组建了曲江文化旅游产业集团;中海投资集团于2005年在该景区开发了大唐芙蓉园,总投资高达13亿元,新项目位于大雁塔西部,充分利用了景区的空闲土地,同时在曲江新区范围内配合产业园的开发工作,整体迁移出条件完全成熟的村庄。曲江演艺集团和曲江影视集团也在2006年5月正式组建;2007年,组建了曲江会展控股公司和曲江国际会展集团。核心旅游企业在该地区正式落户后形成了区域集群效应,众多旅游企业及关联产业被吸引,形成集群区域集聚,发展成为重要节点和空间要素节点,大量人流拥入又带来了区内餐饮业、住宿业和购物业的发展。2010年,曲江景区累计接待市民、游客突破3000万人次。随着曲江景区客流量的大增,很多知名的中西餐馆和酒店入驻其中,其中不乏一些高档次星级酒店,根据以上对曲江景区的数据描述可知,该景区将旅游乘数效应发挥得淋漓尽致,大雁塔—曲江政策投资性旅游产业集聚区真正形成,并肩负起西安市经济新的增长点和旅游产业示范区的使命。

(三)成熟创新期(2010年至今)

这一阶段的阶段特征为:开始以城市运营的理念进行产业的项目开发、土地经营,并同步发展以盛唐文化为特色,文旅、商贸等为主导的产业发展模式。

2011年年初，曲江文化景区顺利通过国家AAAAA级景区评审，整座城市在这段时期内改善了原有的环境风貌，进一步完善了公共服务配套设施，道路交通也得到极大改善。与此同时，曲江新区为了促进旅游产业的发展，又着重开始建设产业链上下游以提升企业内生性增长，主要措施包括：成立曲江文化旅游研究院、建设品牌管理中心等，同时强化唐艺坊文化传播有限公司、曲江国际酒店管理公司等，以达到品牌宣传和输出的作用。同时，高度重视"酒店托管"业务；积极发展"旅游商品研发与营销"业务；通过并购多家正在成长中的旅行社成立了曲江国际旅行社联盟，包括西安百仕通、陕西友联等，以期打造一个完善的直销网络，即"曲江系旅游产品"；一方面实现区内土地差异化增值，之后引入多元产业要素，进而吸引更多的产业入驻，例如购物、酒店餐饮、创意会展、娱乐、影视传媒等，形成高效集聚效应，构成一个立体化的产业发展格局，向外界呈现出产业的多种形态，传递出向外持续扩展的强大活力，大雁塔——曲江政策投资驱动性集聚区正式形成并发展成熟。

目前的扁平化的管理模式，它是企业化管理模式。企业化的管理模式跟政府机关是不一样，更加市场化。（**QY02**访谈笔录）

2015年以后，跨区域创新发展趋势显著，主要特点是实现了从"旅游城市化"到"城市旅游化"的创新发展，文化、旅游、商业、人居高度契合，城市化进程与文旅产业高度融合、同步发展。通过对西安城墙景区、大明宫国家遗址公园、临潼旅游度假区、楼观台道文化旅游景区、兴庆宫公园提升、小雁塔片区综合改造、鄠邑区渼陂湖等文旅片区的全面介入，通过规划、策划、招商、提升改造，将其作为外部要素逐步吸纳，针对自身的产业链，又进一步改善了链条上的关键环节；在旅游产品方面，在原有产品结构上进行了补充，实现了发展空间的持续扩展，对曲江旅游产业集聚区的结构进行了优化，扩大了旅游产业集聚区的规模。

从发展特征上，由表5-3可知，从产业产值上，曲江旅游产业集聚区自成熟扩张阶段以来，经济指标逐年来持续增长、发展成果显著，并带动了其他产业门类发展，最终提升了西安市的整体城市价值。

表 5-3　2010—2019 年大雁塔—曲江旅游产业集聚区相关经济指标

年份	生产总值（亿元）	旅游总收入（亿元）	文化产业增加值（亿元）	服务业增加值（亿元）
2010	38.64	15	16.51	26
2011	50.74	17.98	25.25	36.56
2012	64.79	21.54	36.15	49.23
2013	119.4	29.43	41.93	100.96
2014	137.27	34.54	46.04	116.07
2015	157.6	51.64	52.26	132.83
2016	174.2	65.17	60.1	152.02
2017	227.94	76.65	78.13	206.89
2018	245.84	142	61.46	236.35
2019	264.34	213.4	87.23	252.89

资料来源：根据《西安市 2011—2020 旅游统计年鉴》以及各区县官网数据整理所得

2015 年以前，西安市旅游综合收入大部分来源于文化产业，2016 年后文旅产业优势不再突出。作为 2019 "西安年　最中国"活动的核心文化展示区，曲江新区围绕"最中国年"核心内涵，为中外游客准备了盛典庙会、唐文化系列、巡游演艺、三大新春灯会系列、新春乐购、智慧集市等文旅演艺项目，旨在提升游客在西安游玩时的体验感。2019 年春节期间，西安大唐不夜城接待旅游人次同比增长 235.6%，达 387.27 万人次；大雁塔景区接待旅游人次同比增长 71.5%，达 94 万人次。2022 年新年期间，"长安十二时辰"主题街区日平均游客接待量 7000 人次，累计接待游客量超过 100 万人次，实现全网曝光量 75 亿。曲江的夜游经济板块的成功使得其客源市场从以入境旅游市场为主转为兼顾本地市场的综合集聚区，旅游产业进入品质化创新发展新阶段。

刚开始在建设的时候是西安花钱去把人引进来,然后去打造,但是突然 2018 年的"西安年,最中国"火爆。过去在西安,淡旺季非常明显,但从那个时候开始,西安的整个的流量就属于进入了一个一直都有人的一个状态。王永康市长在的那几年。就是曲江发展以前在西安的,实际上这个板块没有特别的流量。但是从大唐不夜城开始以后,西安打造了很多的大 IP,大 IP 出来的之后,对于我们的流量影响非常大。(QY04 访谈笔录)

总体而言,这一阶段曲江旅游产业集聚区的外部产业环境、经济环境和游客需求的复杂变化促进了多元主体的空间涌现,适应性主体的规模、类型和数量明显增加。主体之间、主体与环境之间的非线性作用的频率、强度均大幅增加,旅游吸引物、旅游设施等数量和组合模型更加多样,共同推动了曲江旅游空间集聚体数量增长、业态丰富和功能完善。整个集聚区集中了文化旅游产业上下游大部分产业类目,如旅游产业研究、旅游地产、旅行社、项目策划、景区投资和管理、餐饮酒店等,在我国西部地区树立强大的文化旅游品牌,实现了产业的再次升级,步入文旅综合产业的新生命周期。

第六节 浐灞旅游产业集聚区

一、空间范围与要素分布

从空间范围来看,浐灞旅游产业集聚区位于西安市主城区东部,涉及雁塔、未央、灞桥区三个行政区。东与临潼区、蓝田县接壤,西与雁塔区、新城区、未央区相连,南与长安区为邻,北以渭河与高陵区相望,主要依托浐河、灞河等滨水湿地资源,以及世博园、欧亚经济论坛永久会址等商务会展条件而形成,如图 5-13 所示。

从要素分布上看,浐灞旅游产业集聚区内要素点位住宿含 935 个,生活服务 238 个;购物服务 8 个,旅游资源 166 个,其中,1 个 AAAAA 级景区(大明宫国家遗址公园),4 个 AAAA 级景区(西安世博园、西安半坡博

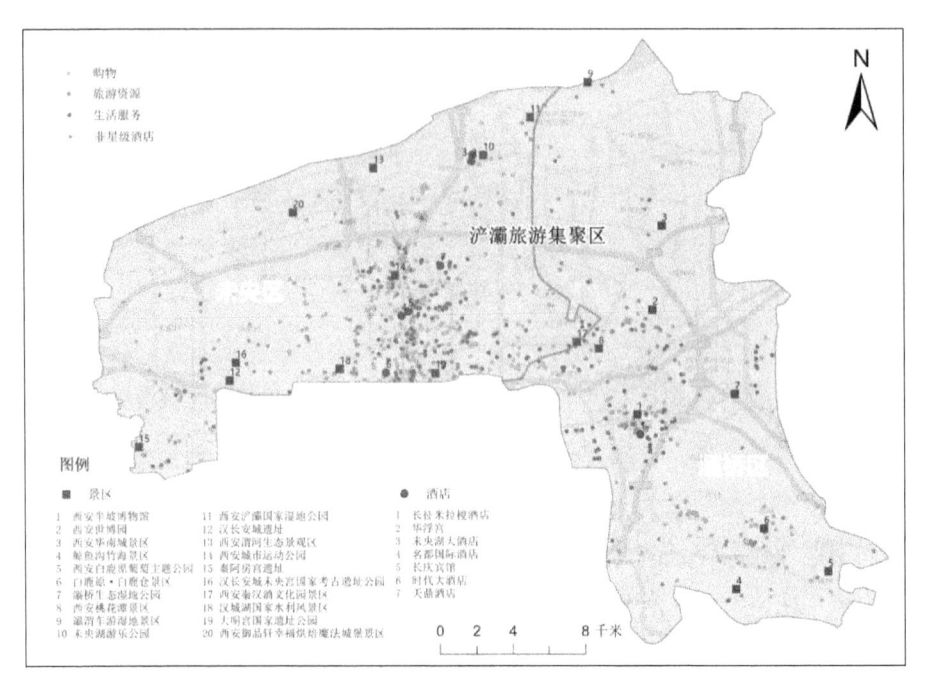

图 5-13 浐灞旅游产业集聚区示意图

物馆、白鹿原·白鹿仓景区、西安浐灞国家湿地公园），4 个 AAA 级景区（西安白鹿原葡萄主题公园、灞桥生态湿地公园、鲸鱼沟竹海景区、西安桃花潭景区）、3 个历史文化遗址（半坡、汉长安城、秦阿房宫）和 7 家非 A 级旅游景区，7 家星级酒店，23 家高品质酒店和多家非星级酒店、等级民宿；区域内绿地面积达到 1050 万平方米、城市绿道 22.8 千米、绿地广场 45 个；多条交通干线分布于此，如绕城、西蓝、西临、西阎等 4 条高速，地铁 2 号线、3 号线、二环、三环四条城市环线和轨道交通，西康线、陇海线两条铁路。区域内自然、人文旅游资源禀赋良好，浐灞两河四岸功能性生态廊道，与生物群落、水绿生物多样性融合，形成"山水林湖生命共同体"，与城区历史文化资源形成了强势互补。其中，旅游景区的空间分布较为稀疏、空间集聚强度相较于住宿、生活服务较弱。

总体而言，集聚区内核心要素总量丰富，尤以旅游住宿、旅游餐饮购物与娱乐场所的生活服务场所数量占比最高，且表现出对交通区位的高度认同，空间分布沿交通线集中分布现象十分显著。从空间结构来看，沿浐城湖、长安城遗址和浐灞湿地公园等核心吸引物呈扇形结构形态。总体由两部分构成，一是以城市运动公园、大明宫遗址公园片区为代表的高密度集聚核心区，二是以半坡博物馆、世博园、鲸鱼沟、白鹿原等为代表的多个密度稍低的小型集聚扩张区。

二、形成背景与功能定位

浐灞旅游产业集聚区是西安市近年来重点培育发展的旅游产业集聚区，为资源—政策复合导向集聚模式典型代表，其中政策要素较资源要素指向性更为显著。集聚区形成基于城市规划政策引领和重大标志性节事驱动两大背景。

（一）背景一：生态新城、西安次中心培育的城市规划和旅游产业政策引领

城市规划和产业政策在一定程度上引导经济活动在空间上向特定区域集聚和发展。浐灞旅游产业集聚区是在西安市城市规划的指导下逐渐发育成形的。2004年9月，旨在打造西安第三代生态新城的浐灞生态区成立，从浐灞河流域生态治理出发，进行基础设施建设和生态恢复建设，发展定位为生态化商务城及都市型生态区。此后，五大景观工程集中实施，并形成了湖中有鸟、岛洲相连、洲内有潭、积潭成渊的生态景观。2008年，《第四轮西安城市总体规划（2008—2020年）》发布，规划中明确提出了建设"大西安"战略，重点为扩大城市骨架，优化布局结构，发展外围新区，东西延伸发展、南北拓展空间。此后，浐灞生态区担负起了西安次中心的培育任务，即承接旧城功能疏散、承担老城区人口产业的转移，成为西安市功能拓展、空间延伸、强化国际化大都市地位的东部生态休闲和商务交流区域。2016年，《西安浐灞生态区国民经济和社会发展第十三个五年规划纲要》颁布，进一步明确了全域"生态化、旅游化、景观化、重点区域花园化"的建设目标，逐渐形成集文化、旅游、产业、生态、社区"五位一体"

的文旅集聚区。

由此可见，得益于以上规划政策条件的引领和新时代生态文旅的产业发展的区域背景，浐灞在10余年里旅游产业发展得以"集中力量办大事"，旅游基础设施逐步改善、旅游供给不断增加、资源持续集聚，迅速发展成为西安城市次中心的旅游产业集聚区。

（二）背景二：以世园会为代表的重大标志性系列节事赛事推动

标志性节事和场馆赛事活动是城市旅游最重要的旅游吸引物，对旅游产业集聚区的空间布局影响与事件规模呈正相关。2011年，新中国成立以来第三次、西北地区规格规模最大的世界性园艺博览会在浐灞广运潭举办。世园会的成功举办不但促进了西安城市经济发展、空间拓展以及树立良好的城市形象，更形成了"后世园效应"。一方面，多个高品质酒店向世博园展馆附近以及与之相连接的交通干线附近集聚，推动了西安市的酒店业空间格局的东进、北移。品牌酒店的空间集聚构成了产业集聚主要向心力，进一步促进了中小型饭店、旅游商业、生活服务等要素成为浐灞旅游产业集聚区的不断集聚，深刻影响了集聚区的整体功能定位。另一方面，F1摩托艇世界锦标赛、欧亚经济论坛永久会址、世界文化旅游大会峰会永久会址均先后落位集聚区内，诸多会展和标志性事件本身就构成了强大的旅游吸引力"磁场"，更有力地促进了各类旅游要素的集中，形成了以展区展馆为核心，周边配套服务、旅游购物、旅游住宿等为产业链的会展旅游产业集聚区。

（三）功能定位

浐灞旅游产业集聚区以流域治理和生态重建为先导功能，随后在政府各种产业政策、城市规划、重点项目的带动下，通过多元投入，形成了融合休闲、度假、商务会展服务为一体的旅游集聚空间。于本地客源市场而言，浐灞旅游产业集聚区是西安独具特色的滨水游憩区和东部近郊重要的休闲度假区。于外地客源市场而言，又承担了实现具有分工明确、合作专业且与旅游业发展单位以及公司相关的西安商务会展集散中心的大部分功能的责任。在浐灞旅游集聚区，其会展业以产业向前及向后延伸的方式，持续形成内部"循环积累过程"，有关旅游公司为寻求公司与公司间商业合作、沟通得更加互补、便捷，使集聚区内各公司间的商业往来成本下降，产生规模效应，并获得外界经济收益、降低未知因素的干扰而使得旅游集聚区的经济规模持续扩张。另外，因行为主体之间、资源要素与资源要素之间的作用是非线性的，这使得旅游业集聚在正向反馈效应、路径依赖影响之下不断演化，最终，功能齐全的产业集聚区因此而形成。

三、演化阶段与过程分析

浐灞旅游产业集聚区的整体演进遵循"三阶段演化假说"，由孕育建构

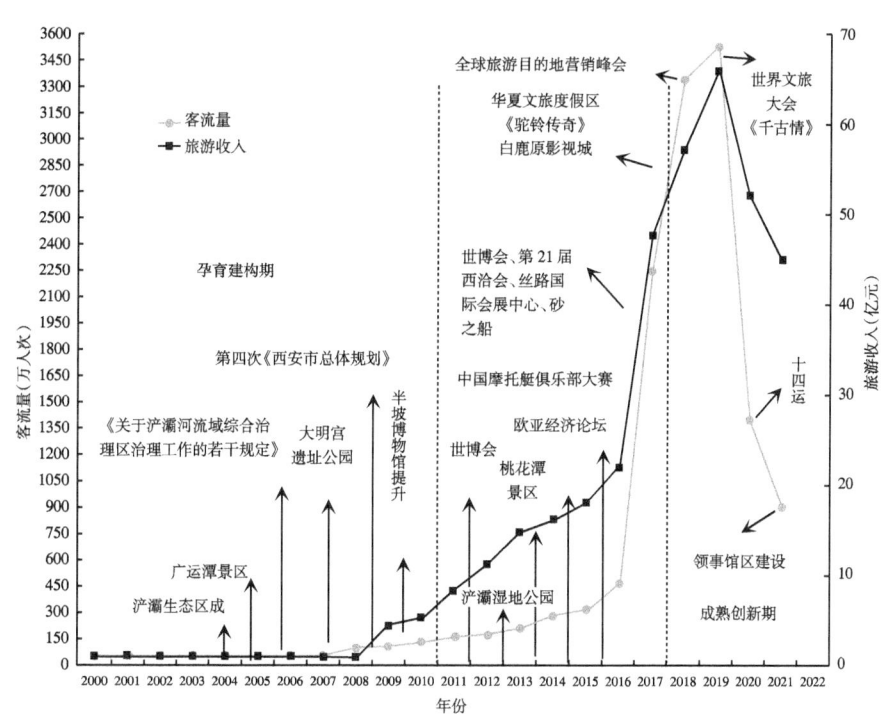

资料来源：《浐灞2004年至2020年国民经济和社会发展统计公报》及文旅局资料整理

图5-14 浐灞旅游产业集聚区演化阶段图

期、成长赋能期、成熟创新期构成。如图 5-14 所示。

（一）孕育建构期（2004 年至 2010 年）

这一时期的显著特点是在政府的大力推动下，区域大环境得到有效治理，确立了发展生态旅游的产业导向，旅游发展的基础条件得以提升，但核心要素和配套设施不足，仅有两家历史人文类景区（半坡博物馆、汉帝陵遗址），五星级高品质酒店，仅有零星农家乐分布，游客多以本地客源市场为主，年平均接待量不超过 50 万人次，年均旅游总收入 0.45 亿元。

2004 年，全国首个以生态区命名的浐灞生态区成立。2005 年《关于浐灞河流域综合治理区治理工作的若干规定》出台，流域治理正式拉开序幕并有章可循，重构了片区的城市形态和生态环境，也提升了区域综合承载能力，为发展生态旅游提供良好的先决条件。另一方面，浐灞流域是连接秦岭山地与渭河湿地的唯一生态走廊，具有极重要的生态作用，同时也是西安市近郊滨水游憩的重要空间。在政府的特殊政策导向下，使得滨水资源逐渐成为生态特色，配套基础进一步夯实，为集聚区的发展提供有力支撑。

2007 年，欧亚经济论坛永久会址建成，广运潭生态景区正式对外开放。同年，西安启动了全国重点文物保护单位大明宫遗址公园建设项目，这是中国第一座以展示盛唐文化为特色的大型遗址公园，规模相当于四个紫禁城大小，总占地 19.16 平方千米，总投资达 1400 亿元。是现存的规模最大、格局最为完整的古代宫殿遗址群，属于世界级文化遗产，耗时 4 年，2010 年 10 月，大明宫国家遗址公园正式向市民开放。2008 年，《西安市总体规划（2008—2020 年）》中确定西安绿色网络格局及城市发展方向。这一时期，重大旅游项目和文化 IP 吸引了一些文旅企业向浐灞区域集聚，但并没有建立起较强的产业关联和分工协作关系，集聚效应尚未真正发挥，酒店、景区、农家乐是主要的集聚载体，形式单一，空间形态以点状为主。

（二）成长赋能期（2011 年至 2017 年）

这一阶段的特点是旅游客流量和旅游总收入倍增，以世园会为标志性节庆事件产生极化效应，吸引了诸多酒店、餐饮企业、旅行社、旅游特色商品以及大型景区不断向展馆区域集中，如砂之船奥特莱斯、浐灞湿地公园、桃花潭景区、丝路国际会议中心均在这一时期建成。中国摩托艇俱乐部大奖赛、丝博会、第 21 届西洽会、欧亚经济论坛生态与环保合作分会依次举办，为浐灞旅游产业集聚区注入了强劲的发展动力，产业集聚程度迅速提高，城市运动公园世博园四周渐渐成了发展休闲旅游、当地舒展的中心。在日渐集聚的同时，还经由扩散作用使其影响力不断向四周辐射。扩散作用呈渐进式，通常是顺着特定通道推进的。在各大比赛、节日旅游旺季的带动之下，基于三环、地铁等交通主线出现了旅游增长轴，继而从要素集聚逐渐转变为点轴状集聚和价值链集聚。

这一阶段，该区域的发展得益于世博会的后续开发和众多国际赛事、论坛的举办，借助自身影响促使场馆产生效应并使其价值产生持续性，专业公司的加入既能够降低政府财政支出压力，还能够起到监督资金应用动向的作用，使资金利用率得到提升。旅游业集聚不仅包含餐饮、酒店等与旅游业直接关系类公司的集聚，也包括旅游支撑组织、舒展等的集聚丛生。旅游会展产业体量急剧扩张，旅游公司与旅游公司之间的合作分工关系初步形成、其产业链也已基本形成。

（三）成熟创新期（2018 年至今）

这一阶段，浐灞旅游产业集聚区内企业数量稳步上升，区域政策环境进一步利好，集聚了大量会展旅游及相关企业的同时，各企业之间建立起了有效分工和协作关系，生态以及会展旅游产业集聚业态逐渐趋于饱和。如前文图 4-9 所示，旅游统计指标峰值出现在 2018 年，集聚区的旅游总收入突破 58 亿元，旅游接待人次达 3331.5 万人次，是 2008 年的 33 倍和 14.25 倍。此后，集聚的规模效应开始下降，集聚区内的竞同质化日益严重，旅游要素的空间离心化趋势明显，集聚区进入探索性创新演化发展阶段。

如图 5-13 所示，在集聚区的东南部，围绕新兴景区鲸鱼沟、白鹿原、白鹿仓影视基地开始形成新的小集聚体并与运动公园、世博园的业态稍有不同。这一阶段，会务会展与体育赛事相结合，2020年世界文化旅游大会与第十四届全国运动会同步启动，大型实景旅游演艺"驼铃传奇""中华千古情"充分挖掘、融合以及发扬了丝绸之路历史文化，形成了新的热点和文化IP。随着会展旅游产业集聚不断发展，市场机制日渐占据主导，但是政府依然通过城市规划以及相关政策等措施对会展旅游产业集聚予以大力支持，如2022年积极推进西安领事馆区建设，有效促进会展旅游产业集聚发展逐步转化为自组织演化。

西安旅游发展有三条轴线，东边轴线浐灞区域是以国际文化交流，会议会展为主，千古情、华夏文旅城、国际会议中心、会展中心、世博园，还有十几家五星酒店都在这个东边，它在发展过程中逐渐明朗，创新中形成了自己的区域特色。（ZF02访谈笔录）

第七节　小结

旅游产业集聚区作为旅游产业发展的空间主体，是旅游经济发展格局中最具有潜力和活力的核心，对区域旅游经济发展至关重要。研究在第四章的基础上，提出旅游产业集聚区分析的一般理论框架和演化过程的"三阶段"理论假说，并将其中五个典型旅游产业集聚区——临潼旅游产业集聚区、城墙—回民街旅游产业集聚区、大雁塔—曲江旅游产业集聚区、秦岭北麓旅游产业集聚带、浐灞旅游产业集聚区进行典型剖析，分别就其的形成背景、演化过程、空间结构、客源市场定位展开分析，为产业集聚区之间的比较提供科学的评判标准和依据，同时为推导出各集聚区影响发展的动力机制奠定基础。

第六章　旅游产业集聚区形成的动力机制与比较

动力机制是指在内外动力作用下，事物逐渐发展演化成现在这种形态或特征。动力机制是从动力学的角度对某种事物发展演变本质的认知，即指促进某种事物发展演化所有力量相互间的动力体系、关系结构，促使其演变发展的内在原因和运行方式。促使某种事物演变的动力体系是由大量相关联并且相互作用的动力因子构成的一个系统整体，并且其特征是变化、开放的。对于旅游产业集聚区而言，其动力机制的研究必须回答如下两个问题：首先，旅游业为何要以集聚区的形式出现，集聚是否提高了其效能和竞争力；其次，是在什么样的外部驱动力作用下、形成怎样的集聚区、为什么出现在这里而不是那里、其目标定位是什么等。因此，动力机制的完善是确保地区旅游稳健发展的前提，基于此，对旅游产业集聚区的动力机制形成正确认知并掌控其发展逻辑就显得极为重要。

第一节　集聚区形成的内部动因：为何集聚

旅游产业的发展为何要以空间集聚区的形式出现，这取决于产业集聚的内部驱动力系统，如图 6-1 所示。内部驱动力系统由向心力和支撑力组成。向心力包括集聚力、市场力和创新力，支撑力主要指受到多元主体的适应性行为的影响。

一、规模经济与范围经济的驱动

产业集聚区是随着产业集聚化、经济区域化、生产规模化发展而形成的。以经济规模化发展来促使要素资源实现共享，降低区域经济内交易成

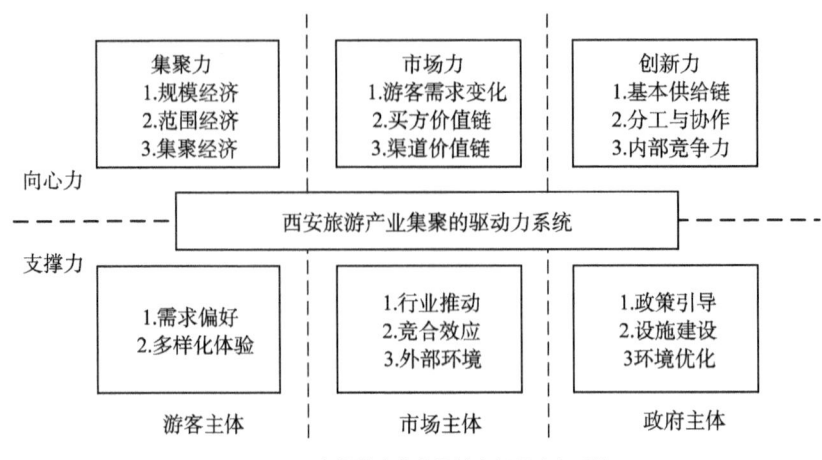

```
              ┌─────────────┐  ┌─────────────┐  ┌─────────────┐
              │  集聚力     │  │  市场力     │  │  创新力     │
              │ 1.规模经济  │  │ 1.游客需求变化│ │ 1.基本供给链│
              │ 2.范围经济  │  │ 2.买方价值链│  │ 2.分工与协作│
              │ 3.集聚经济  │  │ 3.渠道价值链│  │ 3.内部竞争力│
              └─────────────┘  └─────────────┘  └─────────────┘
  向心力
  ─ ─ ─ ─ ─ ─ ─ ─ ┌──────────────────────────────┐─ ─ ─ ─ ─ ─ ─
                  │ 西安旅游产业集聚的驱动力系统 │
  支撑力          └──────────────────────────────┘
              ┌─────────────┐  ┌─────────────┐  ┌─────────────┐
              │             │  │ 1.行业推动  │  │ 1.政策引导  │
              │ 1.需求偏好  │  │ 2.竞合效应  │  │ 2.设施建设  │
              │ 2.多样化体验│  │ 3.外部环境  │  │ 3环境优化   │
              └─────────────┘  └─────────────┘  └─────────────┘
                游客主体         市场主体         政府主体
```

图 6-1 西安旅游产业集聚的内部驱动力系统

本是旅游业集聚的第一驱动力。旅游业发展的区域集聚化能够使旅游资源配置优化、区域经济效应以及旅游规模效应尽早实现，同时使旅游业逐渐变成地区经济的新增长点。总体上，可以从企业、行业、区域三个层面上对经济性进行理解，如图 6-2 所示。在企业层面，由于品牌旅游景区的带动，促进了旅游要素在空间集聚的动因差异（客观动因、主观动因）和降低机会成本的便捷性，形成了旅游产品的差异化集中与旅游收益的扩大化，并进而影响到旅游流的集中和路径选择。在产业层面，由于产业关联带动和地方化经济，根据优化基本要素、市场要素、外部要素的连接关系，建立起产业范围经济，同时促进了区域层面的旅游产业集聚区的形成。

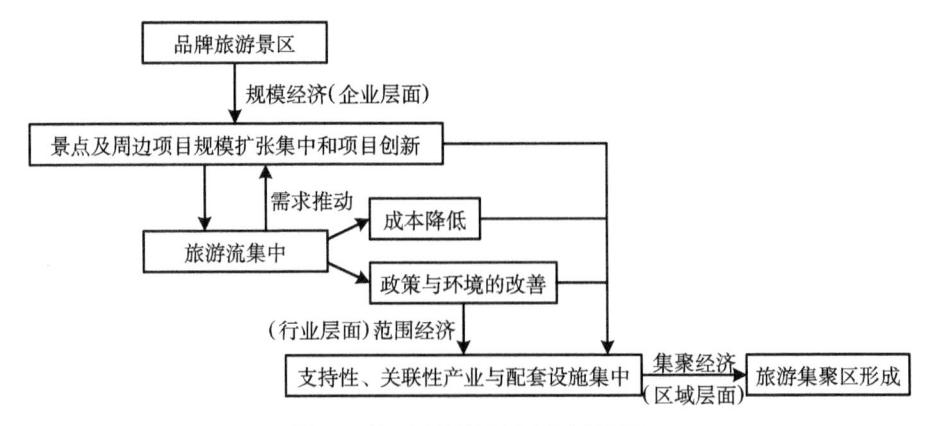

图 6-2 基于经济性的旅游产业空间集聚

具体来说，首先，规模经济是旅游企业空间集聚的主要竞争优势，主要通过共享中间投入品、共享劳动力市场以及信息技术的流动实现。中间投入品方面，地区旅游业获得发展的前提包括通信、交通等基础配套设施的发展、旅游目的地的推广宣传等，与此有关的成本投入较大，但旅游公司可选择以集聚的方式来使要素以及资源的利用实现集约化，进而使其产生经济规模效应。对于信息的传递，通常情况下，生产要素的流动会随距离的延伸而衰减，在旅游集聚区范围内，技术、信息等在各大旅游公司间的运用、传输，对于旅游公司及时了解市场所需、产业动态有利，还能够使旅游公司更便捷地获悉旅游业上下游公司的运营动态，进而更好地抓住市场机会。旅游业作为劳动密集型产业，产业内人力资源的共享可以促使旅游业以及有关公司在地理区位上不断集聚，这不但可以节约劳动力成本，还能有效降低相关从业人员的培训成本，而集聚本身还能提供更充足的就业发展机会，对更多专业高级人才会产生磁场效应。除此之外，旅游业产业的关联性、综合性是非常强的。在旅游集聚区内，旅游公司以合作、竞争产生的整体生产力要比各家公司的生产力总和更高。旅游业有关公司能够为消费者带来更系统、更全面的服务及产品，使消费者的体验感更好，在旅游服务价值、旅游产品价值层面形成规模效应，从而使该区域内的经济获得更好的发展。

其次，区域经济主要从减少交易费用和形成品牌效应两方面予以体现。对于交易成本，地理位置层面不断汇集的旅游及有关公司能够使交易成本下降，使得公司可享受到区域经济创造的价值。作为极具关联性的产业，旅游业需与有关部门或其他有关产业进行分工协作，在此过程中必将有一定成本费用产生，而旅游集聚区的出现及其发展则能够使旅游业以及有关公司交易成本下降。此外，在旅游及有关公司集聚在某个地区之后，其产业经营方式也将日渐多元化，这能够使每家公司的长期成本变少，进而使旅游集聚区内产生区域经济效应。

通常而言，在产业发展初期，旅游及有关公司通常会向具有较高旅游资源禀赋、较完善旅游基础设施、较高旅游需求之地集聚，利于短时间内迅速提升集聚区对游客及有关公司、人才的吸引力。在集聚区持续发展的同时，公司开始最大限度地借助经济性来使其自身体量扩张、外界市场拓展得以实现，促进集聚区的专门化和多样化发展。在此前提下有以下两种情况出现：其一，集聚区内的旅游或有关公司通常会利用经济效应使自己的竞争水平得到提高，内部规模不断扩大；其二，相同产业链上的各家旅游公司相互合作，通过资产重组等方式实现外部扩张，从而进一步降低交易成本，逐渐形成旅游品牌。而且，旅游产业集聚区经济性的充分发挥还能吸引更多的旅游经营单位及相关企业入驻集聚区，激发经济增长点，使集聚规模不断增大，利于增强旅游产业集聚区的整体竞争力。

二、产业供给链与市场需求的驱动

旅游产业的强关联性和广泛拓展性使得价值链成为空间集聚的核心纽带。旅游产业的空间集聚过程同时也是产业价值链不断优化配置的过程，是旅游产业供需双方以价值最大化为手段的价值增值过程。如图 6-3 所示，从供给端和需求端两侧综合考虑，基于旅游产业价值链的空间集聚，主要包括基本供给链、渠道价值链和买方需求价值链三部分。

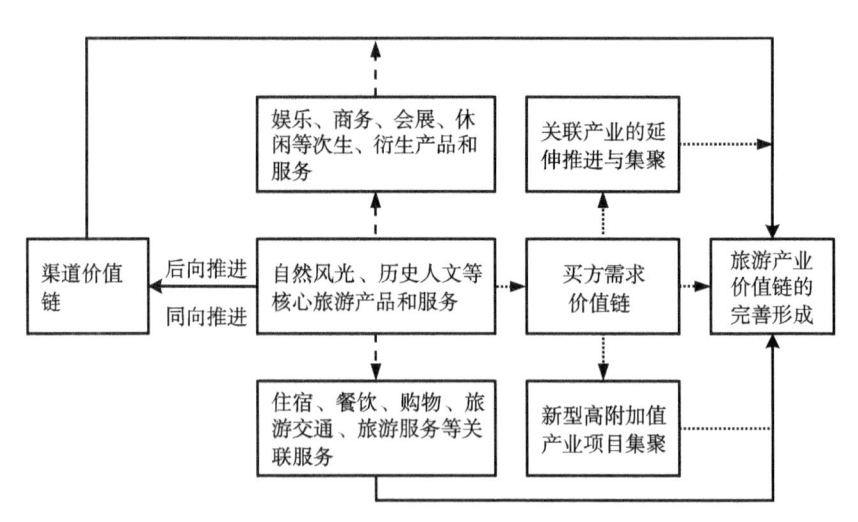

图 6-3 基于旅游产业价值链的空间集聚

对于产业价值链而言，它的第一个环节就是基本供给链，这也是游客旅游期间进行所有消费的开端，包含核心服务和关联服务。核心服务是区域内的自然景观类型、历史人文景观类型等旅游集聚形成的关键服务、产品，比如旅游消费者游玩华山风景区、参观兵马俑，旅游消费者的需求居于第一位的便是观光游览人文古迹或者欣赏自然景色。关联服务是必须为旅游者提供的助其完成旅游行为的生活相关基本服务，包括住宿、餐饮、市内交通等。在旅游集聚区日渐成长的同时，游客将产生越来越多的衍生或次生需求，并且这些需求将不断迭代升级，他们不再只满足于食宿、观光，而是逐渐延伸到了包括会展、购物在内的各种活动，渠道价值链、服务延伸链随之而生。在关联产业延伸推进和新型高附加值产业项目集聚的同时，它是旅游产业集聚区不断发展成熟的标志、各企业主体在空间分布上不断优化寻址、谋求利润最大化的过程。

具有综合特性的旅游业促使旅游价值链产生了很强的地区集聚效应，这使得集聚区内的旅游公司在长期合作的前提下，围绕自然风光、历史人文等重点旅游资源的建设、开发，由旅游公司自身各部门、旅游业上游及下游公司、其他有关公司间的配套服务基础设施建设和产业的延伸与推进，通过游客需求价值链——旅游者的消费得以实现。在旅游价值链上，所有的旅游公司都是其内容重点之一，经公司内部价值链与游客、旁侧公司、上下游公司之间的服务链和产品链来实现稳定发展，拥有着独特的综合竞争优势。在产业供应链拓展机制的作用下，旅游相关公司大量集聚在一起，并在区域价值链的资源优化配置作用下实现最佳空间分布，不断延伸的产业供应链促进了产业空间分布的优化，配置不断优化的空间价值链又为集聚区内产业结构的调整、升级提供了支持。

三、分工合作与集聚创新的驱动

区域旅游产业集聚发展和优化升级的实质是创新效应和分工协作相互作用的结果，旅游企业上下游的延伸、地理位置的接近使得专业分工、合作及创新成为产业价值链上企业空间集聚过程中的必然选择，如图6-4所示。

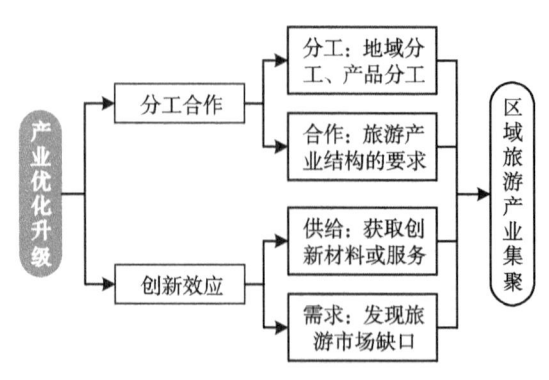

图 6-4 基于合作创新的旅游产业空间集聚

对于旅游业而言，因其价值链较长、游客们的需求较多元化致使单一的旅游公司所提供的旅游服务以及产品难以使集聚区内全体游客的需求得到满足。基于此，从客观层面来说，大量旅游公司集聚于某个区域之内，形成产业的深度协作、分工使游客们多元化的需求得到满足。专业化分工以服务产品分工、区域分工为主，前者是供给多元化的旅游服务及产品进而使游客们在这方面的多元化需求得到满足；后者强调发挥地域资源禀赋的优势，强化不同的特色功能。

旅游集聚区产业优化升级的方式以需求创新、供给创新为主。对于供给，因旅游资源的吸引力极强，若是旅游基础设施也有保障便会有大量的旅游及有关公司集聚在它的四周，进而间接促使旅游公司能够迅速、高效地实现创新型运营或提供创新服务，如生产技术创新、组织创新以及管理创新等，不管是哪一种创新模式，在创新的带动之下，旅游集聚区的集聚效应都将不断完善、深化。

对于需求，因面向的是同一个游客市场，旅游公司能够更迅速、精准地获悉旅游市场动态相关信息，发现旅游市场的缺口，如新的旅游产品设计、生产、营销等方面的需求内容。由于集聚区内旅游业相关部门、公司的合作和交流频繁展开，旅游公司最新推出的服务（产品）极易被区域内其他旅游公司注意到，它们持续被吸收、消化并在此前提下基于市场需求不断被改进。另外，产业的创新研发所需的物资、资金以及人才都能够完全在集聚区内得到解决。不仅如此，通常，创新最先出现在实力较强且具备较大规模的大型旅游公司中,中小型旅游公司紧随其后展开学习、模仿,进而使集聚区内整个旅游业不断创新发展。

在集聚方面,旅游业也存在协同创新、协作分工、不断累积的关联性,在集聚区之内,各旅游公司间以合作、竞争、信息共享的方式使其学习能力最大限度地得到发挥,从而使信息的交流、传递更具时效性。同时,会出现更多信息、技术的流动和外溢,促进知识技术的各项创新,从而推动区域旅游产业集聚发展。

四、多元主体的适应性行为支撑

旅游产业集聚区的形成,外在支撑力涉及政府、游客、旅游企业等多种利益主体,是环境影响下不同利益主体之间社会互动和利益博弈的过程。多元主体结合自身资源储备进行适应行为调整、能动性地应对外部环境改变,同时与其他主体之间产生复杂的非线性交互联系,推动区域旅游产业集聚区系统涌现新的结构、功能和模式,如图6-5所示。

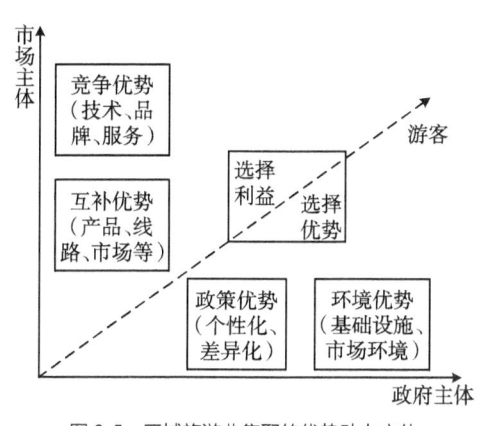

图6-5 区域旅游业集聚的优势动力主体

首先,地方政府作为旅游产业政策的制定者、制度设计者以及管理部门的权力执行者,在旅游产业集聚过程中承担顶层设计、行政管理、公共事务参与及各利益主体平衡的职能,拥有集聚区内空间资源配置和主导权。政府行为主要优势表现在政策引导、提供环境服务两个方面。政策引导方面，政府根据整个区域的产业基础和发展状况，在战略高度统筹规划区域内的产业发展格局，制定一系列旅游相关个性化、差异化的优惠政策，让旅游相关产业进入某一区域甚至成为某一区域的核心主导产业。在提供环境服务方面，政府通过基础设施建设和市场环境规范，保障旅游产业有序发展，政府提供交通等基础设施来改善旅游目的地的可达性以及吸引力。营造一个公正有序的市场竞争环境。通过政府支持，旅游产业规模不断增加，旅游配套设施不断完善，进而形成旅游产业集聚区。

其次，市场主体适应性行为是指景区、旅游企业在旅游产业集聚过程中发挥主导竞争优势和互补优势。竞争优势主要指区域的资源优势，具有独特性、不可复制性的景区，或者区域内具有品牌效应的领头旅游企业，高质量的要素禀赋基础，利用市场内部要素，逐步推动旅游产业集聚进程。互补优势指通过对集聚区域各项资源的互补整合，凭借产品、线路、市场等，利用有效措施（资金引流、技术引入等）来加快区域经济的发展速度，旅游产业配套不断完善，进而形成旅游产业集聚区。

最后，游客主体适应性行为是基于旅游产业集聚情境中的关键参与主体。游客的个体要素（旅游偏好、旅游需求等）与集聚区业态丰富、功能改造有着直接的影响。换言之，旅游集聚区内的产业关键收入全部源自旅游消费者。旅游集聚区产生因旅游消费者受到的影响主要体现在两个方面：一方面，在旅游业不断增长、民众经济思想发生变化的同时，游客越发关注自我旅游体验的价值感知，是否满足游客的心理需求成为一个重要的判断标准。因此，游客需求导向成为旅游产业集聚形成的主体动力之一。另一方面，根据长尾效应理论和理性经济人的假设，消费行为不是单独的，是由一连串小的消费需求组成，同时在消费过程中，人们对服务、时间两者会追求最优解，也就是说尽可能耗费最短的时间将更多的消费活动完成，从而使消费需求得到满足。

总之，政府及产业主体会将其售卖的旅游服务、产品纳入地区发展的最佳路径、游客最佳算法之中，从而在无形中，旅游也会因此而形成地理空间的集聚。同时，游客主体会在旅游决策中自发形成"心理集聚"，这体现游客权衡环境的感知、旅游地的自然景观和社会服务、可达性后形成的集聚性网络选择，这样的旅游产业集聚未必在空间上地理邻近，但却是符合游客需求的游览选择最优解。

第二节 集聚区形成的外部动力：因何集聚

旅游产业集聚区本身是一个非常复杂的系统，与其他产业类型所形成的集聚区最根本的区别，是集生产、消费于一体，是不同的空间动力主体（政府主体、市场主体、游客主体），在空间利益、资源权衡、产业不同要素共同作用下形成。外部动力机制是旅游产业集聚区获得持续竞争优势和推动集聚区发展的根本力量。基于前文的分析，研究总结构建了促进旅游产业集聚区形成的外部驱动机制模型，如图6-6所示：

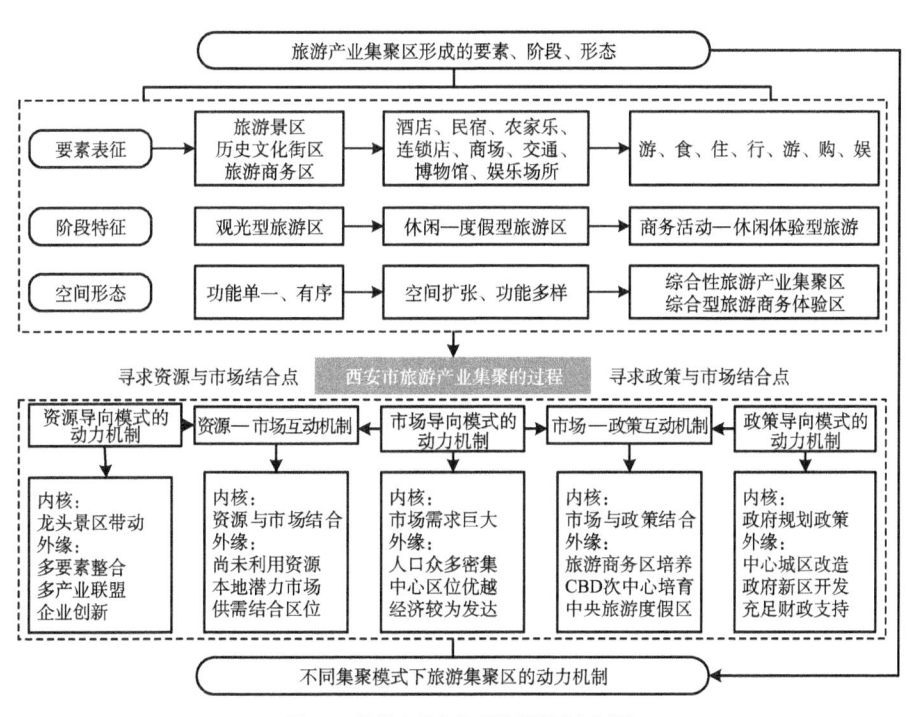

图6-6 旅游产业集聚区外部驱动机制图

如图所示，旅游产业集聚区在不同的周期阶段呈现不同的要素表征、空间形态和阶段性特征。从集聚要素表征上分析，旅游产业集聚区包括旅游景区业、旅行社业、住宿业三大核心内容并辅以上下游相关产业要素，集聚初期往往以旅游景区、历史文化街区、旅游商务区等单一产业要素为主；集聚上升期就会辅以酒店、民宿、农家乐、商业综合体等密切相关的产业要素；集聚成熟创新阶段往往形成围绕"食、住、行、游、购、娱"为一体的全要素产业集聚。从阶段特征上分析，旅游产业集聚区在初创期往往以观光型为主要特征，上升期成长为休闲、度假型旅游区，随着全产业要素的不断累积，成熟创新期，将形成以商务活动、休闲体验型为主的阶段特征。从空间形态上分析，旅游产业集聚区形成城市中心集聚、城郊集聚、郊县集聚三种空间分布形态，同时不断向外围扩张的发展态势，早期功能较为单一，成熟创新期功能复合、空间形态为综合性旅游产业集聚区或商务体验区。从动力机制类型上，第三章总结归纳了旅游产业集聚区的四种集聚模式，即资源导向集聚模式、市场导向集聚模式、政策投资导向集聚模式、复合导向集聚模式。不同的集聚模式其外部动力机制各异、特征也各不相同。

一、资源导向集聚模式的动力机制

优势垄断性资源是促进旅游产业集聚区形成内核动力的基础和先决条件之一。初始集聚依托往往是选择传统的、自然类或者人文类景点（区），然后围绕景区（点），借助当地的优势与特色进行其他服务性、配套性的旅游相关要素：如酒店、交通等，吸引其他相类似的景点或者差异性景点的开发，来推动旅游产业集聚区的形成和发展。其动力演化机制如图6-7所示。

（一）龙头景区带动是其发展的核心驱动因素

资源导向型集聚区形成的内源动力在于龙头景区强势带动，以西安临潼旅游产业集聚区为例，该区域发展早期依托世界文化遗产和自然资源，即秦始皇帝陵博物院、骊山、华清宫等秦、唐文化突出的世界级文旅资源是

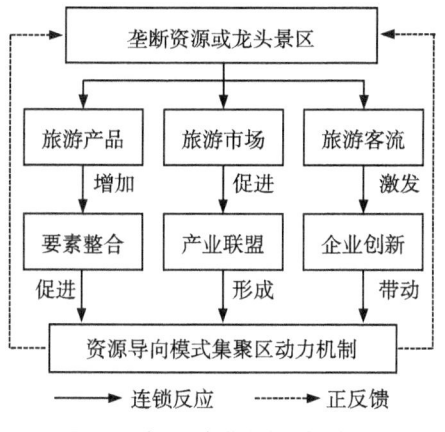

图 6-7 资源导向模式动力演化机制

其内生的底线型基础动力。整个发展演化过程经历了由小景点向大景区、小产业向大体系的转变，由传统观光游览型向度假休闲型转变，保持、发展并不断强化核心竞争力，既依托历史文化资源，又融入了丰富的文化内涵，极好地促进了集聚区旅游产业的发展，并在全世界有着较高的知名度。

（二）要素整合、产业联盟、企业创新是其发展的外源动力系统

旅游生产要素的整合、产业联盟的发展、旅游企业的提升激活是资源导向集聚模式得以持续发展的外生动力。如临潼区早期发展基于龙头景区的带动作用，中后期入驻的企业较多，涉及餐饮、会展、观光、娱乐等领域。其中，大型文旅商业项目的整合以及产业战略的联盟，形成了有竞争力和可持续的规模经济和协同效应，同时放大了市场效应，降低了交易成本，增加了游客的逗留时间。自此，临潼真正做实了西安副中心，成为遗产旅游的一张明信片。值得强调的是，相较于西安，两者之间存在显著差异。早期将国际入境游客视作客源市场，通过资源的有效整合与利用，攻克了部门与系统屏障，建立起集聚区规模优势，中期不断完善设施配套和服务环境，由自发集聚向政策引导转移，后期通过以"中国旅游名城"为导向，统筹布局，统一规划，不断提升城市品位，着力打造具有休闲旅游特征的城市形象，带来了最新技术，使集聚区内旅游业更具竞争优势，也

使旅游业结构的持续升级、优化得以实现。

以资源主导式旅游集聚区动机机制所适用的主要是拥有以文物资源为主的高级资源，在城市发展中拥有较完整资源、较大影响力且名气较高的区域。本地拥有丰富的旅游资源，比如历史遗迹、高级自然风景，资源禀赋良好能够以资源要素为关键迅速形成高质量的旅游区，基于景区联运使旅游业加速集聚，从而驱动旅游业集聚区的产生并促进其发展。

资源导向模式的旅游产业集聚区未来发展是否成功，不仅在于各种资源是否具有吸引力、竞争力及市场优势，更在于要提升资源性主体优势、加强旅游资源要素的优势与附加值。首先要从挖掘深度体验旅游资源、优化整个旅游区环境、改进旅游产品品类等方面着手。基于现有旅游资源，保持旅游资源的原始性和文化性、营造原汁原味的旅游环境，打造具有差异性旅游产品、挖掘深度体验旅游资源，营造并提升区域旅游形象。另外，要重点引导对旅游资源的开发、旅游业结构的升级和创新，特别是要重点引导对旅游要素发展的创新，使有关产业与配套服务更加完善，才能提升旅游产业集聚区的整体竞争力，建立有品位、有差异、有环境、有市场、有客源的旅游资源要素新格局。

二、市场导向集聚模式的动力机制

强大的市场需求及市场拉动是旅游产业集聚区的另一个重要推动力，由此形成的旅游产业集聚区称为市场导向模式。这种集聚模式下，主要是在市场价值变化的影响下，旅游各种要素为创造更高的经济价值、收益而在空间领域自行流动，进而产生旅游业空间汇集的一个机制。在该机制影响之下，追求盈利的旅游及有关公司为扩大内部规模、减少运营费用而在业务方面形成分工协作，为优势叠加、互补而持续加强包括品牌、资金在内的各方面的合作以及彼此置换，为得到潜在旅游利润而共享旅游资源、协同展开旅游市场拓展等。市场驱动性集聚区的演化机制如图 6-8 所示：

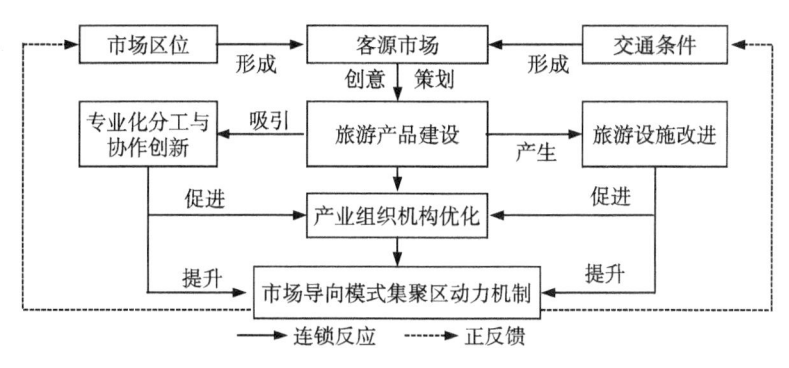

图 6-8 市场导向集聚模式动力演化机制

（一）客源市场和区位优势的成功转化是内核

旅游作为服务行业，其核心宗旨就在于为游客提供服务消费，因此客源市场是旅游产业集聚的重要驱动力。区位优势是指该地区客观存在的比较有利的自然、经济、技术和社会条件，立足于这些条件，成功释放并转化所形成的产业发展动力。以西安城墙—回民街旅游产业集聚区为例，该区作为西安老牌的传统旅游产业集聚区，早期利用其交通区域优势、独特的旅游资源、相关政策引导，积极发展入境旅游，成功加速了该片区旅游产业和旅游产业集聚区的快速形成和发展。2000年以后，虽然其周边区域的发展趋于饱和、产业路径的锁定效应使得其历史中心性优势变成劣势，对旅游市场发展造成了一定威胁，但很快引入市场调节机制，进行旧城改造、城市更新，实施火车站北广场改造、永兴坊、大华1935、易俗社文化街区等示范项目，不但塑造了鲜明的城市风貌，呼应并增强了城市文化旅游内涵，更将现代商贸、金融服务、文化创意、楼宇经济、特色街区等融入了城市化更新的进程中，不仅对所在区域的经济发展起到了带动作用，更为陕西省、西安市旅游知名度的提升做出了一定的贡献。

（二）专业化分工协作与结构优化是外源动力

收益最大化初衷以及市场机制影响，促使旅游公司打破辖区界限而选择相互之间展开分工协作，市场规模促使分工不断细化，而不断细化的分工则不断促使市场体量持续增长。一方面提高了区域内旅游产业的内聚力，更产生了溢出效应，辐射了周边区域的发展，形成了规模优势和范围经济；另一方面，旅游行业内部的分工（如旅游产品的层次）有利于逐渐发挥出示范效应和扩散效应，保证了旅游产业集聚区的持续竞争优势。随着旅游业分工的不断深化，游客对旅游消费的需求更加多样化，且游客满意程度也更加完善，更为旅游产业集聚区的不断提升提供了市场基础和产业支撑。更为重要的是，专业化的分工与协作有助于进一步深化和优化产业结构，增加旅游产业集聚区对市场的控制力和稳定性。

市场导向模式的旅游产业集聚区动力机制主要适用于依托旅游产业集聚区具有良好区位条件与客源市场优势，投资建设大型旅游吸引物或更新整合区域内新兴资源，以弥补该旅游产业集聚区内传统旅游资源匮乏的状况，达到迅速推动旅游产业集聚区进入高层次发展平台。

在旅游业持续发展、游客旅游意识不断提高的同时，市场主导式旅游集聚区在未来能否成功形成，一方面需在政府宏观政策的调控下为旅游营造良好的市场环境，使该集聚区的市场机制得以日渐完善；另一方面，要依靠市场与产业互动，加强旅游企业的市场主体意识、培养多元化的市场需求，适应旅游市场变化的趋势，才能形成旅游产业集聚区的持续竞争优势。

三、政策投资导向集聚模式的动力机制

根据中国政府主导型旅游发展国情，以及40余年旅游产业发展的历史脉络，可以发现，政府投资导向集聚模式在我国城市旅游产业集聚区中较为常见，其动力机制是指由行政力量来促使旅游地区性集聚，从而使该地区的影响力、形象得到提升，在其整体利益有所提高的同时也使各个地区的内部利益实现持续扩增。政策投资导向集聚区的演化机制如图6-9所示：

（一）特殊的旅游组织管理体制是其发展的核心

行政推动集聚区的形成核心是拆除发展过程中的制度性藩篱，实现区

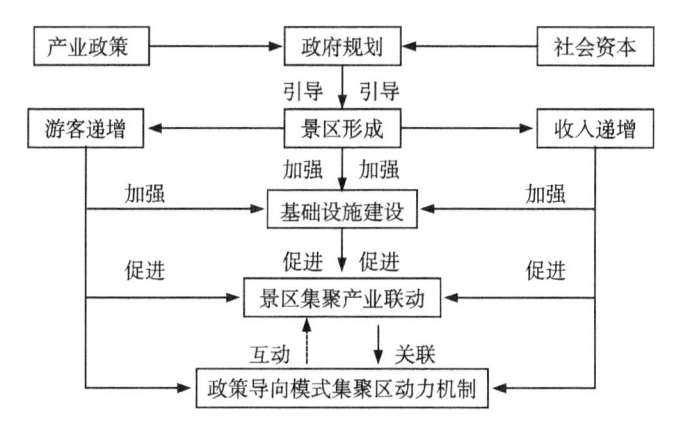

图 6-9 政策导向集聚模式动力演化机制

内要素无障碍地自由流动，共同营造公平的政策环境，协调旅游发展规划、环保等重大战略决定及活动，采用经济、法律和行政手段直接或者间接地主导旅游产业集聚区的形成，与市场机制相配合，运用特殊的旅游组织管理体制共同推进集聚和扩散，实现空间的均衡发展。以西安曲江旅游产业集聚区为例，其集聚区的形成和发展就带有浓烈的政府主导色彩。曲江管委会隶属西安市，属于政府的派出机构，它与曲江文旅集团共同组建、协调和运行曲江旅游组织管理机制，该机构具有多种组织属性。一方面，可以编制新区总体规划、建设基础设施、设计和维护公共配套的权限，并对区内基础设施建设进行管理，负责管理区内公共事业；同时，它又是一个事业单位，可进行市场化运作，内部实行企业化管理、独立核算财务以及发展文旅产业，进一步促进了文化旅游开发区的发展，同时带动城市新区的建设。

曲江文化产业投资（集团）有限公司利用资本展开运营，因此具有市场属性，可引导当地文化旅游产业集群的发展，实现规模经济，特殊的"开发区营城"的组织管理体制成为曲江旅游产业集聚区得以发展的最大核心引擎。

（二）配套的外部政策引领是其外源动力

政府配套的政策引导与激励是政府引领产业集聚的外源动力。一方面，由于市场的自发作用比较薄弱，在既定的制度条件下，集聚利益（尤其是规模经济和范围经济利益）短时间内难以实现或者帕累托改进难以有效时，政策引导往往是一个合理的选择，另一方面，多方面的优惠政策将有利于吸引人才和旅游企业的空间集聚。在此仍以曲江旅游产业集聚区为例，曲江为鼓励文化旅游公司和各类工作室的入驻，提供了《西安曲江新区优惠政策》，同时为实现新区的跨越式发展设立了多种基金，如文化旅游产业发展基金、民间文化保护和抢救基金、文化地产联盟基金等。推出多个重要性举措后，在整个地区形成了产业汇集，用优越的营商环境促进了地区经济的良性发展。在整合各类旅游相关产业要素后，进一步加强与旅游产业的联系，鼓励旅游项目建设投资，积极推进旅游项目建设，实行"文化旅游+地产开发+城市运营"的运营模式，建设多项重大城市景观，打造多样化的文化旅游项目，使曲江成为设施齐备、环境优美、功能齐全、项目众多的旅游产业集聚区。

政策导向模式的旅游集聚动力机制适用于资源、市场均相对匮乏，但区域可建设用地和留白较多，便于在以政府促进机制为导向下，即政府宏观政策调控之下促进旅游业集聚区的发展，基于政府政策倾斜使之获得更好的发展。

政策导向模式的旅游集聚区在将来能否顺利形成，一方面，必须着手赋予该集聚区的形成氛围与利益刺激导向机制，在政府引导下快速实现资源的整合以及行动效率的提升；另一方面，要通过降低产业交易费用、引导专业化分工、提升旅游产业经济外部性等非直接干预措施，改变单纯市场机制的非预见性和滞后性，避免重复建设、模仿雷同、恶性竞争，从而最大化地发挥政府协调、引导、组织等方面的主导优势，分阶段、按步骤地推进旅游产业集聚区的快速稳定发展。

四、复合导向集聚模式的动力机制

复合导向集聚模式往往是旅游产业集聚区的成熟期或者创新升级期出现的，在单因素导向集聚模式下发展到一定阶段，为了满足产业发展的转型升级和提高区域旅游产业竞争力，结合区域特色而采取的不止一种核心驱动因素，多种因素有效综合作用下推动区域旅游产业发展潜力的提升与激活，主要包括资源—市场复合驱动、资源—政策复合驱动、市场—政策复合驱动三种类型。复合导向集聚区的演化机制如图 6-10 所示。

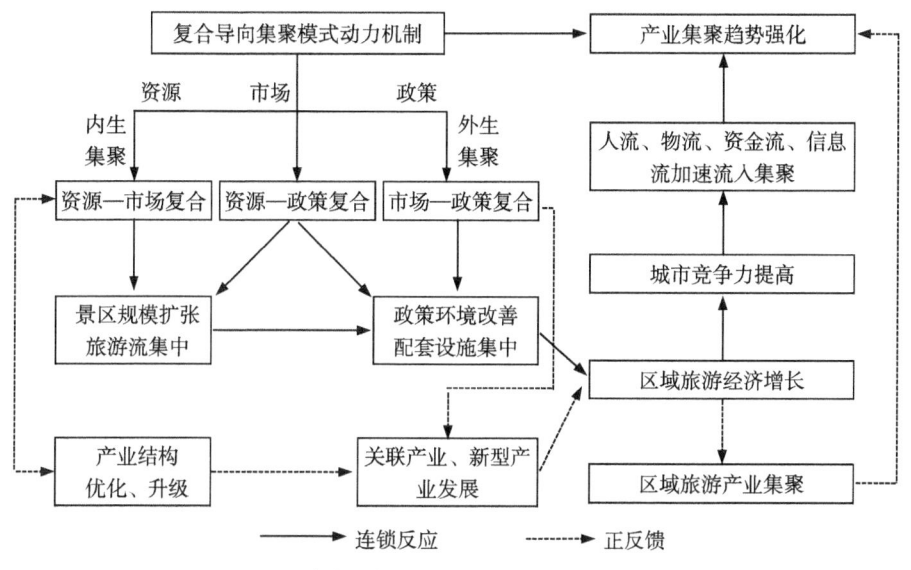

图 6-10　复合导向集聚模式动力演化机制

（一）产业发展路径统筹的是其发展的核心

不论是单因素导向集聚还是以资源—市场复合驱动、市场—政策复合驱动或者资源—政策复合驱动，因地制宜地选择产业发展路径，统筹资源、市场、产业、政府四者的关系是集聚区得以形成和发展的核心。资源政策和资源—市场复合驱动均是内生式，在综合考虑区域内的旅游资源禀赋和客源市场而产生的驱动模式，核心竞争力是本土化并具有不可复制性，其集聚是旅游企业在萌芽状态便能迅速增长，外部性逐步增强的过程。

市场—政策复合驱动集聚模式，是旅游地基于政策优势和市场驱动的外部自增强共同演化而形成的旅游产业集聚模式，核心竞争力是市场化和影响力，主要依靠的是政策和区域外部要素资源的带动，需求联动和关联产业联动效应显著。

(二) 文旅产业资源、项目的融合创新是外源动力

旅游产业集聚区的文旅产业资源、项目的融合创新是复合导向模式发展的外源动力。一方面，传统的尚未得到有效开发和利用的旅游资源是集聚区发展的基本支撑点，在复合发展初期起着重要的引领和号召作用。另一方面，旅游产品的融合转型升级、多元化旅游项目的落成是集聚区市场影响力不断提升的关键。以西安为例，咸阳新开发的乐华欢乐世界、沣东华侨城、恒大文旅城、丝绸之路国际电影城等一批重大文化旅游项目的落成，具有休闲和综合会展功能的花间堂酒店、茯茶温泉酒店、长安航旅酒店、恒大五星级酒店等一批高品质酒店项目的建设，昆明池国际名校赛艇对抗赛、乐华城 LHC 音乐节、汉阳陵银杏节等系列活动的打造，泾河茯茶、"唐妞"系列文创产品的多样化的创意生产，均是集聚区实现跨越式发展、形成核心竞争力的关键，这些资源和项目共同构成旅游产业集聚区发展的动力机制。

复合导向模式的旅游产业集聚区是未来区域旅游集聚发展主要模式。不但可以解决资源匮乏型旅游产业集聚区的发展问题，以积极开发人文景区的方式使客源需求得到满足，促使产业得到更好的发展，还能够以对客源市场需求加以分析的方式来推动产品开发，使传统旅游凭借旅游资源获得发展的不足得到解决、从而促使旅游集聚区迅速步入高层次发展阶段，带动旅游产业集聚区进入现代产业形态。

第三节 西安市旅游产业集聚区的模式对比

一、总体空间结构模式演变比较

1978 年至 2019 年的 40 多年来，西安旅游产业集聚区经历了由少到多、由低级到高级、由不均衡到逐渐走向均衡的形成演化过程。主要经历了初创期（1978 年至 1988 年）、分化期（1989 年至 1999 年）、加速期（2000

年至 2009 年)、均衡期(2010 年至 2019 年)四个时期。每个时期所形成的旅游产业集聚区和主要核心旅游要素分布如图 6-11、6-12、6-13、6-14 所示。

如图 6-11 所示,初创期(1978 年至 1988 年),也可称为集聚区孤立发展阶段。在此期间,片区内名气最大且历史文化价值最高的旅游地如兵马俑、华清池、骊山、城墙、回民街、钟鼓楼等率先发展,并成为传统观光型旅游发展阶段的主要吸引物,形成了两个旅游产业集聚区,分别是临潼旅游产业集聚区和城墙—回民街旅游产业集聚区。客源市场主要是以满足外事接待、观光游览、学习教育的动机为主的入境游客。集聚区的发展体量不大,旅游各要素形成了较为完整、独立性较强的旅游体系,未能对附近区域产生较大的辐射以及吸引作用。

图 6-11 西安旅游产业集聚区时空演化图(1978—1988 年)

如图 6-12 所示,分化期(1989 年至 1999 年),也可称为集聚区点—轴发展阶段,这一阶段,集聚区的发展以分区布局为主要特征,分化为两大主题部分,东部和主城区以历史文化为主题,南部以秦岭北麓自然观光为主题。客源市场仍以入境旅游市场为主，旅游业在西安经济社会发展中的重要支柱产业地位基本确定。随着城市居民经济支付能力的增强、黄金周假日制度使得可自由支配闲暇时间增多、工作生活压力增大，旅游者对近郊短途旅游的需求也在不断增长，追求绿色、田园化生活的动机也日趋强烈。具有旅游资源优势、环境优势、文化优势和地缘优势的秦岭北麓环山带迅速发展，新增翠华山、祥峪森林公园、朱雀森林公园、太平森林公园等多个景区，内外的交通建设也发展较快，秦岭北麓环山游憩带成为西安市民节假日首选的休闲游憩目的地，并形成了第3个旅游产业集聚区，与早期的两个旅游产业集聚区形成点轴式空间布局模式。与临潼、城墙—回民街集聚区主要担负入境客源市场完全不同，秦岭北麓旅游产业集聚带的主要客源地为本地和周边客源市场，内部要素也尚处于无序分散的状态，主体间相互作用并不显著。

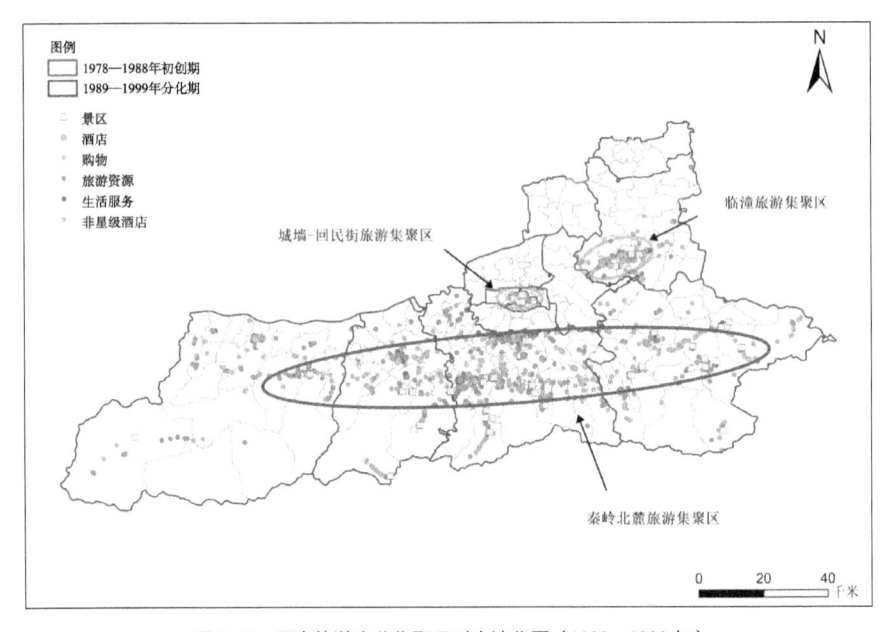

图6-12　西安旅游产业集聚区时空演化图（1989—1999年）

如图6-13所示，加速期（2000年至2009年），也可称为集聚区多中心发展阶段，集聚区形成多个主题，以产业关联、增长极核化为主要特征。这一时期，中国正式加入WTO，西部大开发进入新的战略推进阶段，西安成为第三个国家明确打造的国际化大都市。国内旅游需求日益旺盛，旅游黄金周井喷效应出现，旅游的市场发生了变化，以唐文化为主题的曲江大雁塔北广场、大唐芙蓉园、大唐不夜城等项目建成，迅速形成了第 4 个旅游产业集聚区——曲江旅游产业集聚区。临潼旅游产业集聚区、城墙—回民街旅游产业集聚区已经处于"中度集聚"状态，要素集聚程度持续提升，集聚区内外开始出现联动和分工，集聚规模效应和资源转化率也达到峰值，已形成区域发展的增长极。这一阶段，西安旅游业集聚区整体开始步入区域合作和互补行列，从市场、产品、机制和制度方面进行分工协作和创新，但受到一定利益分配障碍和市场环境、体制性障碍，存在要素流动不够顺畅，空间结构也有待进一步优化和完善，但已初步形成多中心区域合作发展的空间布局模式。

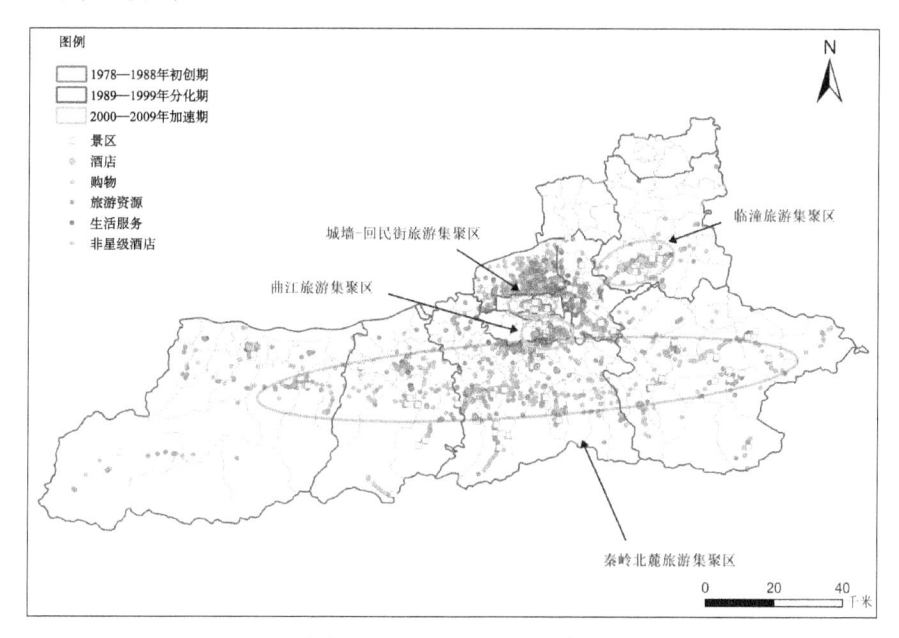

图 6-13　西安旅游产业集聚区时空演化图（2000—2009 年）

如图 6-14 所示，成熟期（2010 年至 2019 年），也可称为集聚区的网络一体化发展阶段，以网络关联和协作一体为主要阶段特征。这一阶段，大众旅游时代全面开启，城市成为重要旅游目的地和吸引物，浐灞国家湿地公园、西安世博园、城运村等项目建设，形成了第 5 个旅游产业集聚区——

浐灞旅游产业集聚区。至此，西安旅游集聚正式进入高级阶段，是由点成线、不断集聚、不断扩散成面，在面的范围内完成扩散化和网络化，各集聚区旅游功能各异、要素互相流动、信息互相分享、客源互相共享、实现了整个市区范围内资源的有效整合与协调，并同时促进区域内各旅游产业集聚区的优化和完善，从而形成复杂的网络一体化的集聚格局。

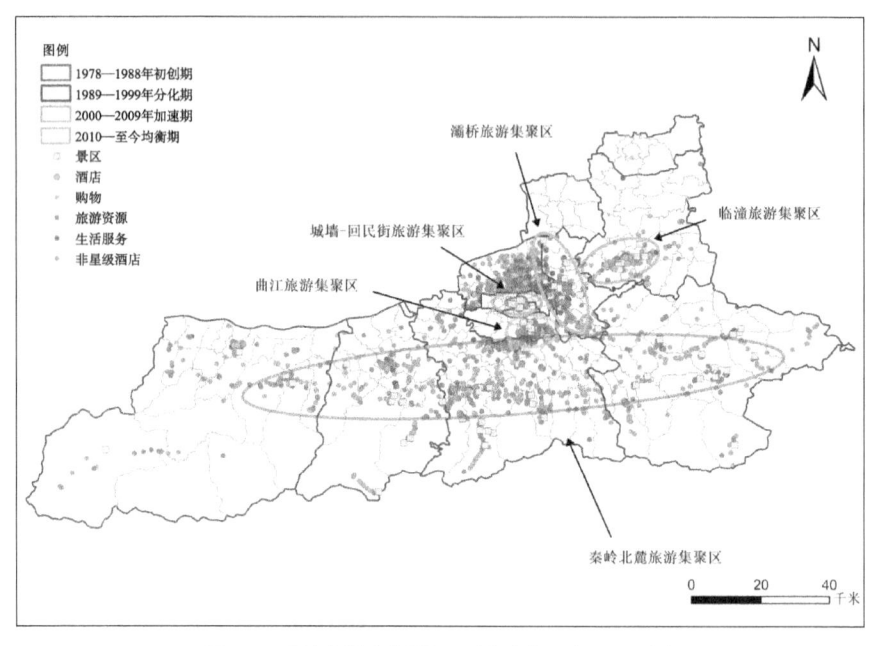

图6-14　西安旅游产业集聚区时空演化图（2010至今）

研究将五大典型旅游产业集聚区总体演变比较如表6-1。总体上，西安旅游产业集聚区的总体空间结构演变遵循由"散点"到"点—轴"，由"点—轴"到"网络一体化"的进化模式，是区域旅游产业集聚区不断新增，旅游产品不断丰富、结构不断优化、系统不断完善的过程，当前正向产业延伸、产业链一体化拓展方向发展，对周边城市和西北区域的旅游资源共享、优势互补和整体联动、辐射带动作用显著，地位突出，意义重大。

表 6-1 五大典型旅游产业集聚区总体特征比较

集聚区	形成阶段	集聚模式	空间形态	集聚要素	集聚功能	集聚特征
临潼旅游产业集聚区	初创期	资源导向	单核心	兵马俑、华清池等品牌景点指向性	旅游观光	品牌性强
城墙—回民街集聚区	初创期	市场导向	团状单核心	区位优势和城墙、钟鼓楼等景点指向	旅游观光	联动性强
秦岭北麓旅游集聚带	分化期	资源导向	点—轴状多核心	自然生态资源富集	休闲度假	散点辐射
曲江旅游集聚区	加速期	政策导向	团带状多核心	城市规划和主题旅游街区打造	休闲度假	圈层网络
浐灞旅游集聚区	成熟期	复合导向	条带状单核心	重大节事关联带动	商务休闲	圈层网络

二、基于文本数据的动力要素分析

前文已述，本研究通过从省、市政府官方网站、文旅企业获得一手情景性资料（政策及访谈文本），在前述研究数据预处理的基础上，再运用 ROST CM 内容分析软件对几个动力主体的基本逻辑关系进一步分析，找出形成西安旅游产业集聚区的关键要素，以及要素之间的相互作用对区域的影响。

（一）基于访谈文本动力要素分析

研究将收集到的 22 篇文本数据整理成 TXT 文档，导入到 ROST 软件中，进行分词和词频分析。词频指的是分析文本中某个词语出现的次数。将待分析文本分词后，使用 Rost Content Mining6.0 进行词频统计，词频越高表示该信息被提及的次数越多，词的重要性越高。经过滤掉与西安市旅游产业集聚无关的词汇（如比如说、就是、因为、然后等）进行统计，合并同义词，得到访谈结果的高频词汇表（见表 6-2）。

表 6-2 基于西安市旅游产业集聚的高频词汇分析

集聚区动力主体	高频词汇分布
总体	旅游（633）产业（513）集聚（410）西安（376）文化（263）政府（221）景区（217）城市（208）曲江（206）资源（174）企业（143）打造（137）地方（130）行业（127）产品（125）游客（109）消费（96）市场（94）项目（92）临潼（86）规划（85）配套（80）成都（75）酒店（74）体验（69）集群（66）疫情（63）周边（63）自然（63）模式（63）集聚（61）历史（56）投资（55）经济（55）兵马俑（54）协会（52）集团（51）管理（49）景点（47）服务（44）现象（40）提升（40）融合（40）定位（38）街区（38）旅行社（37）片区（36）大唐不夜城（35）旅游（35）政策（34）景观（33）华山（31）休闲（31）场景（31）运营（31）大雁塔（30）品牌（29）需求（27）杭州（26）度假区（26）板块（26）商业（26）度假（26）门票（25）划分（25）城墙（24）设计（24）观光（24）袁家村（24）流量（23）平台（23）人文（23）
政府	旅游（119）产业（83）西安（78）文化（58）景区（56）集聚（55）曲江（41）政府（38）产品（31）市场（30）资源（28）消费（24）旅行社（24）核心（23）城市（20）管理（19）行业（18）特色（18）体验（17）服务（16）企业（16）融合（16）兵马俑（16）游客（16）协会（15）经济（15）临潼（14）度假区（14）配套（12）导游（12）集团（12）华山（12）酒店（12）疫情（11）投资（11）北京（10）门票（10）现象（10）街区（10）法律（9）规划（9）成都（9）项目（9）免票（9）城墙（8）演艺（8）温泉（7）板块（7）片区（7）自然（7）规范（7）政策（6）交通（6）餐饮（5）设施（5）营销（5）文物（5）
旅游企业	旅游（312）产业（201）集聚（199）西安（174）政府（94）文化（91）城市（89）景区（85）企业（74）游客（73）资源（73）曲江（60）集群（45）消费（39）体验（37）规划（35）市场（35）酒店（35）历史（32）行业（31）疫情（31）成都（30）集聚（30）项目（27）临潼（26）大唐不夜城（25）集团（24）兵马俑（23）经济（23）周边（22）度假（21）投资（21）休闲（21）流量（20）配套（20）核心（19）现象（18）观光（18）服务（17）盈利（17）政策（16）运营（15）宣传（14）智慧（14）形象（14）融合（14）功能（13）板块（13）技术（13）心理（13）协会（13）商业（13）科技（12）自然（12）数字（12）业态（12）长恨歌（12）旅行社（12）门票（11）人文（11）大雁塔（11）华清池（11）公园（10）景点（10）丽江（10）杭州（10）秦岭（10）印象（10）回民街（10）品牌（10）碑林（9）演艺（9）华山（9）沉浸（9）

续表

集聚区动力主体	高频词汇分布
相关行业	产业（192）旅游（184）集聚（133）西安（113）文化（98）城市（90）曲江（82）政府（81）行业（75）景区（72）资源（70）项目（56）地方（55）企业（50）配套（40）游戏（38）产品（36）临潼（34）消费（32）定位（32）规划（32）景点（31）核心（31）周边（31）成都（31）自然（30）公司（28）酒店（26）空间（26）市场（24）街区（22）疫情（21）集群（21）游客（20）协会（20）投资（18）历史（18）管理（18）场景（18）设计（17）经济（16）景观（16）袁家村（16）品牌（15）片区（15）体验（14）改造（14）工业（13）大雁塔（13）产业链（12）城墙（12）动漫（12）平台（12）政策（12）运营（12）兵马俑（12）资金（11）资本（11）集团（11）研发（10）演出（10）华山（10）杭州（10）服务（10）策划（10）

注：表中数字为通过 ROST 分析的原始数据得来，括号内为该词词频

首先，从词性上来看，高频词以名词为主，动词次之，形容词最少。除"产业""旅游""集聚"等核心关键词外，"文化""政府""景区"是词频最高的名词。结合文本内容可知，文化作为与旅游产业最为密切的产业部门被政府、企业和相关行业不断提起，主要表现在两个方面：一是文化产业与旅游产业的高度融合，二是各旅游产业集聚区的文化本底和文化内涵挖掘的重要性。政府作为动力要素中最强有力的主体，其主导作用对旅游产业集聚区的形成和演化至关重要。景区代表了企业主体，是旅游产业集聚区初始集聚的最基本动力。此外，"资源""项目""曲江"等关键词也是不同主体反复提及的词汇。为更进一步分析访谈对象所关注的重点和具体内容，研究采用二次分词整理排名前 30 位的高频关键词。

二次分词是根据被访谈者的身份将被访谈者分为政府性主体、旅游企业性主体和行业协会性主体的基础上，分析三类不同主体以及整体访谈内容共同的高频词，其中词频为 4 表示三类不同主体以及整体都出现了对应的高频词，词频为 3 表示三类不同主体以及整体中有三个出现了对应的高频词。

进一步综合后，得出在西安市旅游产业集聚形成过程中不同集聚区动力要素共有的高频词汇（见表6-3）。由表可知，即使被访谈者为不同的集聚区市场主体，但是对于西安市旅游产业集聚的观点不谋而合。

表6-3 高频关键词的二次分析（前30位）

排序 No.	词条 Word	词频 Frequency	排序 No.	词条 Word	词频 Frequency
1	规划	4	16	协会	4
2	政策	4	17	企业	4
3	曲江	4	18	投资	4
4	华山	4	19	自然	4
5	集聚	4	20	文化	4
6	市场	4	21	旅游	4
7	消费	4	22	配套	4
8	集团	4	23	体验	4
9	游客	4	24	城市	3
10	西安	4	25	服务	3
11	成都	4	26	资源	3
12	经济	4	27	疫情	3
13	项目	4	28	临潼	3
14	行业	4	29	产品	3
15	景区	4	30	品牌	3

"规划"和"政策"排在最前面，充分反映了官本位为主的西北地区代表城市西安在旅游产业集聚的过程中，政府这一市场主体的统筹规划和政策支撑。"曲江"和"临潼"作为西安市两个不同时期的典型的旅游产业集聚区域，反映了讨论旅游产业集聚区的必要性。"文化""自然""资源""景区""产品""品牌""配套""服务"是形成旅游吸引的要素。"行业协会""企业""文旅集团"反映了不同的市场主体对于西安市旅游产业集聚的支

撑。"投资""市场""消费""项目"反映了旅游产业集聚的过程中市场的作用。"疫情""体验"前者近三年改变了整个旅游行业的发展走向，后者是旅游从"观光型"向"体验型"转变。所有要素都在不同程度影响着西安市旅游产业的集聚。

通过 ROST CM 中的标签云对访谈结果的高频词汇表进行分析，可

图 6-15 旅游产业集聚区访谈词云示意图

以进一步得到西安市旅游产业集聚的相关要素词语图如图 6-15 所示。总体而言，访谈对象对西安旅游产业集聚过程中所表现的"文化""政府""资源""曲江"等最为认同。

进一步，本研究采用 ROST CM "语义网络分析"模块，进一步分析高频词条背后的深刻含义，分析整理后形成网络图。网络图中词汇的节点越大表示该词的重要性越大，线条越粗表明两个词汇之间的共现频次越高，关系越强。

整体旅游产业语义网络图如 6-16 所示，以西安市旅游产业集聚现象为主体，以曲江旅游产业集聚为核心，词条从西安市旅游产业集聚过程中的政府及具有典型代表性的旅游产业集聚地、不同市场主体的行为、形成集聚的不同配套设施等以及多种角度展示了影响旅游产业集聚的不同因素。

分析表明，文本总体上以"曲江""临潼""政府""产业"等为中心而分布，并且高频词条之间紧密相关，"集聚"辐射出的语义网络是一种综合感知，与"景区""产业""资源"等词条关联紧密，并受到政府的高度关注，"旅游"辐射出的语义网络与"游客""产品""投资""旅行社""体验"等词条关联密切，反映出产业的基础是资源和游客。

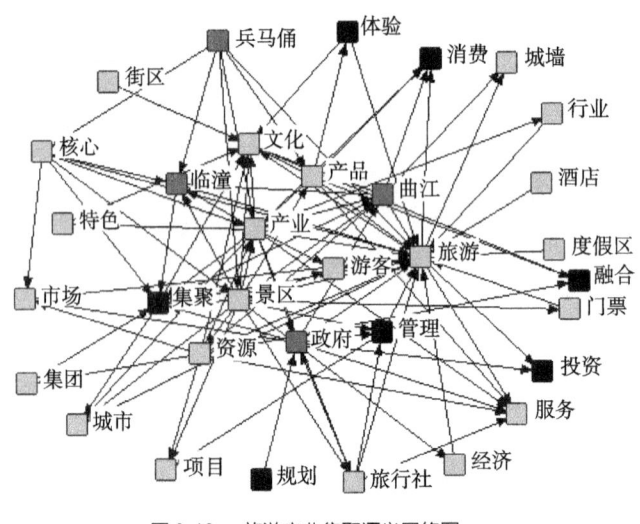

图 6-16　旅游产业集聚语义网络图

为了更进一步厘清不同的访谈主体对旅游产业集聚区的不同认识和关注点，研究按不同的主体文本分别进行语义网络分析得出图 6-17 所示的旅游企业—协会—政府分类语义网络图。分析表明，旅游企业受访者的文本以"景区""产业"等关键词为中心而分布，并且"酒店""体验"等高频词条与之紧密相关。这一结果揭示了景区在旅游产业集聚过程中的重要作用，也凸显出酒店的发展建设是旅游产业集聚区形成的核心要素之一。同时，"曲江""临潼""兵马俑""不夜城"也被不断提及，侧面反映了曲江、临潼片区的示范作用。旅游协会受访者的文本以"旅游""政府""市场"等为中心而分布，并且以"定位""消费"等高频词条之间紧密相关，反映了协会主体更多地关注集聚区的区域效益和市场认可度，这与访谈主体的立场有关。政府受访者的文本以"政府""文化"等为中心而分布，并且"临潼""曲江""兵马俑"等高频词条之间紧密相关，一方面，这表明旅游产业集聚区得到或需得到政府性动力主体的重点关注已达成共识；另一方面，

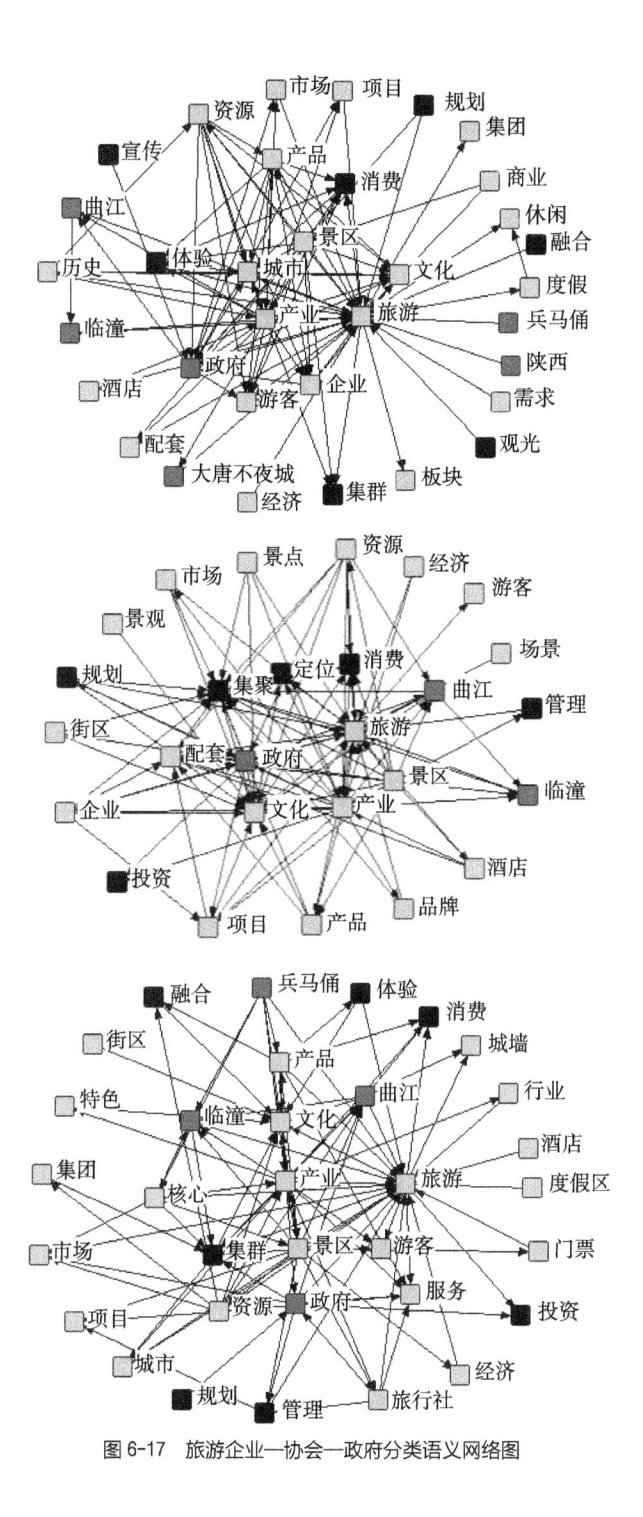

第六章 旅游产业集聚区形成的动力机制与比较

图 6-17 旅游企业—协会—政府分类语义网络图

235

历史文化遗产类旅游资源仍然是西安政府关注并且重视的核心内容，市场性主体在西安的产业集聚过程中并未发挥核心作用，同时，游客的认可度未在访谈文本中体现。

（二）基于政策文本的动力要素分析

国内旅游业的发展在每个阶段都有其独特使命，它们为相应政策目标的制定指明了方向，也是驱使集聚区形成和发展的核心动力。从外事接待、民间外交，到创汇、保就业、促消费，再到增强公民素养、为民生服务，长期以来，旅游政策的调整一直紧跟我国的社会经济战略发展的步伐。研究基于政策文本数据，采用ROST CM"语义网络分析"模块，将国家层面和陕西省层面发布的旅游产业政策高频词条提取并分析整理后形成网络图（见图6-18）。

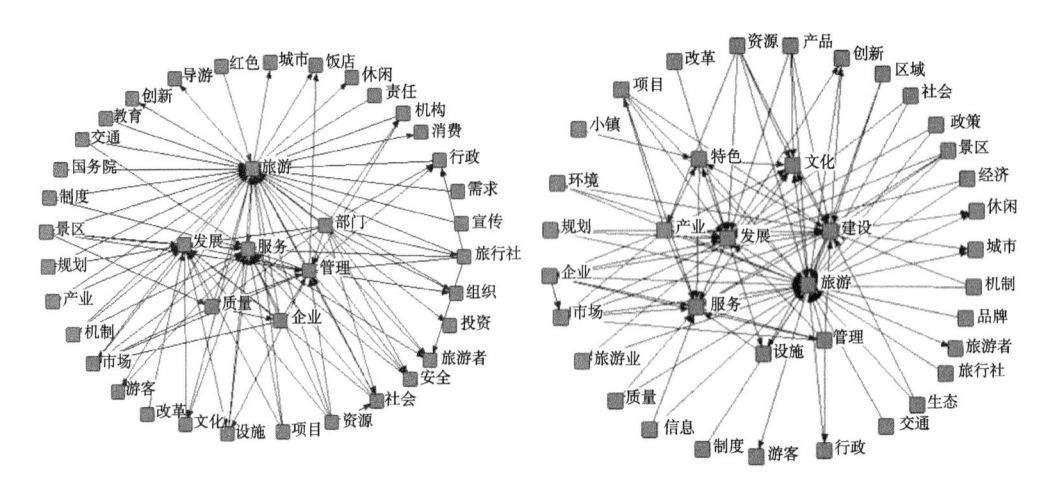

图6-18 国家旅游政策、陕西省旅游政策语义网络图

分析表明：国家级层面的政策文本总体上以"服务""发展""管理""部门""质量""企业"等为中心而分布，只有少数"景区""交通""行政"等高频词条之间紧密相关，从侧面反映出国家关于旅游产业集聚的政策相对宏观，多为高等级的宏观方向把控，关联词条相对均衡。这可能与旅游业具有较强综合性，因此在旅游政策制定时需涉及较多部门有关。另外，在

每个时期，因旅游业特性存在差异而导致每个时期参与制定旅游业政策的部门也存在一定的差异。

省级层面的政策文本总体上以"建设""发展""旅游""文化"等为中心而分布，并且"规划""项目""资源"等高频词条之间紧密相关。各高频词汇间关联度较国家级层面更为密切，说明省级关于旅游产业集聚的政策更倾向于硬件设施和项目落位，更具有实操性。但从关联图词条多为"小镇""交通""景区""旅行社"等可以看出，仍以资源性主体的政策引导为主。

另外，文本对资本、人才、科技等宏观调控政策类产业要素涉及较少，侧面反映出中国以政府调控为主导旅游发展的政策过于保守，并且对微观监管依赖度过高，对包括人才、技术在内的生产要素所进行的宏观调控水平不高，还有很大的发挥空间。

三、基于规模和效率的效应对比分析

为了进一步分析各典型集聚区的规模效应和资源转化效率。本研究选取 2000 年、2010 年、2019 年三个时间截面的数据，经统计计算，几大典型集聚区的整体集聚度和效益指标，可得出汇总如表 6-4。

由表 6-4 可知，城墙—回民街旅游产业集聚区在资源密度上占据绝对优势，景区、旅行社、星级饭店数量均最高，收入、接待人数除 2019 年外，其余均为首位，集聚度显著，且呈现显著的资源依赖性。浐灞旅游产业集聚区在投入类指标上呈现逐年上升的趋势，同时区位熵逐渐升高，产业集聚度显著。临潼旅游产业集聚区和秦岭北麓旅游产业集聚带虽同属于资源要素驱动型产业集聚区，但呈现不一样的集聚—绩效特征，临潼的旅游接待人数、收入和区位熵值相对较高，这与其资源等级、规模和知名度有关，且长安区大多为小景区，收益必然不高。曲江产业集聚区和西咸产业集聚区属于新阶段产生的旅游产业集聚区，因时间序列数据不够，因此仅可做定性分析。前者为政策投资驱动集聚区，后者为市场驱动性集聚区，但其形成发展与政府的政策引导也不无关系。

为观测每个决策单元的产业效率情况，需要对 5 个集聚区（实际分析

中曲江、西咸未纳入）分别做 2000—2019 年的产业效率测算和规模收益变动分析。

表 6-4 五大旅游产业集聚区的重要投入产出指标对比

年份	关键性指标	城墙—回民街集聚区	浐灞集聚区	临潼集聚区	秦岭北麓集聚带	曲江集聚区
2000	景区数量（个）	4	7	8	11	1
	旅行社数量（个）	39	14	5	0	3
	星级饭店数量（个）	10	3	1	3	0
	总收入（万元）	198.82	284.65	37.31	2.57	41.21
	旅游接待人数（万人次）	720	579.41	642	313	350
	实际利用外资（万美元）	15521	16934	3830	2310	2400
	限上零售住宿餐饮业数量（万元）	132.66	72.72	30.6	22.5	18
	第三产业区位熵（LQ）	3.61	2.68	1.89	2.38	—
	路网密度（千米/平方千米）	18.1	14.8	7.5	5.3	—
2010	景区数量（个）	6	11	12	16	5
	旅行社数量（个）	209	86	24	1	14
	星级饭店数量（个）	90	18	5	4	2
	总收入（万元）	497.06	911.63	93.27	6.42	103.02
	旅游接待人数（万人次）	2472	1076.17	1706.47	1157.5	2900
	实际利用外资（万美元）	32879	37520	11260	4945	17187
	限上零售住宿餐饮业数量（万元）	442.2	242.4	102	75	59
	第三产业区位熵（LQ）	3.97	4.05	2.08	2.62	—
	路网密度（千米/平方千米）	17.9	14.8	8.2	6.8	—

续表

年份	关键性指标	城墙—回民街集聚区	浐灞集聚区	临潼集聚区	秦岭北麓集聚带	曲江集聚区
2019	景区数量（个）	8	18	21	21	10
	旅行社数量（个）	329	169	37	2	37
	星级饭店数量（个）	73	12	7	4	10
	总收入（万元）	552.29	1346.25	103.63	7.13	114.47
	旅游接待人数（万人次）	19800	13306.43	9534	7362.9	13100
	实际利用外资（万美元）	34622	31157	10351	2710	29600
	限上零售住宿餐饮业数量（万元）	737	404	170	125	98
	第三产业区位熵（LQ）	5.55	5.67	2.91	3.67	—
	路网密度（千米/平方千米）	20.2	17.1	8.9	48.6	—

基于 DEA-Solver-LV（deap2.1）软件平台，借助 Super-SBM 模型对 2000 年、2010 年、2019 年 13 个行政区（县）的转换综合效率和分解效率进行统一测算，并利用核密度估计法绘制效率动态演化图，以揭示不同集群其资源转换效率的相对大小及时空变化趋势。研究选取景区、旅行社、酒店的数量，以及第三产业区位熵、限上零售餐饮业数量为投入指标，产出指标应综合反映旅游业的经济效益，选取旅游接待总人数（万人）和旅游总收入（万元）表示。主要数据来源是来自陕西省文化和旅游厅、西安市文旅局官网、全国 A 级景区管理信息系统、全国旅行社管理信息系统、全国星级饭店管理信息系统、西安市地方志官网、《西安市统计年鉴（2001—2020 年）》、各行政区统计年鉴和《国民经济和社会发展统计公报》。

（一）整体效率均值分析

从表 6-5 可以看出，2000—2019 年间西安市旅游资源转换综合效率、规模效率和技术效率三者的平均值始终保持较大差异，且随时间推移呈现出显著不同的变化趋势。旅游资源转换综合效率均值并不高（分别为 0.45、0.57 和 0.60），但仍有小幅提升，纯技术效率均值整体高于综合效率且二者变化趋势较为一致，但在 2000—2019 年间，纯技术效率仍下降了 0.016。规模效率呈单向上升趋势，从 2000 年 0.545 增长至 2019 年的 0.708，但 2014 年后效率提升速度也有所放缓。由此可见，虽然近年来政府逐渐重视旅游业的转型升级与提质增效，资源要素投入规模趋于合理化，旅游资源转换综合效率总体呈小幅上升态势，但产出松弛量仍较大，即在现有资源投入基础上的实际旅游业绩与理想水平还有较大差距，这与忽视综合管理、技术进步滞后和产品服务附加值较弱相关，相应地导致旅游资源转换纯技术效率水平较低。

表 6-5 整体效率均值

年份	综合效率	纯技术效率	规模效率
2000	0.4543077	0.8466154	0.5458462
2010	0.5718461	0.8724616	0.6503846
2019	0.6056923	0.8628461	0.7084615

（二）各集聚区效率均值及其分解特征

从旅游资源转换的纯技术效率和规模效率看（见表 6-6），各集聚区的资源在研究期内变化趋势存在明显差异。因其他旅游产业集聚区如曲江产业集聚区和西咸产业集聚区的时间序列数据缺失值无法计算，仅计算了其中 4 个集聚区的旅游效率均值情况。

城墙—回民街旅游产业集聚区的综合效率整体偏低，均小于 0.6，纯技术效率呈现一定波动，规模效率较好，均大于 0.7。临潼资源驱动旅游产业集聚区 2000—2010 年的三项效率值均为 1，可能并不是有效值，与临潼产业集聚区是其样本量（DMU）少有关，也可能说明实现效率最优化，充分利用了现有规模。2019 年指标正常，但综合效率偏低（0.523），说明现有资源投入的实际业绩与理想水平有差异，需重视旅游产业的转型升级。浐灞旅游

表 6-6 各旅游产业集聚区效率均值

集聚区	年份	综合效率	纯技术效率	规模效率
城墙—回民街旅游产业集聚区	2000	0.435	0.573	0.72
	2010	0.583	0.736	0.771
	2019	0.588	0.687	0.867
临潼旅游产业集聚区	2000	1	1	1
	2010	1	1	1
	2019	0.523	0.781	0.670
浐灞旅游产业集聚区	2000	0.317	0.746	0.437
	2010	0.395	0.778	0.518
	2019	0.420	0.803	0.534
秦岭北麓旅游产业集聚带	2000	0.349	0.958	0.368
	2010	0.544	0.915	0.587
	2019	0.698	0.953	0.723

产业集聚区和秦岭北麓生态旅游产业集聚带的纯技术效率均高于规模效率、综合效率，变化趋势一直上升，但规模效率值均不高，说明要素投入较多，但因疏于管理，使得人员素质偏低、服务水平不高，影响了整体利用。

在 DEA 效率测算的基础上，Stata 软件的应用，确定了因变量（综合效率）与自变量（规模效率、纯技术效率）并开展相关性测评工作。以各区域的旅游业综合效率、技术效率和规模效率构建相关散点图，如图 6-19 所示。蓝色虚线代表纯技术效率与综合效率的拟合相关曲线，红色虚线代表规模效率与综合效率的拟合相关曲线。通过散点图的分析可知，与拟合相关曲线距离较近的占比水平较高，而与其处于偏离状态的散点数量极少，表明无论是技术效率，抑或是规模效率，都会不同程度影响综合效率，呈现弱正相关。经过进一步的数据处理可发现，纯技术效率与综合效率的拟合相关曲线方程为 $y=0.1916\ln(x)+0.9477$，相关系数 $R^2=0.8457$。规模效率与综合效率的拟合相关曲线方程为 $y=0.5081\ln(x)+1.0011$，相关系数 $R^2=0.2726$。

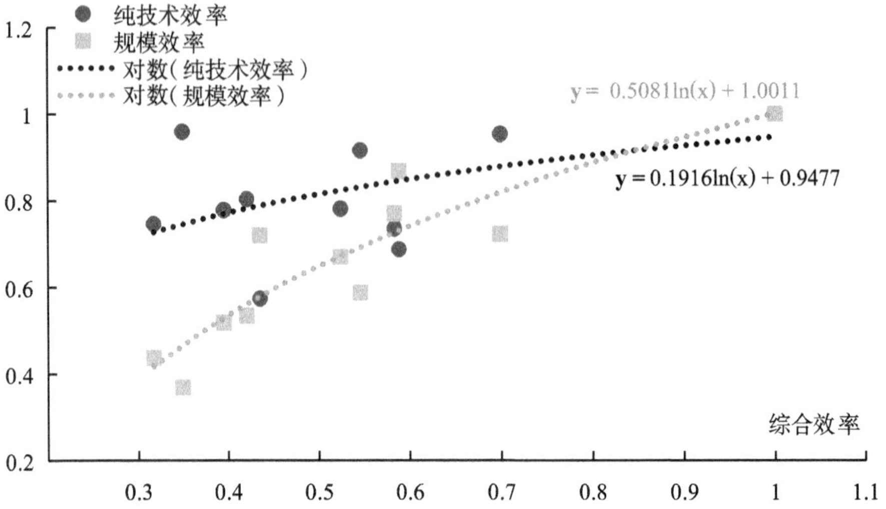

图 6-19　旅游资源转换综合效率与其分解效率关系

由此可见，纯技术效率对综合效率的贡献度显著强于规模效率，纯技术效率对综合效率的影响相对更大。从内部考察纯技术效率和规模效率对综合效率的贡献度，各集聚区的旅游资源转换综合效率增长主要来源于纯技术效率的提高。换言之，发展方式粗放、集约化能力较弱等极大限制了纯技术效率的提升，阻碍了旅游资源的有效转换，使得研究期间综合效率增长不明显。值得注意的是，规模效率的逐年升高在一定程度上弥补了近几年同期纯技术效率下降所带来的旅游效益损失，推动着旅游资源转换综合效率的回升。所以，在全力发展集约型经济提升综合效率的同时，应该考虑外延扩大与集约型经营相结合。

四、未来西安旅游产业集聚区培育展望

对于旅游业，应在掌握其发展规律的前提下，依据发展所需适度选择合理的培育方法，推动各类旅游集聚区实现更好的布局和发展。为了使已有成熟旅游产业集聚区产生的各种优良效应得到充分发挥，积极构建培育新兴旅游产业集聚区，研究将西安未来 5—10 年具体创新培育的旅游产业

集聚区作图表示如 6-20 所示。

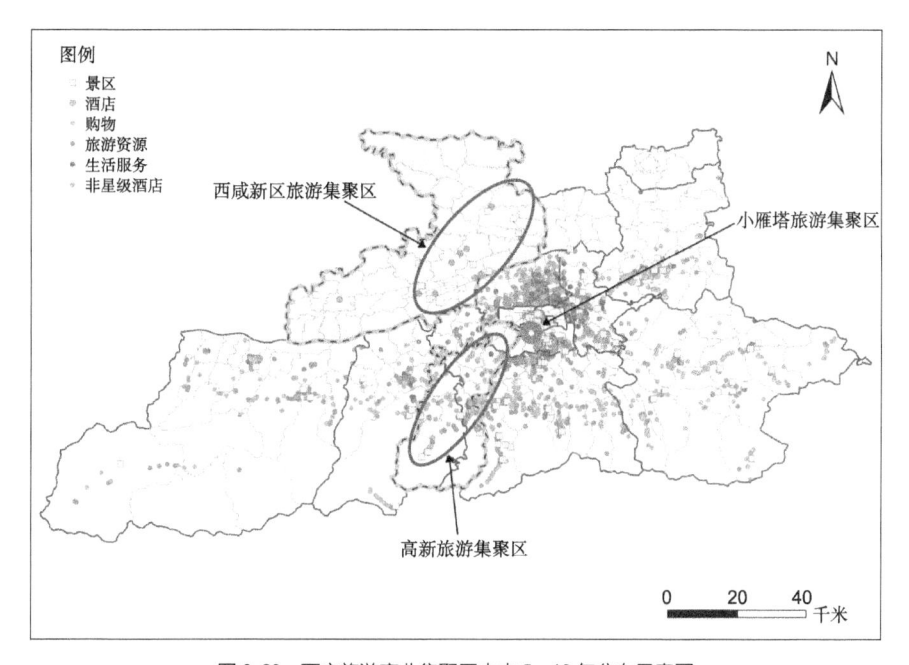

图 6-20 西安旅游产业集聚区未来 5—10 年分布示意图

（一）优先培育区域——西咸新区旅游产业集聚区

从西安旅游产业空间结构来看，早期的临潼、城墙和中期的秦岭、曲江，近期的浐灞集聚区等都已经非常成熟，要在中心城区以外培育新型的旅游产业集聚区。而在政策和资源的双重加持下，西咸新区是未来西安市应该优先培育的区域。

首先，西咸新区有着良好的政策环境基础。2014 年，西咸新区正式成立，成为深入实施西部大开发战略而建立的第七个国家级新区之一。2017 年，陕西省委、省政府决定由西安市代管西咸新区，西咸一体化迈出实质性步伐，西安正式承担起"建设大西安、带动大关中、引领大西北"的重大使命。

其次，西咸新区有着良好的资源和产业发展基础。伴随着西安城市化水平的快速提高，社会经济功能城市中心不断集聚加强，西咸新区根据自身条件，为西安中心城区提供各类服务，已经成为西安名副其实的功能新区和生态田园新城。截至 2019 年年末，西咸新区范围内共有不可移动文物 350 多处，A 级旅游景区 15 家，其中 AAAA 级景区 7 家、全国重点文物保护单位 16 处、省级旅游特色名镇 2 处、省级乡村旅游示范村 4 处、省级中小学生研学旅行示范基地 6 处、国家级非物质文化遗产 1 项、省级非物质文化遗产 10 项、星级（高品质）酒店 10 家、文化企业 1000 余家、规上文化企业 24 家、文化产业园区（基地）9 处。据统计，2018 年，该区域整体接待游客 1970 万人次，实现旅游收入 99 亿元，分别同比增长 11.3%、18.2%；区域内的昆明池、茯茶镇等单体景区因拥有广为人知的历史文化遗产，以改造或者新建的方式展现乡村景观格局，成为郊近乡村旅游发展的典型代表。但区域内游憩活动单一、资源转化利用率不高、缺乏对游客的二次吸引等问题也比较突出，因未与其他景区、产业形成联动效应，很多遗址资源均未转换成产业优势，旅游产业集聚区尚待进一步发展。

总之，西咸新区的旅游产业拥有良好的生态环境、经济环境、社会环境、文化环境，在发展初期便站在了较高的起点。未来，具体发展方向应为改变旅游产业增长模式，将旅游业增长效益、增长质量的提升置于第一位，使该区域参与国内旅游市场乃至国际市场竞争、分工档次有所提升，在依托、整合、错位、集群思路的引领带动下，促使该片区的区域旅游产业的内聚力不断提升，实现低碳、高端、生态的现代旅游产业体系。

（二）重点培育区域——高新旅游产业集聚区

企业是产业集聚发展的主体，核心企业要素的稀缺程度在要素分工的全球化背景下成为产业集聚收益的重要驱动。西安旅游产业的国际化集聚要素尚未得到有效利用，未来重点培育区域为高新区。

首先，高新区承接国际化集聚要素载体丰富。尽管目前高新区域内传统旅游资源基础相对其他发展区域要薄弱些，但外企云集、园区基地和产业发展潜力较大，拥有承接国际商旅和服务业转移的高级要素和载体。高新区整体区域面积 1079 平方千米，涵盖雁塔区、鄠邑区、长安区等部分区域。区域内有秦岭国家植物园、草堂寺等 AAA 级景区 2 家，君悦、丽思卡尔顿等为代表的星级和高品质酒店 19 家，旅行社总社和分支机构 115 家，挂牌农家乐 64 家，各级各类文物点 314 处，非物质文化遗产 31 项、各类体育场馆 70 家，行业和非国有博物馆 6 家，集聚文旅企业 3000 余家，占西安市文旅企业的 80%，同时，文化产业增加值和占比连续多年均列西安市第一。

其次，高新区拥有根植性较强的行业组织环境。众多文旅行业协会和文旅创意龙头企业均在高新区，在未来链群式的集聚中扮演核心地位，未来高新区的旅游集聚模式以链群式、生态型和虚拟化为主要方向。萌芽并成长在高新区的文旅企业拥有较高的相互依赖程度，同时政府在文旅企业落户的优惠政策方面能够积极兑现，有利于该地区将旅游相关资源高效利用起来，减少来自集聚区外部的不确定性，降低交易成本，形成稳定的集聚氛围和环境。

因此，未来该区域的发展重点是创造旅游精品、使旅游业的创业及投资环境得到进一步改善，加强旅游基建，使旅游业群体获得更好的发展，增强规模效应，使扩散效应得到更充分的发挥，承接自优化发展地区迁出的产业，逐渐成长为支持西安旅游业集聚的核心区域。

（三）引导培育区域——小雁塔旅游产业集聚区

在新型旅游集聚区培育发展的过程中，政府主导型集聚区占大多数，但少数原生型集聚区的市场化发展是有效培育不可忽视的组成部分，西安旅游产业集聚引导培育区域为小雁塔历史文化片区。

首先，该片区整体区域环境较好，原有旅游产业基础和特色旅游资源显著。区内拥有世界文化遗产小雁塔、国家一级博物馆、全国 AAAA 级旅游景区西安博物院、安仁坊遗址保护展示馆等核心旅游景区，历史文化旅游资源本底优越，积淀了唐长安城的文化记忆，见证了西安的城市变迁。但因与大雁塔、陕历博距离近，且旅游资源类型、客源市场类型均高度同质化，区域旅游资源有待深度定位和再次整合引导性开发。

其次，该片区是政府主导下，在区域比较优势基础上启动并完善旅游产业集群的重要战略体现。在西安市新的城市发展规划中，小雁塔片区为总投资额100亿元的省、市两级重点旅游提升改造项目。2018年年底，小雁塔历史文化片区综合改造项目正式启动，项目以小雁塔为核心，旨在打造集文化、旅游、商业、生态为一体的"老西安名片"和"西安会客厅"。整个项目紧邻联合国教科文组织世界文化遗产小雁塔，以及始建于唐代的荐福寺，涵盖西小苑、西苑、小雁塔南广场及周边街道界面。目前，文商旅的商业和旅游地标——太古里项目正在建设中，2025年年底落成后将会成为吸引国际游客和支持经济持续发展的城市新地标。

因此，该片区的未来具体发展方向是：立足旅游产业特色资源优势，以保护世界遗址、优化城市格局、提升城市品质、建设高品质商业为目标，全面整合周边历史、文化、旅游、商业、交通五种资源，适度开发特色创新型旅游产品，积极改善旅游发展环境，建设以小雁塔为核心，集文化、旅游、商业、生态为一体的新西安会客厅。

第四节　集聚区的形成对西安旅游发展的意义

一、资源整合与旅游竞争力提升

集聚区建设与形成是各方资源整合共享、游客互送、市场共拓的过程，对区域旅游竞争力具有直接影响。相比于建设单体旅游景区，集聚区的形成更有助于塑造旅游特色与品牌，对城市旅游竞争力的影响也更为巨大。20世纪80年代初期到90年代末，西安以传统文化和秦岭生态为要素组合的三大旅游集聚区对旅游业的发展起到了牵引作用，是西安早期旅游区域竞争优势和集聚效应的根本，但随着消费需求的不断变化和旅游生命周期的影响，封闭、单一的旅游集聚区也成为西安旅游故步自封的负累，原有的竞争优势逐渐削弱。

2000年以后，西安市对旅游资源空间配置和旅游要素进行优化整合，曲江旅游集聚区在国家与省、市的政策实践中逐渐培育、发展并不断升级。根据中国社会科学院自发布的《中国城市竞争力蓝皮书：中国城市竞争力报告》，2009年，西安的城市竞争力排名位列全国第30位，2012年，已升至第13名。不断创新的集聚区模式与原有的集聚区相互促进、融合，一定程度上此消彼长地促使城市旅游更加多元化和多层次化。

近年来，西安旅游集聚区的发展也伴随着城市旅游竞争力综合排名的不断提高。以世园会、世界旅游大会等大型会议为依托的浐灞旅游集聚区成为西安旅游空间的新引擎，同时对周边的旅游业起到了整合带动作用，并在与其他集聚区的良性互动下，旅游综合效应、溢出效应凸显，城市旅游竞争力也持续深化。中国社会科学院财经战略研究院发布的《2021年中国城市品牌影响力报告（2021）》显示，西安的旅游品牌影响力排名位列全国第九名。在旅游城市化向城市旅游化转变的过程中，旅游集聚区的目的和效应被重新审视，集聚区的资源整合与产业竞争力也在这个过程中不断演进。

二、空间优化与城市发展互构

对于城市而言，旅游产业集聚区是其重要的组成部分，是城市旅游发展的重要载体，与城市发展之间具有一定的"互构"关系。

基于城市化发展视角分析，旅游产业集聚区的形成是大城市发展过程中最具有符号表征意义和动态的空间组织形式，城市发展促使核心产业要素在城乡区域的空间布局、客源群体产生分异。旅游产业集聚区可以被视作城市化发展的产物，从旅游产业的角度来看，一方面，城市发展为旅游产业集聚的形成提供了空间条件和发展基础，如提供稳定丰富的客流量、区位优越的城市空间、良好的旅游基础环境，最重要的是各核心产业要素均得到了发展。同时，有目的的规划和产业集聚对人们的旅游行为有一定的促进和引导作用。特定的空间形式体现出城市旅游自身的一系列特色以及它特有的活动要素，又可以吸引相应的客源，由此可见，游客活动及其相关行为极大地影响整个城市的动态发展。另一方面，旅游产业集聚区的发展演化与城市空间相互影响。城市空间延伸是在交通、经济等多因素共同作用之下出现的，而在这当中最为根本的因素则是经济因素，城市建成区的面积与其经济发展有极大关系，经济活动的重点场所在城市充足的资源、具有优势的地理位置、文旅活动的昌盛繁荣吸引了各种资源、生产要素集聚于城市之中，在集聚经济性不佳时，生产要素便会不断往外扩散，使得城市规模不断扩大。

三、文化传承与城市地位塑造

西安是西北地区唯一的国家中心城市，是古丝绸之路的起点、"一带一路"的重要节点城市，同时也是周秦汉唐京畿之地，是中华民族的"元典"城市，所以西安都市圈既承载着我国向西开放的时代使命，也肩负着振兴华夏文明的历史使命。从城市发展的战略层面看，现代城市发展的趋势是从生产性城市到消费性城市，再到体验性城市，而体验性城市的核心竞争力是由"城市文化、城市形象、城市环境、体验功能"等核心要素构筑的。当前，科学利用旅游产业集聚区的不同的发展方式，迎合了城市文化复兴与文化产业振兴的历史诉求，有利于西安促进城市资源价值的提升、增强城市竞争力。与此同时，通过旅游产业集聚区的多元化开发，可以整合城市各种产业资源，实现城市产业升级，为形成具有世界影响的历史文化品牌、打造世界级旅游目的地提供有效支撑。

第五节 小结

由于各地旅游产业集聚区发展的路径、条件、开始时间等不一样，其发展情况也有很大不同，具有导向作用的动力机制也会因旅游业集聚区具体条件的变化而发生改变，它的应用明显有很大不同。本研究归纳了集聚区形成的经济力、市场力、创新力、多元主体的支撑力等四种驱动力和不同集聚模式的旅游产业集聚区的外部动力机制，具体包括以下几种。

资源导向集聚模式的动力机制：旅游产业集聚区是在内生资源驱动因子的作用下产生和发展形成的，多发于旅游产业发展的初级阶段，也是旅游产业集聚模式中最为常见的形成模式。

市场导向集聚模式的动力机制：在其运作时，政府不会过多地介入，主要通过市场当中的不同主体来起到应有的作用。如果分析其具体的形态，那么就是市场得到较为自由的发展。

政策导向集聚模式的动力机制：在该过程当中，最为重要的就是政策措施和各种战略方针，虽然市场体制同样会发挥一定作用，但是属于次要性的影响因素。在该过程中，财政、税收、法律以及政策等方面的因素会同时发挥作用，促进旅游产业不断地发展。

复合导向集聚模式的动力机制：多重驱动复合导向集聚模式是在旅游产业集聚区的成熟期或者创新升级期出现的，是为了满足产业发展的转型升级和提高区域旅游产业竞争力，结合区域特色而采取的核心驱动因素。在多种因素的共同作用之下，地区旅游业的发展潜力越来越大并被激活。

在此基础上，运用 ArcGIS 空间点模式法对西安旅游产业集聚区的总体演化进行可视化表达和时空演变分析，运用 ROST CM 内容分析软件对动力要素的逻辑关系进行比较分析，利用静态回归方程、散点图计算每个大型产业集聚区的资源利用率时空偏差、规模效应时空偏差，为它们之间的比较提供科学的评判标准和依据，研究西安市旅游业集聚区在今后发展中的布局优化。

第七章　研究结论与展望

产业集聚区作为区域旅游发展中的一种重要现象，为区域经济的发展注入了强劲的竞争优势。在国家级中心城市和都市圈建设双重战略叠加下，正确把握旅游产业集聚对于产业提升和城市空间结构演化的经济规律就显得尤为重要。本文将研究视角聚焦于产业特性和空间特征两方面，以旅游经济学、产业经济学、城市地理学等相关理论为支撑，对旅游产业集聚与城市空间结构变迁和产业绩效的演化规律进行了理论和实证研究。在已有研究的基础上，按"揭示现象—总结规律—解决问题"的思路，构建旅游产业集聚区形成演进的发展模式，从而掌握普适性规律变化过程；通过实证分析，明确产业集聚区、城市发展、时空演变之间的动态分异规律；判读西安五大旅游产业集聚区的形成背景、演化过程与动力机制，并对不同集聚区进行了对比分析，最后，归纳了旅游产业集聚与城市发展的一般规律，以期为区域旅游产业集聚的理论与实践提供新的思路方法和政策性建议。

第一节　主要结论与创新

一、研究结论

本研究以西安为案例地，从发展历时性和空间布局两个维度，基于产业经济学、旅游经济学、演化经济学等多学科相关理论，遵循"特征识别—过程分析—机制解释"的路径，系统收集了田野调查、专家访谈、统计年鉴、API、POI 等多源数据，使用定性分析、定量分析、GIS 空间制图与空间分析结合的研究方法，以时间序列演进的方式对 1978 年至 2019 年间西安市旅游业的阶段特征、核心旅游产业要素的空间格局进行了系统性研究。测度了西安市旅游产业集聚区的空间集聚特征、空间集聚类型和空间分布密度，总结了西安不同旅游产业集聚区的形成和演化过程，归纳对比了不同集聚模式典型代表旅游产业集聚区的动力机制和集聚效应。通过分析，得到以下结论：

1.西安旅游产业集聚区的形成演化贯穿在西安市旅游产业发展过程中，是为提高产业效能、增强产业竞争力，以历史文化资源为先导，逐步加强自然、文化主题公园及文创项目开发，由少到多、由低级到高级、由不均衡到逐渐走向均衡的过程。20世纪八九十年代，西安凭借中心城区和临潼两个集聚区，成为全国名列前茅的入境旅游的热点城市；进入21世纪后，西安加强了文化与旅游融合、历史文化主题公园建设及文创项目开发，先后建成秦岭北麓、曲江、浐灞三个旅游产业集聚区，增强了西安旅游产业竞争力，促使其提升到一个新的台阶。

2. 西安旅游产业集聚区的形成，要从旅游产业要素及企业的空间分布认识。本文以GIS为工具，在田野调查和统计资料的基础上，分析了A级旅游景区、星级酒店、旅行社、旅游商店及民宿等企业的空间分布。结果发现，西安市旅游产业空间集聚具有城乡二元结构特征，市内中心区形成高A景区、星级酒店、旅行社、旅游商店等全要素集聚区；而周围郊县（区）形成A级景区为主，吸引游客游览的观光性集聚区，业态为民宿和农家乐。

3. 西安旅游产业要素点分布集聚程度按游客＞住宿＞生活服务＞旅游资源＞购物类呈递减趋势。各要素点空间分布曲线整体大于上包络（际）线，各要素点空间分布曲线整体大于上包络（际）线，普遍具有显著的先增强后减弱空间集聚特征，且集聚程度随空间尺度的增加均呈现不同程度的随机分布趋势。各旅游要素的特征空间尺度：旅游资源为1.2千米、旅游住宿为1.4千米、生活服务为1.3千米、旅游购物为0.9千米、旅游者在1.5千米的空间尺度上，表现为最大集聚强度，强度K值分别为29550、39900、28000、17000、24000，随着空间尺度的增加，开始表现出随机分布特征。

4. 通过对比各产业要素空间分布特征，并采用核密度法和空间样方分析等方法，识别出西安市已形成的 5 个旅游产业集聚区，分别是临潼旅游产业集聚区、城墙—回民街集聚区、大雁塔—曲江集聚区、秦岭北麓集聚带、北郊浐灞集聚区等。它们是 5 个高强度旅游产业集聚区，占据了西安市旅游业 70%的游客数和 80%以上旅游产值。本文在田野调查、文献分析和专家咨询的基础上，对各集聚区范围与要素、背景与定位、形成演化过程进行了分析，从历史发展、政策推进和市场形成过程，揭示了其形成、发展到成熟三个演化阶段。

5. 旅游产业集聚区的形成是内部集聚力和导向模式—外驱力共同作用的结果。其中，内部驱动力包括范围经济、规模经济、集聚经济和产品创新等，其主要作用是资源整合、提高吸引力，市场共拓、客源共享，相互集聚、降低成本。集聚区的形成和空间分布，主要以导向模式—外驱力为动力，临潼集聚区是资源导向集聚区，城墙-回民街是文化资源—市场复合导向集聚区，秦岭北麓是山水资源—市场导向集聚区，大雁塔—曲江是政策导向—文旅融合集聚区，北郊浐灞是政策导向集聚区。五个集聚区在要素表征、阶段特征、空间形态、外部动力机制上各不相同，在动力要素、规模效率、资源转化率方面也有显著差异。

二、创新之处

基于前人的研究，本文的主要创新点包括如下几个方面：

（一）旅游产业集聚区指标体系与空间识别

充分考虑景区要素供给与观光度假需求，将景点资源供给，游客游览活动的 POI、API 等各方面的数据引入进来，使用组合与叠加识别，用点模式分析方法进行空间集聚尺度的分析，利用空间样方法统计旅游资源分布特征，结合层次分析法分析各要素的权重，有利于缩小单类数据的偏差，使产业集聚区的识别方法得到优化。

（二）尝试构建旅游产业集聚区形成与演化的理论框架，系统解析旅游产业集聚区演化过程

从时间演进、空间布局、相关者集聚三个维度，提出了旅游产业集聚区形成演化的理论框架和判断区域旅游业发展是否成熟的标准。深入剖析了西安临潼集聚区、城墙—回民街集聚区、大雁塔—曲江集聚区、秦岭北麓集聚带、浐灞集聚区等五个旅游产业集聚区的形成与演化过程。

（三）揭示大城市旅游产业集聚区的动力机制

从复杂适应系统理论视角，结合核心产业要素的相关数据、访谈文本，从资源导向、市场导向、政策导向、复合驱动导向四个维度，完成了西安市旅游产业集聚区的分析和集聚效应测度，揭示了不同集聚区形成的动力机制，同时总结各阶段各集聚区产业要素组合、产业发展趋势和产业空间形态，以此深化旅游产业集聚的多维认识。

第二节　研究不足与展望

一、研究不足

尽管本研究试图对旅游产业集聚区的识别和形成演化规律进行多维度的解析，但鉴于资料可获得性以及个人能力等限制，研究还存在以下不足之处：

（一）加强与国际、国内大都市旅游产业集聚区的对比

现代旅游已成为国际和国内大都市核心产业，但限于篇幅和相关城市微观数据，本文缺少将西安旅游产业集聚区与伦敦、巴黎等国际大都市，以及北京、上海、杭州、成都等国内大城市集聚区的比较，从中揭示其在空间布局、发展演化及形成机制等的差异，这部分内容将在后续研究中予以

加强。

（二）新萌芽旅游产业集聚区的战略规划及初创期描述

根据目前旅游产业的发展趋势，如何运用集聚区演化理论和动力机制，提出未来旅游产业集聚的系统发展策略，这是研究目的所在。尽管研究提出了一些未来集聚发展的展望和演化策略，但受研究视角和研究范围所限，关于西安双中心的战略下，新萌芽旅游产业集聚区的规划及初创期描述相对简单，有待进一步深化。

二、研究展望

中国地域辽阔，从东部沿海到西部内陆，从直辖市、省会城市到地级市、县级市，城市旅游产业随着所处地域和级别的不同，也发生着相应的重大改变，从以往单个城市发展逐步向以中心城市、城市群、都市圈为中心靠拢，特别是在实行"国际大循环与国内大循环"双循环体系下，以各区域经济发达或发展潜力巨大中心城市，提升其产业发展质量，是现实情景下"扩内需、提效能"的重中之重。未来研究可从如下几方面进行深入和细化：

（一）进一步探索基于大数据的定量分析

尽管该领域内已运用包括区位熵指数、文本分析、空间样方分析在内的多种方法，对旅游业集聚区多源数据进行了路径分析，然而得到的研究成果并不多。未来，研究者应在此前提下继续找寻适合的大数据工具，选择适合的研究方法以便对都市旅游业集聚区展开更深入的剖析。此外，可考虑引入复杂系统理论的仿真模拟方法，如Netlogo、Swarm软件等，对西安旅游产业集聚区的各动力要素及行为演化研究，也是值得尝试的研究方向。

（二）对各类城市、处于不同发展期的集聚区展开对比研究

本文以西安作为主要实例地，尽管其代表性较强，然而仍需对同类型

的其他城市和处于不同发展期的旅游城市展开对比研究，以便对识别、评估、改进都市旅游业集聚区等问题形成更深入、更全面的认知。针对复杂又综合的旅游集聚现象，还需要有更多新的内容和新的突破。如何通过集聚来突破集聚区先天发展过程中的限制条件，进而提升区域旅游经济竞争力，也是未来值得探讨的重要问题。

参考文献

[1] 汪伟明,吴宇军.国家中心城市综合竞争力的评价指标体系研究[J].中国经贸导刊(中),2021(7):73-74.

[2] 田美玲.国家中心城市及其竞争力的理论与实践研究[D].武汉:华中师范大学,2014.

[3] 蔡晓梅,朱竑.新时代面向美好生活的日常生活地理与城乡休闲——"生活地理与城乡休闲"专栏解读[J].地理研究,2019,38(7):1557-1565.

[4] 孙振杰,袁家冬,刘继斌.中国典型旅游城市生活服务水平评价及障碍因素研究[J].地理科学,2020,40(2):289-297.

[5] Mullins P. Tourism Urbanization [J]. International Journal of Urban and Regional Research, 1991, 15 (3): 326-342.

[6] 余玲,刘家明,李涛,等.中国城市公共游憩空间研究进展[J].地理学报,2018,73(10):1923-1941.

[7] 郑嬗婷,陆林,章锦河,等.近十年国外城市旅游研究进展[J].经济地理,2006(4):686-692.

[8] 黄羽翼,王琪延,肖满祥.中国城市旅游发展分布动态及时空收敛[J].统计与决策,2020,36(17):56-61.

[9] Mullins P. Cities For Pleasure: the Emergence of Tourism Urbanization in Australia [J]. Built Environment, 1992, 18 (3): 187-198.

[10] Page SJ. Urban Tourism [J]. Current Sociology, 1995, 43 (1): 151-205.

[11] 朱剑峰.城市意象与城市旅游[J].东南大学学报(哲学社会科学版),2007,(S2):167-170.

[12] 保继刚等.城市旅游:原理·案例[M].天津:南开大学出版社,2005:5.

[13] 彭华,钟韵.关于旅游开发与城市建设一体化初探[J].经济地理,1999,19(1):111-115.

［14］成英文. 城市旅游化：概念、测量、影响因素及其演进规律［D］. 北京：北京交通大学，2014.

［15］Porter M E. Clusters and New Economics of Competition［J］. Harvard Business review，1998，76（6）：77-90.

［16］魏守华，王缉慈，赵雅沁. 产业集群：新型区域经济发展理论［J］. 经济经纬，2002（2）：18-21.

［17］王洁. 产业集聚理论与应用的研究——创意产业集聚影响因素的研究［D］. 上海：同济大学，2007.

［18］陈建军，胡晨光. 产业集聚的集聚效应——以长江三角洲次区域为例的理论和实证分析［J］. 管理世界，2008（6）：68-83.

［19］魏后凯. 现代区域经济学［M］. 北京：经济管理出版社，2011：157.

［20］Ottaviano G，Thisse J F. Intergration Agglomeration and the Political Economics of Factor Mobility［J］. Journal of Public Economics，2002，83（3）.

［21］苗长虹，崔立华. 产业集聚：地理学与经济学主流观点的对比［J］. 人文地理，2003，18（3）：42-46.

［22］郭悦. 产业集聚对中国旅游业全要素生产率的影响研究［D］. 长春：东北师范大学，2015.

［23］南晓莉，王铭. 产业集聚与僵尸企业"脱困"——基于集聚外部性的中介效应检验［J］. 系统工程，2022，40（1）：25-42.

［24］谢子远，张海波. 产业集聚影响制造业国际竞争力的内在机理——基于中介变量的检验［J］. 国际贸易问题，2014（9）：24-35.

［25］罗良文，赵凡. 高技术产业集聚能够提高地区产业竞争力吗？［J］. 财经问题研究，2021（1）：43-52.

［26］沈倩岭，王小月. 产业集聚对四川制造业国际竞争力的影响研究——基于行业异质性视角［J］. 云南财经大学学报，2018（12）：29-37.

［27］Krugman P. Geography and Trade. Cambridge［M］MA：MIT Press，1991.

［28］阿尔弗雷德·韦伯（Alfred Weber）. 工业区位论［M］. 李钢剑等，译. 北京：商务印书馆，2010.

［29］胡晨光，程惠芳，陈春根. 产业集聚的集聚动力：一个文献综述［J］. 经济学家，2011（6）：93-101.

［30］徐康宁. 开放经济中的产业集群与竞争力［J］. 中国工业经济，2001（11）：22-27.

［31］刘逸，陈鋈，刘子惠，等. 基于同位模式的休闲产业空间集聚特征研究［J］.

旅游学刊, 2022, 37 (2): 94-104.

[32] Marshall A. Principles of Economics: Unabridged Eighth Edition [M]. New York: CosimoInc, 2009.

[33] Kerr, W. R., and S. D. Kominers, Agglomeration Forces and Cluster Shapes [J]. Review of Economics and Statistics, 2015, 97 (4): 877-899.

[34] 李瑞琴, 文俊. 产业集聚对中国企业出口产品质量升级的影响——基于上下游产业关联的微观检验 [J]. 宏观经济研究, 2021 (12): 53-68.

[35] 盛丹, 王永进. 产业集聚、信贷资源配置效率与企业的融资成本——来自世界银行调查数据和中国工业企业数据的证据 [J]. 管理世界, 2013 (6): 85-98..

[36] Melo P C, Graham D J, Noland R B. A Meta-analysis of Estimates of Urban Agglomeration Economies [J]. Regional Science & Urban Economics, 2009, 39 (3): 332-342.

[37] 张可. 产业集聚与区域创新的双向影响机制及检验——基于行业异质性视角的考察 [J]. 审计与经济研究, 2019, 34 (4): 94-105.

[38] 刘义圣, 林其屏. 产业集群的生成与运行机制研究 [J]. 东南学术, 2004 (6): 130-137.

[39] 王媛玉. 产业集聚与城市规模演进研究 [D]. 长春: 吉林大学, 2019.

[40] Marshall A. Principles of Economics: An Introductory Volume (8thed.), London [M]. Macmillan, 1920.

[41] 徐承红. 集聚经济理论研究新进展 [J]. 经济学动态, 2010 (6): 109-114.

[42] Abushaikha I. The Influence of Logistics Clustering on Distribution Capabilities: A Qualitative Study [J]. International Journal of Retail & Distribution Management, 2018, 46 (6): 577-594.

[43] 贺灿飞, 潘峰华. 产业地理集中、产业集聚与产业集群: 测量与辨识 [J]. 地理科学进展, 2007 (2): 1-13.

[44] Cheng X Z. Analysis of the Development of Chinese Agricultural Populations [J]. Issues in Agricultural Economy, 2002 (11): 20-24.

[45] 李东海. 产业专业化集聚、多样化集聚与区域创新效率——基于空间计量模型的实证考察 [J]. 技术经济与管理研究, 2022 (5): 111-117.

[46] Porter E. The Australian Renewable Energy Cluster [J]. 2008.

[47] 刘战豫. 环境约束下的产业集聚区发展效率评价——基于Malmquist-Luenberger指数的面板数据分析 [J]. 资源开发与市场, 2017, 33 (6): 661-665+694.

[48] 申世峰, 李劢, 郭兴芳等. 工业集聚区集中污水处理厂难降解有机物高标准深度处理研究 [J]. 给水排水, 2020, 56 (10): 59-64.

[49] 朱卫东, 王前松, 李婷婷. 区域技术引进与高新技术产业产出——基于空间面板模型实证研究 [J]. 企业经济, 2017, 36 (1): 127-134.

[50] 刘和东, 陈雷. 高新技术产业集聚区生态系统演化机理研究 [J]. 科技管理研究, 2019, 39 (16): 199-204.

[51] 王缉慈. 关于发展创新型产业集聚区的政策建议 [J]. 经济地理, 2004, 24 (4): 4.

[52] 杨永忠, 黄舒怡, 林明华. 创意产业集聚区的形成路径与演化机理 [J]. 中国工业经济, 2011 (8): 128-138.

[53] 吕可文, 苗长虹, 王静等. 协同演化与集群成长——河南禹州钧瓷产业集聚区的案例分析 [J]. 地理研究, 2018, 37 (7): 1320-1333.

[54] 王今, 侯岚, 张颖. 产业集聚区的识别方法及实证研究 [J]. 科学与科学技术管理, 2004 (11): 117-120.

[55] 沈体雁, 李志斌, 凌英凯等. 中国国家标准产业集聚区的识别与特征分析 [J]. 经济地理, 2021, 41 (9): 103-114.

[56] The Cluster Consortium. Tourism Clustering Activities and Lessons Local Cluster Initiative [R]. The Cluster Consortium Strategy in Action Report, 1999: 96-108.

[57] Figueiredo O. P. Guimaraes, and D. Woodward. Industry Localization, Distance Decay, and Knowledge Spillovers: Following the Patent Paper Trail [J]. Journal of Urban Economics, 2015 (89): 21-31.

[58] Donald F, Hawkins A. Protected Areas Ecotourism Competitive Cluster Approach to Catalyse Biodiversity Conservation and Economic Growth in Bulgaria [J]. Journal of Sustainable Tourism, 2004, 12 (3): 219-244.

[59] 杨迅周. 旅游产业集聚区发展战略研究 [J]. 生态经济 (学术版), 2012 (2): 206-208+211.

[60] 王丽铭. 旅游产业集聚区发展的动力机制研究 [D]. 北京: 北京交通大学, 2011.

[61] 王学峰. 河北建设旅游产业集聚区战略思考 [J]. 合作经济与科技, 2011 (2): 8-9.

[62] 姚云浩. 旅游产业集聚区网络及创新绩效研究 [D]. 北京: 中国农业大学, 2015.

[63] 庄军. 旅游产业集聚区研究 [D]. 上海: 华东师范大学, 2005.

[64] 张建春. 旅游产业集群探析 [J]. 商业研究, 2006, (15): 147-150.

[65] 张俐俐. 酒店业竞争力提升的新途径: 集群发展 [J]. 旅游学刊, 2006, 21 (4): 55-59.

[66] 李涛, 薛领, 李国平. 产业集聚空间格局演变及其对经济高质量发展的影响——基于中国 278 个城市数据的实证分析 [J]. 地理研究, 2022, 41 (4): 1092-1106.

[67] 尹贻梅. 旅游企业集群: 提升目的地竞争力新的战略模式 [J]. 福建论坛 (人文社会科学版), 2004 (8): 22-25.

[68] 王勇, 李广斌, 施雯. 苏州城市空间生产特征与机制——兼论苏州城市空间结构演化 [J]. 现代城市研究, 2015 (11): 125-130.

[69] Fujita M, Thisse J F. Economics of Agglomeration: Cities, Industrial Location, and Globalization. 2nd ed [M]. Cambridge: Cambridge University Press, 2013.

[70] 杨月稳. 城市功能区识别及空间结构演化研究 [D]. 长春: 吉林大学, 2022.

[71] 陆玉麒. 区域发展中的空间结构研究 [M]. 南京: 南京师范大学出版社, 1998.

[72] 陆玉麒, 董平. 区域空间结构模式的发生学解释——区域双核结构模式理论地位的判别 [J]. 地理科学, 2011, 31 (9): 1035-1042.

[73] 秦瑞鸿. 山东半岛旅游圈双核模式结构分析 [J]. 统计与决策, 2010 (16): 87-90.

[74] 吴思栩, 孙斌栋, 张婷麟. 互联网对中国城市内部就业分布的动态影响 [J]. 地理学报, 2022, 77 (6): 1446-1460.

[75] 周玉璇, 李郇, 申龙. 资本循环视角下的城市空间结构演变机制研究——以海珠区为例 [J]. 人文地理, 2018, 33 (4): 68-75.

[76] 唐子来. 西方城市空间结构研究的理论和方法 [J]. 城市规划汇刊, 1997 (6): 1-11+63.

[77] 何海兵. 西方城市空间结构的主要理论及其演进趋势 [J]. 上海行政学院学报, 2005 (5): 98-106.

[78] 单刚, 王晓原, 王凤群. 城市交通与城市空间结构演变 [J]. 城市问题, 2007 (9): 37-42.

[79] 吴承忠, 韩光辉. 国外大都市郊区旅游空间模型研究 [J]. 城市问题, 2003 (6): 68-71+45.

[80] Friedman J. R. Regional Development Policy: A Case Study of Venezuela [M]. Cambridge: MIT Press, 1966.

[81] Willett T. D. Avinish K. Dixit. The Making of Economic Policy: A Transaction-

Cost Politics Approach. [J]. Constitutional Political Economy, 1998 (9): 75-80.

[82] Dixit A. K, Stiglitz J. E. Monopolistic Competition and Optimum Product Diversity [J]. American Economic Review. 1977, 67 (3): 297-308.

[83] Krugman P. Increasing Returns and Economic Geography [J]. Journal of Political Economy, 1991, 99 (3): 483-499.

[84] Thunen J., H.von. The Isolated State [M]. Oxford: Pergammon Press, 1966: 287-288.

[85] 阿尔弗雷德·韦伯（Alfred Weber）. 工业区位论 [M]. 李钢剑等，译. 北京：商务印书馆，2010.

[86] 沃尔特·克里斯塔勒. 德国南部中心地原理 [M]. 常正，王兴忠等，译. 北京：商务印书馆，2010.

[87] 柴彦威，林涛，刘志林等. 中心地理论 [J]. 地理科学进展，1988，7（3）.

[88] 奥古斯特·勒施. 经济空间秩序 [M]. 王守礼，译. 北京：商务印书馆，2010.

[89] T. R. 威利姆斯，张文合. 中心地理论 [J]. 地理译报，1988（3）：1-5.

[90] 邵丹. 关中城市群核心外围城市联系的空间分析——以西安、渭南为例 [J]. 城市发展研究，2018，25（7）：148-153+160.

[91] 王小玉. "核心—边缘"理论的国内外研究述评 [J]. 湖北经济学院学报（人文社会科学版），2007（10）：41-42.

[92] 汪宇明. 核心—边缘理论在区域旅游规划中的运用 [J]. 经济地理，2002（3）：372-375.

[93] 牛亚菲. 论我国旅游资源开发条件的地域性 [J]. 国外人文地理，1988（1）：47-51.

[94] 王瑛，王铮. 旅游业区位分析——以云南为例 [J]. 地理学报，2000（3）：346-353.

[95] 吴必虎，黄琢玮，马小萌. 中国城市周边乡村旅游地空间结构 [J]. 地理科学，2004（6）：757-763.

[96] 贾铁丽，郑国. 旅游区位非优区的旅游业发展研究——以山西运城为例 [J]. 旅游学刊，2002（5）：58-61.

[97] 王铮，王莹，李山，等. 贵州省旅游业区位重构研究 [J]. 地理研究，2003（3）：313-323.

[98] 马继刚，宋金平，朱桃杏. 基于模糊层次评判模型的旅游地集散能力评价——以昆明为例 [J]. 经济地理，2012，32（8）：166-171.

[99] 郭建科, 王绍博, 王辉等. 国家级风景名胜区区位优势度综合测评 [J]. 经济地理, 2017, 37 (1): 187-195.

[100] 宋冬林. 正确处理市场机制和宏观调控的关系 [J]. 新长征, 1995 (12): 26-27+19.

[101] 奥林. 地区间贸易与国际贸易 [M]. 王继祖, 译. 北京: 首都经济贸易大学出版社, 2001.

[102] 张纪. 基于要素禀赋理论的产品内分工动因研究 [J]. 世界经济研究, 2013 (5): 3-9+87.

[103] Samuelson P A. International Trade and the Equalisation of Factor Prices [J]. The Economic Journal, 1948, 230 (58): 163-184.

[104] Vanek J. The Factor Proportion Theory: the N-Factor Case [J]. Kyklos, 1968, 21 (4): 749-756.

[105] 阿尔弗雷德·马歇尔. 经济学原理: 上卷 [M]. 朱志泰, 译. 北京: 商务印书馆, 1983: 280-283.

[106] 迈克尔·波特. 国家竞争优势 [M]. 李明轩, 邱如美, 译. 北京: 华夏出版社, 2002: 139.

[107] 迈克尔·波特. 国家竞争优势 [M]. 李明轩, 邱如美, 译. 北京: 华夏出版社, 2002: 532-561.

[108] Dooley K. J., Van D. V. A. H. Explaining Complex Organizational Dynamics [J]. Organization Science, 1999, 10 (3): 358-372.

[109] 霍兰, 周晓枚, 韩晖. 隐秩序: 适应性造就复杂性 [M]. 上海: 上海科技教育出版社, 2011: 34-35.

[110] Holland J. H. Hidden Order: How Adaptation Builds Complexity [J]. Leonardo, 1996, 29 (3).

[111] 何铮, 谭劲松. 复杂理论在集群领域的研究——基于东莞 PC 集群的初步探讨 [J]. 管理世界, 2005 (12): 108-115.

[112] 侯合银. 复杂适应系统的特征及其可持续发展问题研究 [J]. 系统科学学报, 2008, 16 (4): 81-85.

[113] Choi T. Y., Dooley K. J., Rungtusanatham M. Supply Networks and Complex Adaptive Systems: Control Versus Emergence [J]. Journal of Operations Management, 2001, 19 (3): 351-366.

[114] Butler R. W. The Concept of a Tourist Area Cycle of Evolution: Implication

for Management of Resources [J]. Canadian Geographer, 1980, 24 (1): 5-12.

[115] Plog S. C, Ritchie J., Goeldner C. R. Understanding Psycho-graphics in Tourism Research [C]. Travel Tourism and Hospitality Research. New York: Wiley, 1987: 203-214.

[116] Baggio R. Symptoms of Complexity in a Tourism System [J]. Tourism Analysis, 2008 (1): 1-31.

[117] 郭旸. 共生型跨区域旅游空间融合的 CAS 动态演化机制研究 [J]. 现代城市研究, 2011 (2): 33-36.

[118] 张玲, 邬永强. 基于 CAS 理论的旅游产业集群动力机制研究——以广州会展旅游产业集群为例 [J]. 经济地理, 2013, 33 (8): 171-176.

[119] 卞显红. 基于自组织理论的旅游产业集群演化阶段与机制研究——以杭州国际旅游综合体为例 [J]. 经济地理, 2011, 31 (2): 327-332.

[120] 朱晓峰. 生命周期方法论 [J]. 科学学研究, 2004 (6): 566-571.

[121] 梁琦, 刘厚俊. 产业区位生命周期理论研究 [J]. 南京大学学报（哲学·人文科学·社会科学), 2003, 40 (5): 139-146.

[122] 董晓芳, 袁燕. 企业创新、生命周期与集聚经济 [J]. 经济学（季刊), 2014, 13 (2): 767-792.

[123] 谢彦君. 旅游地生命周期的控制与调整 [J]. 旅游学刊, 1995 (2): 41-44+60.

[124] Bergman E. M. Cluster Life-Cycles: an Emerging Synthesis [J]. Sr-Discussion Papers, 2007: 137-157.

[125] Menzel M P, Fornahl D. Cluster Life Cycles Dimensions—and Rationales of Cluster Evolution [J]. Industrial and Corporate Change, 2010, 19 (1): 205-238.

[126] Potter A. Evolutionary Agglomeration Theory: Increasing Returns, Diminishing Returns, and the Industry Life Cycle [J]. Journal of Economic Geography, 2011, 11 (3): 417-455.

[127] Ticky G. Clusters: Less Dispensable and More Riskythan Ever, Clusters and Regional Specialisation [M]. London: Pion Limited, 1998.

[128] Vernon R. International Investment and International Trade in the Product Cycle [J]. The Quarterly Journal of Economics, 1966: 190-207.

[129] Scott A. J. High Technology Industry and Territorial Development: The Rise of the Orange County Complex, 1955-1984 [J]. Urban Geography, 1986 (4): 56-57.

[130] 徐康宁. 当代西方产业集聚区理论的兴起、发展和启示 [J]. 经济学动态,

2003（3）：70-74.

［131］殷杰，杨向阳. 区域经济与产业集聚区关系的实证分析——以江苏交通运输设备制造业为例［J］. 上海商学院学报，2009（1）：4.

［132］徐盈之，彭欢欢，刘修岩. 威廉姆森假说：空间集聚与区域经济增长——基于中国省域数据门槛回归的实证研究［J］. 经济理论与经济管理，2011（4）：8.

［133］刘修岩. 产业集聚与经济增长：一个文献综述［J］. 产业经济研究，2009（3）：9.

［134］刘修岩，何玉梅. 集聚经济、要素禀赋与产业的空间分布：来自中国制造业的证据［J］. 产业经济研究，2011（3）：10.

［135］武力超，翟光宇，陈熙龙. 国外资本流入与空间集聚：基于经济自由程度差异的分析［J］. 2013（3）：73-81.

［136］董春诗，侯琦. 陕西能源产业集聚与经济增长的动态互动关系研究［J］. 统计与信息论坛，2013，28（11）：6.

［137］司增绰，张亚男. 科技服务业集聚对制造业发展的影响——基于江苏省13个地级市的面板数据分析［J］. 商业经济研究，2017（7）：4.

［138］项文彪，陈雁云. 产业集聚区、城市群与经济增长——以中部地区城市群为例［J］. 当代财经，2017（4）：7.

［139］陈文锋，平瑛. 上海金融产业集聚与经济增长的关系［J］. 统计与决策，2008（10）：3.

［140］张云飞. 城市群内产业集聚与经济增长关系的实证研究——基于面板数据的分析［J］. 经济地理，2014，34（1）：6.

［141］Rosenthal S. S., Strange W. C. Evidence on the Nature and Sources of Agglomeration Economies［J］. Handbook of Regional and Urban Economics, 2004, 4: 2119-2171.

［142］Mariotti S., Piscitello L., Elia S. Spatial Agglomeration of Multinational Enterprises: The Role of Information Externalities and Knowledge Spillovers［J］. Journal of Economic Geography, 2010, 10（4）：519-538.

［143］Shaver J. M., Flyer F. Agglomeration Economies, Firm Heterogeneity, and Foreign Direct Investment in the United States［J］. Strategic Management Journal, 2000, 21（12）：1175-1193.

［144］Yang Y., Wong K. A Spatial Econometric Approach to Model Spillover Effects in Tourism Flows［J］. Journal of Travel Research, 2012, 51（6）：768-778.

[145] Capello R. Spatial Spillovers and Regional Growth: A Cognitive Approach. 2009, 17 (5), 639-658.

[146] Barros C. P. Measuring Efficiency in the Hotel Sector-ScienceDirect [J]. Annals of Tourism Research, 2005, 32 (2): 456-477.

[147] Abel JR., Deitz, R. Agglomeration and Job Matching Among College Graduates [J]. Regional Science & Urban Economics, 2015, 51 (3): 14-24.

[148] Andersson F., Burgess S., Lane J I. Cities, Matching and the Productivity Gains of Agglomeration [J]. Journal of Urban Economics, 2007, 61 (1): 112-128.

[149] Liu, Y. Labor Market Matching and Unemployment in Urban China. [J]. China Economic Review, 2013, 24 (complete): 108-128.

[150] Baldwin R. E., Okubo T. Heterogeneous Firms, Agglomeration and Economic Geography: Spatial Selection and Sorting [J]. Journal of Economic Geography, 2006, 6 (3): 323-346.

[151] Nield, Egan D. J., Kevin. Towards a Theory of Interurban Hotel Location [J]. Urban Studies, 2014, 37 (3): 611-621.

[152] 苗长虹, 胡志强, 耿凤娟等. 中国资源型城市经济演化特征与影响因素——路径依赖、脆弱性和路径创造的作用 [J]. 地理研究, 2018.

[153] 赵建吉, 王艳华, 苗长虹. 区域新兴产业形成机理: 演化经济地理学的视角 [J]. 经济地理, 2019, 39 (6): 10.

[154] 王缉慈. 超越集群——关于中国产业集聚问题的看法 [J]. 上海城市规划, 2011 (1): 3.

[155] 曹休宁, 戴振. 产业集聚环境中的企业合作创新行为分析 [J]. 经济地理, 2009, 29 (8): 5.

[156] 雷平. 我国电子信息产业集聚效应的实证检验 [J]. 统计与决策, 2009 (21): 3.

[157] 樊秀峰, 康晓琴. 陕西省制造业产业集聚度测算及其影响因素实证分析 [J]. 经济地理, 2013, 33 (9): 6.

[158] 王猛, 王有鑫. 城市文化产业集聚的影响因素研究——来自35个大中城市的证据 [J]. 江西财经大学学报, 2015 (1): 9.

[159] 席晓宇, 朱玄, 褚淑贞. 基于空间计量的生物医药产业集聚影响因素研究 [J]. 中国药房, 2015, 26 (1): 4.

[160] 李立. 我国物流产业集聚的影响因素及发展对策研究 [J]. 改革与战略, 2016 (8): 4.

[161] 潘文卿, 刘庆. 中国制造业产业集聚与地区经济增长——基于中国工业企业数据的研究 [J]. 清华大学学报 (哲学社会科学版), 2012, 27 (1): 11.

[162] 张梦. 旅游产业集聚区化发展的制约因素分析——以大九寨国际旅游区为例 [J]. 旅游学刊, 2006, 21 (2): 36-40.

[163] 聂献忠等. 我国主题旅游集群的成长及其空间特征研究 [J]. 人文地理, 2005, 20 (4): 65-68.

[164] 马刚. 产业集聚区演进机制和竞争优势研究述评 [J]. 科学学研究, 2005, 23 (2): 188-196.

[165] 张贺, 许宁. 产业集聚专业化、多样化与绿色全要素生产率——基于生产性服务业集聚的外部性视角 [J]. 经济问题, 2022 (5): 21-27.

[166] Flowers J., Easterling K. Growing South Carolina's Tourism Cluster [J]. Business and Economic Review, 2006, (4-6): 15-20.

[167] 荣艳蕊. 秦皇岛旅游产业集聚分析与集群化产业治理研究 [D]. 秦皇岛: 燕山大学, 2010.

[168] 金卫东. 美国东部都市群旅游产业密集带的发展及启示 [J]. 旅游学刊, 2004 (6): 38-42.

[169] Julie Jackson, Peter Murphy. Cluster in Regional Tourism an Australian Case [J]. Annals of Tourism Research, 2006 (4): 1018-1035.

[170] 朱文静. 中国沿海地区旅游发展效率及其空间溢出效应研究 [D]. 合肥: 安徽大学, 2021.

[171] Chen Q, Guan X, Huan T C. The Spatial Agglomeration Productivity Premium of Hotel and Catering Enterprises [J]. Cities, 2021, 112 (1): 103-113.

[172] Barros C P. Measuring Efficiency in the Hotel Sector [J]. Annals of Tourism Research, 2005a, 32 (2): 456-477.

[173] Barker M., Page S. J., Meyer D. Urban Visitor Perceptions of Safety During a Special Event [J]. Journal of Travel Research, 2003, 41 (4): 355-361.

[174] Michael D. H., Keith C. J. Employee Performance Cues in a Hotel Service Environment: Influence on Perceived Service Quality, Value, and Word-of-Mouth Intentions [J]. Journalof Business Research 1996, 35 (6): 207-215.

[175] Anderson R. I., Lewis D., Parker, M. E. Another Look at the Efficiency of Corporate Travel Management Departments [J]. Journal of Travel Research, 1999b, 37 (3): 267-272.

［176］Anderson R. I., Fok R., Scott J. Hotel Industry Efficiency: An Advanced Linear Programming Examination [J]. American Business Review, 2000, 18 (1): 40-48.

［177］Christopher C. M. A Simple Measure of Restaurant Efficiency [J]. Hotel and Restaurant Administration Querterly, 1999 (6): 31-37.

［178］Barros C. P., Mascarenhas M. J. Technical and Allocative Efficiency in a Chain of Small Hotels [J]. International Journal of Hospitality Management, 2005, 24 (3): 415-436.

［179］Lee S. K., Jang S. Conditional Agglomeration Externalities in Lodging Markets [J]. Journalof Hospitality Tourism Research, 2015, 7 (4): 224-6.

［180］Urtasun A., I Gutiérrez. Hotel Location in Tourism Cities: Madrid 1936-1998 [J]. Annals of Tourism Research, 2006, 33 (2): 382-402.

［181］Majewska J. Inter-regional Agglomeration Effects in Tourism in Poland [J]. Tourism Geographies, 2015, 17 (3): 1-29.

［182］Barros C. P., & Matias A. Assessing the Efficiency of Travel Agencies with a Stochastic Cost Frontier: A Portuguese Case Study [J]. International Journal of Tourism Research, 2006b, 8 (5): 367-379.

［183］Köksal C. D., Aksu A. A. Efficiency Evaluation of A-group Travel Agencies with Data-Envelopment Analysis (DEA): A Case Study in the AtalantaRegion, Turkey [J]. Tourism Management, 2007, 28 (3): 830-834.

［184］田喜洲, 王渤. 旅游市场效率及其博弈分析——以旅行社产品为例 [J]. 旅游学刊, 2003, 18 (6): 57-60.

［185］黎筱筱, 马晓龙, 吴必虎. 中国优秀旅游城市空间分布及其动力机制 [J]. 干旱区资源与环境, 2006, 20 (5): 120-124.

［186］Preda P., & Watts T. Improving the Efficiency of Sporting Venues through Capacity Management: The Case of the Sydney (Australia) Cricket Ground Trust [J]. Event Management, 2003, 8 (2): 83-89.

［187］李艳双, 韩文秀, 曾真香等. DEA 模型在旅游城市可持续发展能力评价中的应用 [J]. 河北工业大学学报, 2001, 30 (5): 62-66.

［188］霍宏敏. 数据包络分析在区域经济研究中的应用 [D]. 曲阜: 曲阜师范大学, 2021.

［189］任瀚. 论中国旅游经济战略定位理论与驱动力的演变 [J]. 河南财政税务高等专科学校学报, 2007 (3): 61-62.

[190] 任瀚. 论我国区域旅游产业驱动力及其阶段性演进 [J]. 安徽农业科学, 2009, 37 (3): 341-342.

[191] 麻学锋. 旅游产业转型的理性构建与自发演进 [J]. 经济问题, 2009 (2): 124-126.

[192] 麻学锋. 旅游产业结构升级的动力机制与动态演化研究 [J]. 新疆社会科学, 2010 (5): 21-26.

[193] Kalnins C. A. Agglomeration Effects and Performance: A test of the Texas Lodging Industry [J]. Strategic Management Journal, 2010, 22 (10): 969-988.

[194] Butler R. W. Evolution of Tourism in the Scottish Highlands [J]. Annals of Tourism Research, 1985, 12 (3): 371-391.

[195] 冯卫红. 旅游产业集聚区形成和演进研究 [D]. 开封: 河南大学, 2008.

[196] 王利伟, 徐红罡, 张朝枝. 武陵源遗产地旅游产业集聚区的特征和演变 [J]. 经济地理, 2009, 29 (6): 7.

[197] 贺小荣, 熊煜华. 湖南旅游产业集聚区的空间结构与演进机制研究 [J]. 中南林业科技大学学报 (社会科学版), 2010, 4 (1): 6.

[198] Majewska J., Truskolaski S., Sedmak G. Spatial Agglomeration and Interrelation Between Kis and Tourism: The Case of Poland [J]. Academica Turistica-Tourism and Innovation Journal, 2016, 9 (2): 85-95.

[199] Jackson J., Murphy P. Clusters in Regional Tourism: An Australian Case [J]. Annals of Tourism Research, 2006, 33 (4): 1018-1035.

[200] Chhetri A., Chhetri P., Arrowsmith C., et al. Modelling Tourism and Hospitality Employment Clusters: A Spatial Econometric Approach [J]. Tourism Geographies, 2017, 19 (3): 398-424.

[201] Carree M. A. Technological Progress, Structural Change and Productivity Growth: A Comment [J]. Structural Change and Economic Dynamics, 2003, 14 (1): 109-115.

[202] Yang Y., Wong K. A Spatial Econometric Approach to Model Spillover Effects in Tourism Flows [J]. Journal of Travel Research, 2012, 51 (6): 768-778.

[203] Weidenfeld A., Williams A. M., Butler R. W. Knowledge Transfer and Innovation among Attractions [J]. Annals of Tourism Research, 2010, 37 (3): 604-626.

[204] Yang Y., Wong K. A Spatial Econometric Approach to Model Spillover Effects in Tourism Flows [J]. Journal of Travel Research, 2012, 51 (6): 768-778.

[205] Weidenfeld A., Williams A. M., Butler R. W. Knowledge Transfer and Innovation among Attractions [J]. Annals of Tourism Research, 2010, 37 (3): 604-626.

[206] Zhang C., Xiao H., D. Gursoy, et al. Tacit Knowledge Spillover and Sustainability in Destination Development [J]. Journal of Sustainable Tourism, 2015, 23 (7).

[207] Shaw G., Williams A. Knowledge Transfer and Management in Tourism Organisations: Anemerging Research Agenda [J]. Tourism Management, 2009, 30 (3): 325-335.

[208] Joppe M. Migrant workers: Challenges and Opportunities in Addressing Tourism Labour Shortages [J]. Tourism Management, 2012, 33 (3): 662-671.

[209] Weidenfeld A., Williams A. M., Butler R. W. Spatial Competition and Agglomeration in the Visitor Attraction Sector [J]. The Service Industries Journal, 2014, 34 (3-4): 175-195.

[210] 袁莉, 田定湘, 刘艳. 旅游产业的集聚效应分析 [J]. 湖南社会科学, 2003 (3): 117-118.

[211] 邓宏兵, 刘芬, 庄军. 中国旅游业空间集聚与集群化发展研究 [J]. 长江流域资源与环境, 2007, 16 (3): 289-292.

[212] 刘恒江, 陈继祥. 上海旅游产业簇群及其核心竞争力研究 [J]. 上海经济, 2003 (5): 25-26.

[213] 刘春济, 高静. 中国旅游产业集聚程度变动趋势实证研究 [J]. 商业经济与管理, 2008 (11): 68-75.

[214] 李景海. 产业集聚生成机理研究进展及展望 [J]. 河南社会科学, 2010 (4): 157-160.

[215] 高德地图 POI 编码. [EB/OL] https://lbs.amap.com/api/webservice/guide/api/search/.

[216] 文化及相关产业分类 (2018). [EB/OL] http://www.stats.gov.cn/xxgk/tjbz/gjtjbz/201805/t20180509_1758925.html

[217] 国家旅游及相关产业统计分类 (2018). [EB/OL] http://www.stats.gov.cn/xxgk/tjbz/gjtjbz/201805/t20180530_1758926.html

[218] 王录仓, 严翠霞, 李巍. 基于新浪微博大数据的旅游流时空特征研究——以兰州市为例 [J]. 旅游学刊, 2017, 32 (5): 94-105.

[219] Irardin F. Digital Footprinting: Uncovering Tourists with User-Generated Content [J]. Pervasive Computing, IEEE7. 4, 2008, 4: 36-43.

[220] 刘逸, 陈鋆, 刘子惠, 等. 基于同位模式的休闲产业空间集聚特征研究 [J]. 旅游学刊, 2022, 37 (2): 94-104.

[221] 李维维, 马晓龙. 中国大城市旅游休闲业态的空间格局研究: 西安案例 [J]. 人文地理, 2019, 34 (6): 153-160.

[222] 袁文华, 李建春, 秦晓楠, 等. 基于 FCS 框架的城市文化产业景观生态特征及网络关联 [J]. 地理科学进展, 2020, 39 (3): 474-487.

[223] Sullivan T. J. Methods of Social Research [M]. Orlando: Harcourt College Publishers, 2001: 296-297.

[224] 肖晔, 赵林, 乔路明, 等. 京津冀文化艺术产业空间格局演变及其影响因素 [J]. 地理研究, 2021, 40 (6): 17.

[225] 蒋天颖. 浙江省区域创新产出空间分异特征及成因. 地理研究, 2014, 33 (10): 1825-1836.

[226] 席建超, 刘孟浩. 中国旅游业基本国情分析 [J]. 自然资源学报, 2019, 34 (8): 1569-1580.

[227] 夏杰长, 徐金海. 中国旅游业改革开放 40 年: 回顾与展望 [J]. 经济与管理研究, 2018, 39 (6): 3-14.

[228] 赵磊. 改革开放 40 年中国旅游导向型经济增长假说研究的学术演变 [J]. 旅游学刊, 2019, 3 (1): 6-8.

[229] 刘德谦. 中国旅游 70 年: 行为、决策与学科发展 [J]. 经济管理, 2019, 41 (12): 177-202.

[230] 王彩萍, 徐红罡. 重大事件对中国旅游企业市场绩效的影响: 以 2008 年为例 [J]. 旅游学刊, 2009, 24 (7): 58-65.

[231] 卢璐, 孙根年. 2008—2018 年我国大陆地区入境旅游的危机周期及市场归因 [J]. 浙江大学学报 (理学版), 2021, 48 (3): 377-390.

[232] 张城铭, 翁时秀, 保继刚. 1978 年改革开放以来中国旅游业发展的地理格局 [J]. 地理学报, 2019, 74 (10): 1980-2000.

[233] 刘德谦. 中国旅游 70 年: 行为、决策与学科发展 [J]. 经济管理, 2019, 41 (12): 177-202.

[234] 刘德谦. 中国国内旅游发展分析与预测 [M]. 张广瑞, 魏小安, 刘德谦. 2000—2002 年中国旅游发展: 分析与预测. 北京: 社会科学文献出版社, 2002.

[235] 范晓鹏, 郗海潮. 西安都市圈中心城区的时空演变及影响机制研究 [J]. 城市发展研究, 2021, 28 (6): 34-39.

[236] 白凯. 乡村旅游地场所依赖和游客忠诚度关联研究——以西安市长安区"农家乐"为例 [J]. 2010. (4): 120-125.

[237] Martin C. A., Witt S. F. Substitute Prices in Models of Tourism Demand [J]. Annals of Tourism Research, 1988, (15): 255-268.

[238] 刘淑虎, 任云英, 马冬梅. "三位一体"的城市空间结构特征解析体系研究——以计划经济时期西安城市空间为例 [J]. 华中建筑, 2016, 34 (4): 82-87.

[239] 杨帆, 徐建刚, 周亮. 基于 DBSCAN 空间聚类的广州市区餐饮集群识别及空间特征分析 [J]. 经济地理, 2016, 36 (10): 110-116.

[240] 罗君, 孙振亓, 张学斌. 基于 Ripley's K 函数的绿洲景观格局演变分析——以张掖市甘州区为例 [J]. 水土保持研究, 2019 (4): 224-231.

[241] 朱慧, 周根贵. 国际陆港物流企业空间格局演化及其影响因素——以义乌市为例 [J]. 经济地理, 2017, 37 (2): 98-105.

[242] 张瑞芳, 黄泽纯, 洪安东, 等. 利用样方分析小微地震空间分布模式 [J]. 测绘与空间地理信息, 2018, 41 (6): 21-24.

[243] Greig Smith P. The Use of Random and Contiguous Quadratsin the Study of the Structure of Plant Communities [J]. Annals of Botany, New Series, 1952 (16): 312.

[244] Griffith D. A., Amrhein C. G. Statistical Analysis Forgeography [M]. Englewood Cliffs, NJ: Prentice Hall. 1991.

[245] Taylor P. J. Quantitative Methods in Geography: An Intro-duction to Spatial Analysis [M]. Prospect Heights, IL: Waveland Press. 1997.

[246] 沈蕾. 地区旅游产业发展模式评价指标体系的构建和实证研究 [J]. 商业经济与管理, 2008, 196 (2): 51-56.

[247] 李鹏, 虞虎, 王英杰. 中国 3A 级以上旅游景区空间集聚特征研究 [J]. 地理科学, 2018, 38 (11): 1883-1891.

[248] 尚敏, 马锐, 张英莹, 等. 基于 GIS 的证据权重法的崩塌敏感性分析研究 [J]. 工程地质学报, 2018, 26 (5): 1211-1218.

[249] 孙玉梅, 秦俊丽. 山西省文化旅游资源的特征与文化产业发展模式 [J]. 地理研究, 2011, 30 (5): 845-853.

[250] 祁洪玲, 刘继生, 梅林. 国内外旅游地生命周期理论研究进展 [J]. 地理科学, 2018, 38 (2): 264-271.

[251] Potter A. Evolutionary Agglomeration Theory: Increasing Returns, Diminishing Returns, and the Industry Life Cycle [J]. Journal of Economic Geography, 2011, 11

(3): 417-455.

[252] 郭旸. 共生型跨区域旅游空间融合的 CAS 动态演化机制研究 [J]. 现代城市研究, 2011, 26 (2): 33-36.

[253] 王文辉, 钱俊希. 演化—关系视角下旅游地演化机制研究——以中国香港长洲岛为例 [J]. 旅游学刊, 2022, 37 (12): 13-24.

[254] 李景海. 产业集聚生成机理及经验研究 [D]. 广州: 暨南大学, 2009.

[255] 黄金火, 马晓龙. 资源型城镇旅游发展模式与对策研究 [J]. 西北大学学报 (自然科学版), 2005 (6): 811-814.

[256] 李想. 曲江旅游综合体空间结构与形成机制研究 [D]. 西安: 西安外国语大学, 2015.